PHP
GE-PACKT

Christoph Aigner
Thomas Strohmaier

PHP
GE-PACKT

Die Deutsche Bibliothek –
CIP-Einheitsaufnahme

Ein Titeldatensatz für diese Publikation
ist bei Der Deutschen Bibliothek erhältlich.

ISBN 3-8266-0685-X
1. Auflage 2001

Printed in Germany

Lektorat: Sabine Schulz
Korrektorat: Petra Heubach-Erdmann
Satz und Layout: mediaService, Siegen
Umschlaggestaltung: Christian Kalkert
Druck: Druckerei Media Print, Paderborn

Über die Autoren

Christoph Aigner: Geboren am 15. Juli 1980 in Wien, fand er den Einstieg in die Programmierung über TPascal und C/C++ (dos) im Alter von 15 Jahren. Danach folgten, durch Projekte bedingt, die Programmiersprachen Borland C++ (win), VB, JAVA, Assembler, Basic, PHP (ab Version 3), ASP und Flash AS. Mit 17 Jahren schloss er das Gymnasium mit Vorzug/Auszeichnung) ab und begann mit dem Studium der BWL an der Wirtschaftsuniversität-Wien. Im Februar 2000 gründete er mit seinem Bruder (Mag. Alexander Aigner) die Alaris Informationsmanagement GmbH, die sich Speziallösungen im EDV-Bereich widmet. Neben der Position als CTO und dem Studium beschäftigt sich Christoph Aigner seit längerem mit Frontend-Technologien und Internet-Entwicklungsumgebungen, woraus das Produkt ASCRiBO entstand. Weiteres Augenmerk gilt den Kontakten in diversen Internet-Gruppierungen (Flash, PHP, ...), um geeignete Personen für aktuelle Projekte zu gewinnen.

Thomas Strohmaier: Thomas Strohmaier, geb. am 18. August 1972 in Wien, hat seine ersten Programmier-Erfahrungen auf dem Gebiet von Turbopascal und Clipper gesammelt. Nach dem Studium der Versicherungsmathematik nahm er einen Wechsel in eine ganz andere Branche vor, die nichts mit Arrays, Variablen oder XML-Knoten zu tun hat. Doch nach einigen Jahren kehrte er zur Programmier-Front zurück und beschäftigte sich intensiv mit der PHP-Programmierung, Flash und den diversen Datenbanken.

Christoph Aigner und Thomas Strohmaier konnten kurz vor Beginn dieses Buches die beiden den Abschluss eines längeren Projektes feiern: ASCRiBO, eine Entwicklungsoberfläche auf Flash5-Basis. Es ist sowohl bei allen gängigen Internet-Providern lauffähig, als auch durch offene Standardschnittstellen systemunabhängig und mit allen Datenbanken verwendbar. Weitere Informationen finden Sie unter `http://www.ascribo.com`.

Inhaltsverzeichnis

E Einleitung

PHP ist eine serverseitige, in HTML eingebettete Skriptsprache. PHP unterscheidet sich von clientseitigen Sprachen wie z.B. Javascript darin, dass der Code vom Server ausgeführt wird. Dadurch ist es für den Benutzer/Besucher unmöglich, den Code herauszufinden, da er nur das Ergebnis empfängt.

Durch die einfache Befehlsstruktur und die an C angelehnten Befehle ist es einfach, in PHP zu programmieren, wenn man zuvor schon eine höhere Programmiersprache gelernt hat. PHP besitzt gegenüber anderen gängigen Programmiersprachen einige Vorteile:

- in HTML-Code integrierbar
- schnelles und einfaches Programmieren
- hohe Ausführungsgeschwindigkeiten
- extrem stabil
- serverseitig
- sehr saubere Datenbank-Anbindungen
- Plattformunabhängigkeit
- Open-source

Eine der erwähnenswertesten Stärken von PHP ist die Unterstützung von einer breiten Front an Datenbanken, wodurch sich die Erstellung einer datenbankgestützen Webseite als einfach erweist. PHP ermöglicht desweiteren durch die Unterstützung zahlreicher Protokolle wie IMAP, SNMP, NNTP, POP3 oder http die Kommunikation mit anderen Diensten.

Ab der Version 4 hat sich PHP endgültig zu einer ausgereiften Sprache entwickelt, die durch ihren Umfang einen Anspruch auf die führende Programmiersprache im Web geltend macht. Durch die einfach gehaltene Syntax und mit Hilfe dieser Referenz ist es auch für PHP-Rookies kein Problem, in kürzester Zeit diverse PHP-Skripts lauffähig zu gestalten.

Anwendungsgebiete gibt es viel zu viele, um hier alle aufzuzählen, darum möchten wir hier noch die Punkte erwähnen, die (noch) nicht so sauber funktionieren, wie sie könnten. Da PHP auf die Verarbeitung von kleinen und schnellen Skripts ausgerichtet ist, sind ganze Back-Office-Gebilde zwar damit zu verwirklichen, müssen aber gut durchdacht sein, um gegenüber Java-Applikationen keine Verluste einstecken zu müssen. Der einzig große Nachteil gegenüber Java ist nämlich der, dass mittels PHP keine herkömmlichen Applikationen erstellt werden können. Durch Session-Objekte, Caching-Verfahren u.v.m. wird ein hohes Niveau an Leistung erreicht, mit dem sich Applikationen simulieren lassen und viele andere Skript-Sprachen nicht mithalten können, doch das Ziel wird dennoch nicht zur Gänze erreicht. Der mögliche PHP-Server ist im momentanen Zustand lediglich eine Spielerei. Darum sollte man sich bei professionellen Anforderungen auf die Stärken von PHP konzentrieren, die Zielarchitektur in kleine Teile zerlegen und viele Module kapseln. Dann hält man ein mächtiges Werkzeug in Händen, wie es die Gebrauchs-Statistiken beweisen.

E.1 Aufbau der Referenz

Man könnte nun seitenlange Erklärungen abgeben, wie PHP entstanden ist, wie die einzelnen Entwicklungsstufen sich ergeben haben, und wie sich die Web-Programmierung an sich entwickelt hat. Doch das ist hier nicht zielführend. Diese Referenz ist für all jene gedacht, die schon Programmier-Erfahrung haben, in welcher Sprache auch immer. In einigen Themen ist näher auf die Grundlagen eingegangen worden, um häufige Mißverständnisse gleich von Anfang an zu verhindern. Natürlich konnten wir nicht in allen Bereichen bis ins Detail gehen, da diese Referenz sonst den Rahmen dieses Taschenbuchs gesprengt hätte. Für mehr Informationen über PHP und die neuesten Trends und Erweiterungen empfehlen wir die PHP-Homepage (www.php.net)

Diese PHP-Referenz ist so aufgebaut, dass man nicht das gesamte Buch durchschmökern muss, um zum gewünschten Erfolg zu kommen. Der Aufbau wurde so gewählt, dass der Anspruch und die Qualität von Kapitel zu Kapitel steigen: beginnend mit der Erklärung der Grundlagen wie Array, Variablen, Klassen, Objekte etc. bis hin zu den weiterführenden Themen wie Datenbanken, XML oder Serversteuerung.

Es gibt für jedes Thema eine kleine Einführung, die, wenn es erforderlich war, etwas ausgebaut wurde, um die Verständlichkeit zu untermauern. Nach dieser Einführung werden die dazugehörigen Funktionen alphabetisch aufgeführt, um die Suche danach zu erleichtern.

E.2 Zur Schreibweise

Die Funktionsbeschreibungen sind so aufgebaut, dass zuerst die Funktion benannt wird. In der nächsten Zeile befindet sich die genaue Syntax der Funktion.

```
array fgetcsv (int fp, int length [, string delimiter])
```

Am Anfang der Syntax steht der Variablen-Typ der Funktions-Rückgabe (in diesem Fall: `array`), danach der Funktionsname selbst (`fgetcsv`) und dahinter in Klammer die einzelnen Attribute und ihr Variablen-Typ. Ist ein Element in eckigen Klammern angeführt, so ist dieses optional. Elementtypen (bzw. Attributtypen) sind z.B. `array`, `int`, `string` oder `bool`.

Unterhalb der Funktions-Syntax finden Sie die genaue Beschreibung und Funktionsweise der Funktion, bzw. einige Querverbindungen zu anderen Themen oder Funktionen sowie wichtige Details für die Verwendung.

Es wurde versucht, für so viele Themen und Bereiche wie möglich Beispiele anzugeben. Doch auch hier mussten wir Rücksicht auf den Umfang der Referenz nehmen und haben nur Beispiele angeführt, wenn diese eine unablässliche Ergänzung zur Erklärung darstellten. Die Ergebnisse der Beispiele werden entweder in der Erkärung beschrieben, oder explizit ausgewiesen.

E.3 Danksagung

Zu guter letzt möchten wir uns noch für die Mitarbeit von Thomas Rohde bedanken. Er hat mit seinen Tipps & Tricks in Kapitel 21 mit dazu beigetragen, dass das Buch in dieser Form möglich wurde.

1 Variablen

1.1 Allgemeines

Variablen werden durch ein Dollarzeichen $ gefolgt vom Namen der Variablen dargestellt. Variablen-Namen sind case-sensitive, d.h. es wird zwischen Groß- und Kleinschreibung unterschieden.

```
$test = "Das";
   $Test = "ist";
   $tesT = "ein";
   $tEst = "gültiger";
   $teSt = "Versuch";
   $TEST = "!";

   echo "$test $Test $tesT $tEst $teSt $TEST";
```

Die Ausgabe sieht dann folgendermaßen aus:

```
Das ist ein gültiger Versuch !
```

In PHP werden die Namen der Variablen nach den gleichen Regeln erstellt wie die anderer Bezeichner. Eine gültige Form beginnt mit einem Buchstaben oder einem Unterstrich »_«, gefolgt von einer beliebigen Anzahl von Buchstaben, Zahlen oder Unterstrichen. Diesem Zweck entspricht also ein Buchstabe von a bis z, von A bis Z oder ein ASCII-Zeichen von 127 bis 255.

```
$8ung = "ungültig";
   // ungültige Variable, da am Anfang eine Zahl steht
```

```
$_8ung = "gültig";
   // gültige Variable, da am Anfang ein Unterstrich steht
$täble = "gültig";
   // gültige Variable, da "ä" dem ASCII-Wert 228 ent-
   spricht
```

In PHP3 wurden die Variablen durch ihren Wert bestimmt. Wenn man einer Variablen einen Ausdruck zuweist, dann wird der ganze Inhalt des Originalausdrucks in die Variable kopiert. Das hat zur Folge, dass eine Variable, deren Inhalt von einer anderen Variablen zugewiesen wurde, ihren Inhalt behält, auch wenn die Quellvariable verändert wurde. Die Inhalte der Ziel- und Quellvariablen sind also insoweit unabhängig voneinander.

PHP4 bietet nun eine andere Möglichkeit der Wertzuweisung bei Variablen, nämlich die Zuweisung durch Referenzierung. Das heißt, dass der Wert der neuen Variablen eine Referenz zur Quellvariablen darstellt, also ein Zeiger auf den Inhalt der Quellvariablen. Änderungen im Inhalt der Quellvariablen ändern deshalb auch den Inhalt der neuen Variablen, und umgekehrt. Das ist ein Lösungsansatz, der sich bei umfangreichen Schleifen oder bei der Übertragung von großen Arrays und Objekten durch schnellere Übertragung bemerkbar macht.

Die Zuweisung per Referenz wird durchgeführt durch das Voranstellen eines »&« der Quellvariablen, die einer anderen Variablen zugewiesen werden soll.

```
<?php
$vorname = "Thomas";
   // der Variablen $vorname wird der Wert "Thomas"
   // zugewiesen
$name = &$vorname;
```

```
   //in $name wird ein Zeiger auf $vorname erzeugt
$name = "Strohmaier";
   // $name wird verändert, deshalb ändert sich auch der
   // Inhalt von $vorname auf "Strohmaier"
```

Zu erwähnen ist auch, dass lediglich Variablenzeiger zugewiesen werden können. Das verdeutlicht uns das nachfolgende Beispiel:

```
<?php
$var1 = 100;
$var2 = &$var1;
   // gültige Zuweisung
//----------------------------------------------------------
$var2 = &(20 * 5);
   // ungültige Zuweisung, da kein Variablenbezeichner
   // zugewiesen wurde
//----------------------------------------------------------
function testdrive ()
        {
         return 25;
        }
$var2 = &test();
   // natürlich auch ungültige Zuweisung
```

PHP unterstützt im Prinzip die folgenden Typ-Deklarationen:

- Array
- Fließkommazahl
- Integer
- Objekt
- String/Zeichenkette

Normalerweise wird der Typ einer Variablen nicht durch den Programmierer bestimmt, sondern durch den Zusammenhang, in dem die Variable verwendet wird, also eigentlich von PHP selbst.

Natürlich kann man die Umwandlung einer Variablen in einen bestimmten Typ erzwingen. Für diese Transformation gibt es `cast` oder die Funktion `settype()`. Man sollte aber nicht vergessen, dass eine Variable je nach Gebrauch und Situation auf unterschiedliche Art und Weise typisiert sein kann.

Der Plusoperator »+« ist ein prädestiniertes Beispiel für die automatische Typkonvertierung von PHP. Ist einer der Additions-Werte vom Typ `double`, werden automatisch alle Additionswerte als `double`-Typ angesehen. Ebenso das Ergebnis der Addition. Ist dies nicht der Fall, werden alle Werte und das Ergebnis als Integer-Typen betrachtet. Dadurch wird aber nicht der Typ der Additions-Elemente selbst beeinflusst, sondern die Auswertung der Elemente wird angepasst.

```
$test = "0";
   // $test ist vom Typ String (ASCII 48)
$test++;
   // $test bleibt vom Typ String (ASCII 49)
$ test +=1;
   // $test ist jetzt vom Typ Integer (2)
$test = $test + 1.3;
   // $test ist jetzt vom Typ double (3.3)
$test = 5 + "7 auf einen Streich";
   // $test ist jetzt vom Typ Integer (15)
$test = 5 + "7 Tage pro Woche";
   // $test ist jetzt vom Typ Integer (15)
```

Die Typumwandlung in PHP funktioniert vielfach wie in C. Der Name des geforderten Typs wird vor der umzuwandelnden Variablen in Klammern gesetzt.

```
$test = 10;
   //somit ist $test vom Typ Integer
$test2 = (double) $test;
   //somit ist $test2 vom Typ Double
```

Folgende Umwandlungen sind überhaupt in PHP möglich:

`(int)`, `(integer)` – Umwandlung in Integer-Wert

`(real)`, `(double)`, `(float)` – Umwandlung in Double-Wert

`(string)` – Umwandlung in String-Wert

`(array)` – Umwandlung in ein Array

`(object)` – Umwandlung in ein Objekt

Tabulatoren und Leerzeichen sind erlaubt, deshalb ist die folgende Syntax gültig:

```
$test = ( int ) $test2;
```

Was genau bei einer Typumwandlung geschieht, ist nicht immer offenkundig. Betrachten wir das folgende Beispiel, um letzte Unklarheiten auszuräumen:

```
$var = "Typumwandlung";
$array = (array) $var;
echo $array[0];
```

Die Ausgabe sieht wie folgt aus:

```
Typumwandlung
```

Das heißt, dass bei der Umwandlung einer skalaren oder einer String-Variablen diese das erste Element des Arrays wird.

Wird eine skalare oder String-Variable in ein Objekt umgewandelt, wird diese Variable zu einem Attribut des Objekts, der Eigenschaftsname wird »scalar«.

```
$var = " Typumwandlung";
$objekt = (object) $var;
echo $objekt->scalar;
```

Die Ausgabe sieht wie folgt aus:

```
Typumwandlung
```

1.2 Operatoren

Ein weiters Kernkapitel für PHP sind die Operatoren. Wir unterscheiden zwischen den folgenden Arten:

- Arithmetische Operatoren
- Zuweisungs-Operatoren
- Bit-Operatoren
- Vergleichs-Operatoren
- Fehler-Kontroll-Operatoren
- Operatoren zur Programmausführung
- Inkrementierungs- und Dekrementierungsoperatoren
- Logische Operatoren
- Zeichenketten-Operatoren

Arithmetische Operatoren

Die arithmetischen Operatoren funktionen genau wie in der Schule die Grundrechenarten:

+	Addition	Summe von $a und $b	*$a + $b*
-	Subtraktion	Differenz von $a und $b	*$a - $b*
*	Multiplikation	Produkt von $a und $b	*$a * $b*
/	Division	Quotient von $a und $b	*$a / $b*
%	Modulus	Rest von $a geteilt durch $b	*$a % $b*

Zuweisungs-Operatoren

Der einfachste Zuweisungsoperator ist »=«. Am Anfang wird man leicht verleitet, diesen Operator als »ist gleich« zu definieren. Das ist aber falsch. Er bedeutet vielmehr, dass dem linken Operanden der Wert des rechten Operanden zugewiesen wird.

Der Wert eines Zuweisungs-Ausdruckes ist der zugewiesene Wert. Das heißt, der Wert des Ausdruckes »$a = 3« ist 3. Folgende Syntax ist also nicht falsch:

```
$a = ($b = 4) + 5
   // $a ist nun 9, weil $b gleich 4 gesetzt wurde
```

Nun kann man aber den Operator »=« mit allen binären, arithmetischen und String-Operatoren kombinieren, so genannte kombinierte Operatoren kreieren. Diese erlauben uns, den Wert einer Variablen in einem Ausdruck zu benutzen und das Ergebnis dieses Ausdruckes als neuen Wert zuzuweisen.

```
$a = 3;
$a += 5;
   //entspricht $a = $a + 5 ..... = 8
```

```
$a -= 3;
   //entspricht $a = $a - 3 ..... = 5
$a *= 12;
   //entspricht $a = $a * 12 ..... = 60
$a /= 10;
   //entspricht $a = $a / 10 ..... = 6
$a = "Guten";
$a .= " Morgen!";
   //entspricht $a = $a . " Morgen!" ..... = Guten Morgen!
```

Da es sich hierbei lediglich um eine Art Kopie des Wertes der Variablen handelt, wirkt sich eine Änderung bei der einen nicht auf den Wert der anderen Variablen aus. Diese Art der Zuweisung von Werten einer Variablen auf eine andere Variable nennt man *assignment by value*. PHP4 unterstützt nun aber auch die Zuweisung als Verweis, *assignment by reference*. Hier wird nicht ein Wert von einer Variablen zur anderen transferiert, sondern lediglich ein Zeiger auf eine Variable in die andere gesetzt. Das heißt, dass beide Variablen dieselben Daten beinhalten, und auch Änderungen an der Quellvariablen wirken sich in der Zielvariablen aus. Die Syntax lautet:

```
$source_var = &$dest_var;
```

Bit-Operatoren

Die Bit-Operatoren erlauben es uns, bestimmte Bits in einem Integer auf 0 oder 1 zu setzen, also einfach gesagt, ein- oder auszuschalten.

Operator	Bedeutung	Beispiel
& Und	Die Bits sind in $a und $b gesetzt	$a & $b
| Oder	Die Bits sind entweder in $a oder in $b gesetzt	$a | $b
^ Entweder oder (Xor)	Die Bits sind in $a oder $b gesetzt	$a ^ $b

Operator	Bedeutung	Beispiel
~ Nicht	Die Bits, die in $a nicht gesetzt sind, sind gesetzt, und umgekehrt	~$a
<< Nach links verschieben	Verschiebung der Bits von $a um $b Stellen nach links, wobei jede Stelle einer Multiplikation mit zwei entspricht	$a << $b
>> Nach rechts verschieben	Verschiebeung der Bits von $a um $b Stellen nach rechts, wobei jede Stelle einer Multiplikation mit zwei entspricht	$a >> $b

Vergleichs-Operatoren

Vergleichs-Operatoren erlauben es, zwei Werte zu vergleichen. Eine simple Funktionalität, die auch nur weniger Erklärungen bedarf:

Operator	Bedeutung	Beispiel
== Gleich	Gibt TRUE zurück, wenn $a gleich $b ist	$a == $b
=== Identisch	Gibt TRUE zurück, wenn $a gleich $b ist und beide auch vom gleichen Typ sind. Dieser Operator ist erst in PHP4 funktional integriert	$a === $b
!= Ungleich	Gibt TRUE zurück, wenn $a nicht gleich $b ist	$a != $b
< Kleiner als	Gibt TRUE zurück, wenn $a kleiner ist als $b	$a < $b
> Größer als	Gibt TRUE zurück, wenn $a größer ist als $b	$a > $b

Operator		Bedeutung	Beispiel
<=	Kleiner gleich	Gibt TRUE zurück, wenn $a kleiner oder gleich $b ist	`$a <= $b`
>=	Größer gleich	Gibt TRUE zurück, wenn $a größer oder gleich $b ist	`$a >= $b`
?:	Trinitätsoperator	Gibt Ausdruck2 zurück, wenn Ausdruck1 gleich TRUE ist, andernfalls wird Ausdruck3 ausgewiesen	`(ausdruck1) ? (ausdruck2) : (ausdruck3);`

Der Trinitätsoperator funktioniert genauso wie in C oder vielen anderen Programmiersprachen.

Fehler-Kontroll-Operator

Das @-Symbol, der Fehler-Kontroll-Operator, wird von PHP insofern unterstützt, als dieser alle Fehlermeldungen ignoriert, die von einem Ausdruck, vor dem dieser Operator steht, erzeugt werden könnten.

Ist das `track_errors`-Feature in der Konfigurationsdatei aktiviert, werden alle Fehlermeldungen, die von diesem Ausdruck erzeugt werden, in der globalen Variablen `$php_errormsg` gespeichert. Diese sollte, will man mit ihr arbeiten, jeweils kurz nach Verwendung überprüft werden, da diese nach jedem neuen Auftreten eines Fehlers überschrieben wird.

```
<?php
$result = @mysql_query("select name, code order by id") or
   die ("SQL-Query fehlgeschlagen: '$php_errormsg' ");
   //SQL-Fehler: die "from table"-Angabe fehlt
?>
```

Operatoren zur Programmausführung

PHP unterstützt einen Operator zur Ausführung externer Programme: die sog. Backticks (``). Die Backticks sind keine einfachen Anführungszeichen, sondern entsprechen auf den meisten Tastaturen den Tasten für die französichen Accents.

PHP versucht, den Text zwischen den Backticks als Command-Befehl auszuführen. Zurückgegeben wird der Output des ausgeführten Programms, d.h. er kann einer Variablen zugewiesen werden:

```
$ouput = `ls -al`;
echo "<pre>$output</pre>";
```

Inkrementierungs- und Dekrementierungsoperatoren

Im Stil der Programmiersprache C unterstützt PHP Prä- und Post-Inkrementierungs- und Dekrementierungsoperatoren.

Post-Inkrement: gibt zuerst den aktuellen Wert von $a zurück und erhöht diesen dann um eins: *$a++*

Prä-Inkrement: erhöht den Wert von $a um eins und gibt anschließend den neuen Wert von $a zurück: *++$a*

Post-Dekrement: Gibt zuerst den aktuellen Wert von $a zurück und vermindert diesen dann um eins: *$a--*

Prä-Dekrement: Vermindert den Wert von $a um eins und gibt anschließend den neuen Wert zurück: *--$a*

```
<?php
echo "<h3>Post-Inkrement</h3>";
$a = 10;
echo "Sollwert = 10 ..... Istwert = ".$a++."<br>\n";
```

```
echo "Sollwert = 11 ..... Istwert = ".$a."<br>\n";
//------------------------------------------------------------
echo "<h3>Prä-Inkrement</h3>";
$a = 10;
echo "Sollwert = 11 ..... Istwert = ".++$a."<br>\n";
echo "Sollwert = 11 ..... Istwert = ".$a."<br>\n";
//------------------------------------------------------------
echo " "<h3>Post-Dekrement</h3>";
$a = 10;
echo "Sollwert = 10 ..... Istwert = ".$a--."<br>\n";
echo "Sollwert =  9 ..... Istwert = ".$a."<br>\n";
//------------------------------------------------------------
echo " "<h3>Prä-Dekrement</h3>";
$a = 10;
echo "Sollwert =  9 ..... Istwert = ".--$a."<br>\n";
echo "Sollwert =  9 ..... Istwert = ".$a."<br>\n";
?>
```

Die Ausgabe präsentiert sich uns dann wie folgt:

```
Post-Inkrement
Sollwert = 10 ..... Istwert = 10
Sollwert = 11 ..... Istwert = 11
Prä-Inkrement
Sollwert = 11 ..... Istwert = 11
Sollwert = 11 ..... Istwert = 11
Post Dekrement
Sollwert = 10 ..... Istwert = 10
Sollwert =  9 ..... Istwert = 9
Prä-Dekrement
Sollwert =  9 ..... Istwert = 9
Sollwert =  9 ..... Istwert = 9
```

Logische Operatoren

Operator		Bedeutung	Beispiel
and	Und	Gibt TRUE zurück, wenn sowohl $a als auch $b wahr ist	$a and $b
or	Oder	Gibt TRUE zurück, falls entweder $a oder $b wahr ist	$a or $b
xor	Entweder Oder	Gibt TRUE zurück, wenn entweder $a oder $b wahr ist; nicht, wenn beide wahr sind	
!	Nicht	Gibt TRUE zurück, wenn $a nicht wahr ist	!$a
&&	Und	Gibt TRUE zurück, wenn sowohl $a als auch $b wahr ist	$a && $b
||	Oder	Gibt TRUE zurück, wenn entweder $a oder $b wahr ist	$a || $b

Sie werden sich jetzt wundern, dass es je zwei Operatoren für die »Und«- und die »Oder«-Verknüpfung gibt. Der Grund liegt in der Operatoren-Rangfolge, die wir am Schluss der Operatorenauflistung kurz erläutern.

Zeichenketten-Operatoren

Es gibt in PHP zwei Operatoren für Zeichenketten. Einerseits den Vereinigungs-Operator ».«, dessen Rückgabewert eine Zeichenkette ist, die aus dem rechten und dem linken Argument besteht und andererseits den Vereinigungs-Zuweisungs-Operator ».=«.

Operator-Rangfolge

Die Operator-Rangfolge legt fest, in welcher Reihenfolge frei angeordnete Operatoren berücksichtigt werden. Das Ergebnis des Ausdruckes `10 + 5 * 3` ist z.B. 25 und nicht 45, da der Mulitiplikations-Operator in der Rangfolge höher steht als der Additions-Operator.

Die folgende Tabelle zeigt die Rangfolge der Operatoren angefangen mit dem niedrigsten Rang.

<table>
<tr><th>Assoziativität</th><th>Operator</th></tr>
<tr><td>Links</td><td>,</td></tr>
<tr><td>links</td><td>Or</td></tr>
<tr><td>Links</td><td>Xor</td></tr>
<tr><td>Links</td><td>And</td></tr>
<tr><td>Rechts</td><td>Print</td></tr>
<tr><td>Links</td><td>= += -= *= /= .= %= &= |= ^= ~= <<= >>=</td></tr>
<tr><td>Links</td><td>? :</td></tr>
<tr><td>Links</td><td>||</td></tr>
<tr><td>Links</td><td>&&</td></tr>
<tr><td>Links</td><td>|</td></tr>
<tr><td>Links</td><td>^</td></tr>
<tr><td>Links</td><td>&</td></tr>
<tr><td>Keine</td><td>== === !=</td></tr>
<tr><td>Keine</td><td>< > >= >=</td></tr>
<tr><td>Links</td><td><< >></td></tr>
<tr><td>Links</td><td>+ - .</td></tr>
<tr><td>Links</td><td>* / %</td></tr>
<tr><td>Rechts</td><td>! ~ ++ -- (int) (double) (string) (array) (object) @</td></tr>
<tr><td>Rechts</td><td>[</td></tr>
<tr><td>Keine</td><td>new</td></tr>
</table>

1.3 Konstanten

In PHP wird uns einerseits ein Mechanismus zur Verfügung gestellt, mit dem man zusätzlich zu den vordefinierten Variablen auch weitere Konstanten zur Laufzeit definieren kann. Wir reihen die Konstanten deshalb unter die Variablen ein, da sie im Prinzip einmal definierte und dann unveränderte Werte sind. Also ähnlich einer Variablen, die immer denselben Wert zugewiesen bekommt.

Folgende vordefinierten Variablen sind immer verfügbar:

__FILE__	Der Name der Skript-Datei, die gerade geparsed wird. Wird diese Konstante in einer Datei verwendet, die per `include()` oder `require()` eingebunden wurde, liefert sie den Namen der eingebundenen Datei, nicht den der aufrufenden Datei.
__LINE__	Die Nummer der Zeile im laufenden Skript, die gerade geparsed wird. Wird diese Konstante in einer Datei verwendet, die per `include()` oder `require()` eingebunden wurde, liefert sie die Zeilennummer innerhalb der eingebundenen Datei.
PHP_VERSION	Ein String, der die Versionsnummer des PHP-Parsers enthält
PHP_OS	Der Name des Betriebsystems, auf dem der PHP-Parser ausgeführt wird
TRUE	Der Wert »wahr« (case-insensitive)
FALSE	Der Wert »falsch« (case-insensitive)
NULL	Der Wert »null« (case-insensitive)
E_ERROR	Ist ein Fehler, der sich von einem »parsing error« unterscheidet. Die Ausführung des Skripts wird sofort beendet

E_WARNING	Gibt einen Zustand zurück, durch den PHP weiß, dass etwas nicht in Ordnung ist. Das Skript läuft aber weiter
E_PARSE	Der Parser hat Probleme mit ungültiger Syntax in der Skript-Datei. Die Ausführung des Skripts wird beendet
E_NOTICE	Etwas ist aufgetreten, das ein Fehler sein kann oder nicht. Das aktuelle Skript wird aber weiter ausgeführt
E_ALL	Die `E_*`-Konstanten werden typischerweise in Verbindung mit der `error_reporting()`-Funktion benutzt, um das Fehlermeldungs-Niveau festzusetzen

Mit der Funktion `define()` können zusätzlich Konstanten definiert werden

Dies sind allerdings keine Makros, wie man sie von C kennt. Nur gültige Skalar-Daten können von einer Konstanten vertreten werden.

```
<?php
define ("CONSTANT", "Ich bin eine Konstante!");
echo CONSTANT;
?>
```

Ausgabe:

```
Ich bin eine Konstante!
```

1.4 Integer & Fließkomma-Variablen

Integer-Typen können in mehreren Zuweisungsarten angegeben werden: im Dezimal-Format, als negativer Zahlenwert, als Oktal-Zahl oder als Zahlenwert im Hexadezimal-Format. Die Größe eines Integer-Wertes selbst ist plattformabhängig, wobei aber ein Wertebereich von +/- 2 Milliarden üblich ist.

```
$type = 1234;
   // Zahlenwert im Dezimal-Format
$type = -123;
   // negativer Zahlenwert
$type = 0123;
   // Oktalzahl (83  im Dezimal-Format) - dies ist eine
   // Fehlerquelle bei Strings mit führenden Nullen
$type = 0x12;
   // Zahlenwert im Hexadezimal-Wert
   // (entspricht 18 im Dezimal-Format)
```

Fließkomma-Zahlenwerte (»doubles«) können durch eine der folgenden Anweisungen zugewiesen werden:

```
$value = 1.234;
   $value = 1.2e3;
```

Die Größe einer Fließkomma-Zahl ist plattformabhängig, dennoch stellt ein Maximum von ~1.8e308 mit einer Genauigkeit von 14 Nachkomma-Stellen einen üblichen Wert dar.

Doch Achtung! Da einfache Dezimalzahlen beim Konvertieren in ihre binäre interne Entsprechung an Genauigkeit verlieren, kann es bei einigen Operationen zu unliebsamen Überraschungen kommen. Deshalb sollte man Ergebnissen von Fließkomma-Operationen nicht vollständig vertrauen und auch Vergleiche meiden. Sollte man eine größere Genauigkeit benötigen, kann man auf die mathematischen Funktionen beliebiger Genauigkeit (Kapitel 7) zurückgreifen.

1.5 Strings

Strings können durch eine der zwei Arten von Begrenzungszeichen zugewiesen werden, den doppelten Anführungszeichen ("") und den einfachen Anführungszeichen ('').

Wird der String von doppelten Anführungszeichen eingeschlossen, werden die Variablen innerhalb der Zeichenkette ausgewertet, begrenzt nur durch einige Beschränkungen beim Parsen des PHP-Skripts. Zur Ein-/Ausgabe spezieller Zeichen kann wie in C und Perl das Backslash-Zeichen (»\«) verwendet werden.

Nicht ausgewertete, also übergangene Zeichen sind:

`\ n`	neue Zeile (LF oder 0x0A als ASCII-Code)
`\ r`	Wagenrücklauf (CR oder 0x0D als ASCII-Code)
`\ t`	horizontaler Tabulator (HAT oder 0x09 als ASCII-Code)
`\ \`	Backslash / Rückstrich
`\ $`	Dollar-Symbol
`\ "`	doppelte Anführungszeichen
`\ [0-7]{1,3}`	die Zeichenkette, die dem regulären Ausdruck entspricht, ist in Oktal-Schreibweise
`\ x[0-9A-Fa-f]`	die Zeichenkette, die dem regulären Ausdruck entspricht, {1,2} ist in Hexadezimal-Schreibweise

Sie können zwar ein beliebiges anderes Zeichen übergehen bzw. von der Auswertung ausschließen, es wird aber in der höchsten Warn-Stufe eine Warnmeldung ausgegeben.

Die andere Möglichkeit, eine Zeichenkette / String zu begrenzen, ist der Gebrauch des einfachen Anführungszeichens, genannt Single-Quote. In diesem Fall werden aber nur die »\\« und »\'«-Zeichenfolgen von der Auswertung ausgeschlossen. Dies dient der Erleichterung, so dass Sie Single-Quotes und Backslashes in einem durch einfache Anführungszeichen begrenzten String benutzen können. Variablen innerhalb von durch Single-Quotes begrenzten Strings werden nicht ausgewertet.

Eine weitere Möglichkeit, Strings einzufassen, bietet der Gebrauch der »here doc«-Syntax (»<<<«). Es wird nach dem <<< ein Merker gesetzt, der nach dem folgenden eigentlichen String denselben abschließt. Der schließende Merker muss in der ersten Spalte der Zeile stehen. Die verwendeten Bezeichner müssen den gleichen Regeln entsprechen wie alle anderen PHP-Bezeichner auch. Sie dürfen lediglich aus alphanumerischen Zeichen oder dem Unterstrich bestehen.

»here doc«-Text funktioniert wie ein Text innerhalb von Anführungszeichen, nur ohne diese. Die Anführungszeichen innerhalb von »here doc«-Texten müssen also keinerlei Sonderbehandlung unterzogen werden. Sie können aber die obigen Escape-Anweisungen verwenden. Besondere Aufmerksamkeit muss man unbedingt den komplexen Variablen widmen, genau wie Strings.

```
<?php
$string = <<<MERKER
Dies ist ein Beispiel für einen String,
der über mehrere Zeilen reicht; erreicht
durch den Einsatz der here doc-Syntax.
MERKER;

   //----------------------------------------


   class cider
        {
```

```
        var $cider;
        var $eire;
      function cider()
              {
               $this->cider = "Wahrzeichen";
               $this->eire = array ("Riesenrad","Prater");
              }
        }

   $cider = new cider();
   $ort = "Wien";

   echo <<<CORK
Die Hauptstadt von Österreich ist "$ort", dessen
$cider->cider das {$cider->eire[1]}
im {$cider->eire[2]} ist!
<<<CORK;
```

Die Ausgabe sieht wie folgt aus:

```
Die Hauptstadt von Österreich ist Wien, dessen Wahrzeichen
   das Riesenrad im Prater ist!
```

Mit Hilfe des ».«-Operators können Zeichenketten miteinander verbunden werden. Der Additionsoperator funktioniert in diesem Fall nicht. Zeichen innerhalb eines Strings können wie ein numerisch-indiziertes Array von Zeichen verwendet werden. Der Syntax ist dem C-Standard sehr ähnlich.

```
$string = "Dies ist eine Zeichenkette";
   //Zuweisung eines Strings.
$string = $string." mit etwas zusätzlichem Text";
   //Erweiterung des String
```

```
$string .= " und einer neuen Zeile am Schluss! \n";
   //Erweiterung des Strings
$nummer = 21;
   $string = "<p>Nummer: $nummer</p>";
   //String wird zu "<p>Nummer: 21</p>"
$string = "Dies ist ein Test";
   $first = $string[0];
   //Das erste Zeichen eines Strings
$string = "Dies ist ein Test";
   $last = $string[strlen($str)-1];
   //Das letzte Zeichen eines Strings
```

Nun kommen wir wieder zur Umwandlung, nämlich von Zeichenketten. Wird ein String als Zahlenwert angesehen, dann legt sich der resultierende Wert und Typ wie folgt fest:

Enthält der String eines der Zeichen ».«, »e« oder »E«, dann wird er als `double` interpretiert, ansonsten als Integer.

Der Anfangsteil des Strings gibt den Inhalt vor. Beginnt der String mit numerischen Daten, wird ein Zahlenwert angenommen. Andererseits kann der Wert auch 0 sein. Gültig sind des Weiteren auch Werte mit optionalen Vorzeichen, gefolgt von einer oder mehreren Zahlen. Es kann aber auch ein Exponent angegeben werden, der aus einem »e« oder einem »E« besteht, gefolgt von einer oder mehreren Zahlen.

Ist der erste Ausdruck ein String, hängt der Typ der Variablen vom zweiten Ausdruck ab:

```
$test = 1 + "10.5";
        // $test ist double (11.5)
$test = 1 + "-1.3e3";
        // $foo ist double (-1299)
```

```
$test = 1 + "bob-1.3e3";
        // $test ist ein Integer-Wert (1)
$test = 1 + "bob3";
        // $ test ist ein Integer-Wert (1)
$ test = 1 + "10 Bücher";
        // $ test ist ein Integer-Wert (11)
$ test = 1 + "10 Seiten";
        // $ test ist ein Integer-Wert (11)
$ test = "10.0 Seiten " + 1;
        // $ test ist ein Integer-Wert (11)
$ test = "10.0 Seiten " + 1.0;
         // $ test ist double (11)
```

1.6 Arrays

Eindimensionale Arrays

In PHP gibt es sowohl skalare als auch assoziative Arrays, zwischen denen es letztendlich keinerlei Unterschied gibt. Mit Hilfe der Funktionen `list()` oder `array` kann man ein Array erzeugen, oder explizit den Wert eines jeden Array-Elements festlegen.

```
$a [0] = "test";
   $a [1] = "lauf";
   $b ["test"] = "testlauf";
```

Ein Array wird auch durch einfache Zuweisung eines Werts erzeugt. Bei Verwendung von leeren Klammern wird dieser an das Ende des Arrays hinzugefügt. Wenn wir nun beim obigen Beispiel anschließen ...

```
$a []  = "Schlusswort";
echo $a[2];
```

```
Ausgabe:
Schlusswort
//-------------------------
$a [] = "Das Ende";
echo $a[3];
```

Ausgabe:

```
Das Ende
```

Im Gebrauch von Arrays finden z.B. diverse Sortierfunktionen wie `asort()`, `arsort()`, `ksort()`, `rsort()`, `sort()`, `uasort()`, `usort()` und `uksort()` ihre Anwendung. Die Anzahl der Array-Elemente erhalten Sie mittels der `count()` Funktion. Ein Array durchlaufen können Sie mit den Funktionen `next()` und `prev()` oder `each()`.

Doch nähere Erklärungen zu den Array-Funktionen und einige Beispiele entnehmen Sie bitte dem Kapitel 7 – *Array-Funktionen.*

Mehrdimensionale Arrays

Einfach zu kreieren sind mehrdimensionale Arrays. Man fügt für jede zusätzliche Dimension des Arrays einen anderen `[key]`-Wert ans Ende an:

```
// Eindimensional -----
$a[1]  = $b;
$a["test"] = $b;
//Zweidimensional -----
$a[1] [0] = $b;
$a["test"] [2]= $b;
$a[2] ["test"]= $b;
//Vierdimensional -----
$a["test"] [3] ["test"] [0]= $b;
```

Mehrdimensionale Arrays können nicht direkt in Strings referenziert werden. Man muss hierfür den String-Verbindungs-Operator benutzen. In PHP4 kann man das Problem noch eleganter umschiffen. Man setzt ganz einfach die Array-Referenz unter geschwungene Klammern.

```
// das funktioniert nicht -----
$a["test"] [2] = "Vorname";
echo "Wolfgang Amadeus ist der
              $a["test"] [2] von Mozart";
// das funktioniert -----------
$a["test"] [2] = "Vorname";
echo "Wolfgang Amadeus ist der "
              . $a["test"] [2]. " von Mozart";
// das funktioniert -----------
$a["test"] [2] = "Vorname";
echo "Wolfgang Amadeus ist der
              {$a["test"] [2]} von Mozart";
```

Multi-dimensionale Arrays lassen sich auf viele Arten befüllen, zwei davon zeigen wir Ihnen im nachfolgenden Ausschnitt aus einem Skript. Verwendet wird der `array()` Befehl für assoziative Arrays.

```
//-----------------------------------
$a["color"] = "black";
$a["taste"] = "sour";
$a["shape"] = "round";
$a["name"] = "Teutates";
$a[2] = 3;
//-----------------------------------
$a = array (
         "color" => "black";
         "taste" => "sour";
```

```
        "shape" => "round";
        "name" => "Teutates";
        2 => 3;
```

Die `array()`-Funktion kann auch für mehrdimensionale Arrays eingefügt werden:

```
<?php
$a = array(
        "Austria"  => array(
                              "capital"  => "Vienna",
                              "language"  => "German",
                              "currency"  => "ATS"
                               ),
        "Germany"  => array(
                                "capital"  => "Berlin",
                                "language"  => "German",
                                "currency"  => "DEM"
                                 ),
        "Ireland"  => array(
                                 "capital"  => "Dublin",
                                 "language"  => "Gaelic",
                                 "currency"  => "IEP"
                                  )
        );

echo $a["Ireland"]["currency"];
?>
```

Ausgabe:

```
IEP
```

2 Kontrollstrukturen

Jedes PHP-Skript besteht aus einer beliebigen Reihe von Anweisungen. Eine solche Anweisung kann nun aus einem Funktions-Aufruf, einer Schleife, einer bedingten Anweisung, einem Befehl oder einer leeren Anweisung bestehen. Jeder Befehl wird durch ein Semikolon abgeschlossen. Mehrere solcher Befehle gruppieren sich zu einer Anweisungsgruppe, einem so genannten Block, der durch geschweifte Klammern abgegrenzt wird. Ein solcher Anweisungsblock ist wiederum selbst eine Anweisung. Erwähnt seien noch ein paar Ausnahmen. Es gibt zu einigen Befehlen eine alternative Syntax, bei der die Klammern als Kennzeichnung des Anweisungsblocks wegfallen und stattdessen die Einleitung mit einem Doppelpunkt erfolgt und das Ende in Form eines Schlüsselworts.

Die anfangs erwähnten Anweisungen sind in nahezu allen Programmiersprachen vorhanden, da sie das Grundskelett des Skripts darstellen.

Wir unterscheiden nun zwischen folgenden Anweisungen:

if

Der `if`-Befehl ist eines der wichtigsten Instrumente des Programmierers. Und das in vielen Sprachen, nicht nur in PHP. Die Syntax ist angelehnt an die Programmiersprache C.

```
if (expression)
      Anweisung
```

`expression` wird auf seinen Wahrheitsgehalt hin überprüft. Sollte TRUE zurückgeliefert werden, wird die `Anweisung` ausgeführt. Im Falle von FALSE wird entweder eine Ersatzanweisung gesucht, die mit `else` angegeben werden kann, oder der Block ganz einfach übergangen.

Expressions sind die elementarsten Bausteine von PHP. In PHP ist fast alles, was geschrieben wird, ein Ausdruck. Die einfachste, aber auch zutreffendste Definition für einen Ausdruck ist »*all jenes, das einen Wert hat*«.

Die grundlegendste Form von Ausdrücken sind Konstanten und Variablen. Ein weiterer, sehr gebräuchlicher Typ von Ausdrücken sind Vergleichsausdrücke. Diese Ausdrücke geben entweder 0 (FALSE) oder 1 (TRUE) zurück. PHP unterstützt

>	größer
>=	größer/gleich
==	gleich
!=	ungleich
<	kleiner
<=	kleiner/gleich

Und genau in dieser Form sind sie unerlässlich für die Kontrollstrukturen, die Anweisungsblöcke, die Schleifen und die Bedingungen.

Ein letztes Beispiel für Ausdrücke sind die kombinierten Zuweisungs- und Operator-Ausdrücke. Dass man einen Wert um 1 mit der Syntax `$a++` erhöhen kann, das ist uns nun schon bekannt. Aber wenn man die Zahl nun um z.B. 5 erhöhen will, dann ist es in PHP möglich, den Ansatz

```
$a = $a + 3
```

durch folgende Syntax zu ersetzen:

```
$a +=3
```

Dieser Ansatz ist uns mit jedem Operator erlaubt.

Vielleicht noch kurz einen weiteren Ausdruck, bevor wir zu den Anweisungen zurückkehren. Es gibt den dreifach konditionalen Operator:

```
$eins ? $zwei : $drei
```

Ist der Wert des ersten Subausdruckes `$eins` TRUE, also *not NULL*, dann wird der Wert des zweiten Subausdrucks `$zwei` zurückgegeben und ist das Ergebnis des konditionalen Ausdrucks. Ist der erste Ausdruck allerdings FALSE, dann wird der Wert des dritten Subausdrucks `$drei` zurückgegeben.

Also kurz zusammengefasst, interessieren wir uns bei den bedingten Anweisungen und Schleifen nicht für den spezifischen Wert eines Ausdrucks, sondern für den Wahrheitsgehalt der »Behauptung«. Dieser wird in PHP ähnlich wie in Perl eruiert. Jeder numerische Wert != `NULL` ist TRUE, andernfalls FALSE. Eine leere Zeichenkette und Zeichenkette = »0« sind FALSE, jede andere Zeichenkette ist TRUE. Nichtskalare Datentypen wie Arrays und Objekte werden als FALSE betrachtet, sollten sie keine Elemente beinhalten, andernfalls sind sie TRUE.

Das folgende Beispiel wird ganz einfach `a ist grösser als b` anzeigen, wenn `$a` größer ist als `$b`:

```
if ($a > $b)
        print "a ist grösser als b";
```

Es ist nicht erforderlich, jede Anweisung mit einer Bedingung zu versehen. Genauso ist es aber möglich, `if`-Anweisungen ohne Einschränkungen in sich zu verschachteln. Das ermöglicht eine gewisse Flexibilität bei der bedingten Ausführung verschiedenster Programmteile.

```
if ($a > $b)
        {
         if ($b < $c)
              {
               print "b ist die kleinste Zahl!";
               if ($c > $a)
                   {
                    print "c ist die größte Zahl!";
                   }
              }
        }
```

else

In Folge der `if`-Anweisungen ist es erforderlich, eine Anweisung auszuführen, wenn eine bestimmte `expression` erfüllt ist, und eine andere Anweisung, falls diese nicht erfüllt ist. Dafür gibt es nun die Anweisung `else`.

`else` erweitert eine `if`-Anweisung um die Ausführung von Anweisungen, sobald der Ausdruck der `if`-Anweisung als FALSE angesehen wird. Der folgende Anweisungsblock wird die wertmäßige Reihung der Zahlen `$a`, `$b` und `$c` darstellen:

```
if ($a > $b)
        {
         print "a ist größer als b";
         if ($b < $c)
```

```
            {
             print "c ist größer als b";
             if ($c > $a)
                 {
                  print "c ist größer als a";
                 }
             else
                 {
                  print "a ist größer als c";
                 }
            }
        else
            {
             print "b ist größer als c";
            }
        }
    else
        {
         print "b ist größer a";
        }
```

Die `else`-Anweisung wird nur in dem Fall ausgeführt, dass die `expression` als FALSE zurückgegeben wird und dies auch bei vorhandenen `elseif`-Ausdrücken der Fall ist.

elseif

Der Name der Anweisung gibt uns schon eine genaue Definition über die Funktionsweise. `elseif` kann man als eine Verbindung von `if` und `else` betrachten. Genau wie `else` erweitert sie eine `if`-Anweisung um die Ausführung anderer Anweisungen, sobald die normale `expression` als FALSE angesehen wird.

Aber anders als bei else wird die Ausführung dieser Ersatzanweisung mit einer anderen, einer alternativen Bedingung, und deren Wahrheitsgehalt verknüpft. Und wiederum kommen wir zu unserem Beispiel mit den drei numerischen Variablen $a, $b und $c.

```
if ($a > $b)
         {
          print "a ist grösser als b";
         }
   else if ($a == $b)
         {
          print "a ist gleich b";
         }
   else
         {
          print "a ist kleiner als b";
         }
```

Natürlich kann es auch hier mehrere elseif-Anweisungen innerhalb einer if-Anweisung geben. Sobald die erste elseif-Bedingung TRUE ist, werden die darin enthaltenen Anweisungen durchgeführt. In PHP kann man, genauso wie in C, elseif auch in der Form else if, also als zwei Wörter, darstellen. Das Verhalten ist identisch.

Die elseif-Anweisung kommt natürlich überhaupt erst dann zur Überprüfung, wenn die if-Bedingung sowie jede vorherige elseif-Bedingung FALSE sind und die aktuelle elseif-Bedingung TRUE ist.

while

Die einfachste Form der Schleifen, also der Wiederholung von Befehlsfolgen sind die while-Schleifen. Sie funktionieren genau wie in C. Die prinzipielle Grundform einer while-Anweisung lautet:

```
while (expression)
         Anweisung
```

Die Bedeutung einer solchen Anweisung ist relativ leicht zu erklären, zu verstehen und anzuwenden. Durch die `while`-Schleife wird PHP angewiesen, die Befehlsfolge, die in die Schleife eingebettet ist, so lange zu wiederholen, bis die `while`-Bedingung TRUE ist. Der Wert dieser Bedingung wird immer am Anfang der Schleife geprüft. Ist der Wert von Anfang an TRUE, wird die Schleife kein einziges Mal durchlaufen. Wird der Wert während der Ausführung innerhalb der Schleife geändert, endet die Ausführung des Befehlsblocks nicht vor einer neuen Iteration, also einem Schleifendurchlauf.

Genauso wie bei der `if`-Anweisung kann man mehrere Befehle innerhalb einer Schleife angeben. Sie müssen einfach nur mit geschweiften Klammern eingegrenzt sein, oder man gebraucht die alternative Syntax:

```
while (expression):
                statement ...
           endwhile;
```

Das folgende Beispiel gibt Zahlen von 1 bis 10 aus:

```
$i = 1;
   while ($i<=10)
        {
         print $i++;
        }
```

Oder mit der alternativen Syntax:

```
$i = 1;
   while ($i <=10) :
        print $i;
        $i++;
   endwhile;
```

Beide Funktionen, so unterschiedlich sie auch aussehen, tun doch im Endeffekt dasselbe. Dieses Phänomen wird uns noch öfters begegnen. Es gibt oft mehrere Wege, um zu ein und demselben Resultat zu gelangen.

do ... while

Nun begegnet uns eine Schleife, die der while-Schleife sehr ähnlich ist, die do ... while-Schleife. Der einzige Unterschied ist, dass die Erfüllung des Ausdrucks am Ende jedes Durchlaufs geprüft wird, statt wie bei der while-Schleife am Anfang. Der daraus resultierende Hauptunterschied ist, dass die erste Iteration auf jeden Fall stattfindet, da die Bedingung erst am Ende überprüft wird.

Die Syntax für die do ... while-Schleife präsentiert sich uns wie folgt:

```
$i = 0;
   do
        {
         print $i;
        }
   while ($i > 0);
```

Die oben dargestellte Schleife wird genau einmal durchlaufen. Danach wird die Bedingung überprüft und festgestellt, dass diese FALSE ist, da $i gleich 0 ist und somit nicht größer als 0. Daraus resultierend wird die Schleifenausführung beendet.

Nun gibt es allerdings auch eine andere Möglichkeit, die Schleife zu unterbrechen. Die break-Anweisung bricht die Schleifenausführung ab und setzt das Skript nach der Schleife fort:

```
do
        {
         if ($i < 5)
              {
               print "i ist nicht gross genug";
               break;
              }
         $i *= $factor;
         if ($i < $minimum_limit)
              {
               break;
              }
         print "i ist ok";
         ...process i...
        }
   while(0);
```

Doch keine Angst, die break-Anweisung wird auf den nachfolgenden Seiten noch näher erklärt.

for

for-Schleifen stellen die komplexesten Schleifen in PHP dar. Sie funktionieren genauso wie ihr Gegenstück in C. Die Syntax einer for-Schleife sieht folgendermaßen aus:

```
for (expression1; expression2; expression3)
        Anweisung
```

Der erste Parameter expression1 wird beim Schleifenbeginn geprüft bzw. ausgeführt. Zu Beginn jeder Iteration wird nun expression2 überprüft. Ist das Ergebnis TRUE, wird die Schleife fortgesetzt, andernfalls beendet. Am Ende jeder Iteration wird nun auch expression3 geprüft bzw. ausgeführt.

Im Prinzip kann jeder Parameter leer sein (optional). Ist expression2 leer, wird die Schleife unbestimmt oft durchlaufen, da er für PHP TRUE ist. Das führt nicht automatisch zu einer »Endlosschleife«, da innerhalb der Befehlsfolge auch der eine oder andere break-Befehl inkludiert sein kann. Die Schleife wird dann durch diese bedingte break-Anweisung beendet, statt durch eine unwahr gewordene for-Bedingung.

Die nachfolgenden Beispiele geben alle die Zahlen 1 bis 10 aus, trotz unterschiedlichem Aufbau:

```
for ($i = 1; $i <= 10; $i++)
        {
         print $i;
        }

//--------------------------------

for ($i = 1;;$i++)
        {
      if ($i > 10)
              {
               break;
              }
      print $i;
     }

//--------------------------------
$i = 1;
for (;;)
        {
      if ($i > 10)
              {
```

```
            break;
        }
    print $i;
    $i++;
   }

//-------------------------------

for ($i = 1; $i <= 10; print $i, $i++) ;
```

Vom strukturellen Aufbau sehen das erste und das letzte Beispiel am besten aus, aber bei anderen Anforderungen ist es oftmals nützlich, leere Parameter in der for-Schleife zu verwenden.

Selbstverständlich unterstützt PHP auch bei for-Schleifen die alternative Syntax, die »Doppelpunkt-Syntax«.

```
for (expression1;expression2;expression3):
    Anweisung;
    ...;
endfor;
```

In PHP 3 gab es für das Durchlaufen eines Hash oder Arrays keinerlei foreach-Anweisung. Dies musste man damals durch eine Kombination von while mit den Funktionen list() und each() bewerkstelligen. Seit PHP4 ist dies allerdings anders.

foreach

Genau wie Perl und auch andere Sprachen enthält PHP 4 eine foreach-Funktion. Dieser Befehl ermöglicht es auf einfache Art und Weise, ein Array zu durchlaufen. Es existieren zwei Syntax-Arten:

```
foreach (array_expression as $value) Anweisung
foreach (array_expression as $key => $value) Anweisung
```

Die zweite Form ist eine eher unbedeutende, aber sinnvolle Erweiterung der ersten Form.

Die erste Form durchläuft das array_expression-Array. Bei jedem Durchgang wird der Wert des aktuellen Elements $value zugewiesen und der interne Array-Zeiger um 1 erhöht. Dadurch wird beim nächsten Durchgang automatisch das nächste Element ausgewertet.

Die zweite Form arbeitet genauso, bis auf den Unterschied, dass bei jedem Durchlauf auch der aktuelle Schlüssel der Variablen $key zugewiesen wird.

Sobald foreach zum ersten Mal ausgeführt wird, wird der interne Array-Pointer automatisch auf das erste Element des Arrays zurückgesetzt. Das heißt, Sie müssen nicht den Befehl reset() vor dem Durchlauf aufrufen. Weiter sollte man beachten, dass foreach lediglich mit einer Kopie des angegebenen Arrays arbeitet. Aus diesem Grund wird der Array-Pointer auch nicht wie beim each-Konstrukt verändert.

Die nachfolgenden Beispiele sind in ihrer Funktionalität ganz identisch:

```
reset ($array);
   while (list(, $value) = each ($array))
        {
         echo "Wert: $value<br>\n";
        }
//-----------------------------------------

   foreach ($array as $value)
        {
         echo "Wert: $value<br>\n";
        }
```

Auch diese Beispiele funktionieren auf dieselbe Art und Weise:

```
reset ($array);
   while (list($key, $value) = each ($array))
        {
         echo "Schlüssel: $key; Wert: $value<br>\n";
        }
//-------------------------------------------------------
foreach ($array as $key => $value)
        {
         echo "Schlüssel: $key; Wert: $value<br>\n";
        }
```

Und nun ein paar Beispiele, um das Ganze noch zu verdeutlichen:

```
$array = array (1, 2, 3, 17);
//-------------------------------------------------------
foreach ($array as $value)
        {
         print "Aktueller Wert von \$array: $value.\n";
        }
//-------------------------------------------------------
$i = 0;

   foreach($array as $value)
        {
         print "\$array[$i] => $key.\n";
        }
//-------------------------------------------------------
$array = array (
                         "one" => 1,
                         "two" => 2,
                         "three" => 3,
                         "seventeen" => 17
```

```
                          );

   foreach($array as $key => $value)
       {
        print "\$array[$key] => $value.\n";
       }
```

break

Wie in den vorangegangenen Seiten schon angedeutet, gibt es die break-Anweisung, die die Ausführung der aktuellen for-, while- oder switch-Anweisungssequenz abbricht.

Einem break kann optional ein numerisches Argument angehängt werden, das die Anzahl der abzubrechenden Befehls-Sequenzen enthält:

```
$array = array ("eins", "zwei", "drei", "stop", "vier");

   while (list ( , $value) = each ($array))
       {
        if ($value == "stop")
             {
              break 1;
             }
        echo "$value<br>\n";

   $i = 0;

   while (++$i)
       {
        switch ($i)
             {
```

```
                case 5:         echo "Bei 5<br>\n";
                                    break 1;
                case 10:       echo "Bei 10; quitting<br>\n";
                                    break 2;
                default:        break;
            }
    }
```

continue

`continue` wird innerhalb von Schleifen gebraucht. Die Schleife wird an der aktuellen Stelle abgebrochen und es wird der nächste Durchlauf begonnen.

`continue` kann optional ein numerisches Argument erhalten, das die Anzahl der zu überspringenden Schleifendurchläufe beinhaltet.

```
while (list ($key, $value) = each ($array))
        {
         if (!($key % 2))
              {
               continue;
              }
         function_ungerade($value);
        }
   $i = 0;

   while ($i++ < 5)
        {
         echo "Aussen<br>\n";
         while (1)
              {
               echo "  Mitte<br>\n";
```

```
            while (1)
                {
                 echo "  Innen<br>\n";
                 continue 3;
                }
            echo "Das wird nie ausgegeben.<br>\n";
           }
      echo "Dies auch nicht.<br>\n";
     }
```

switch

Kommt es zu einer Reihe von `if`-Anweisungen mit dem gleichen Parameter, dann bietet sich die `switch`-Anweisung an. Des Öfteren will man ein und dieselbe Variable bzw. denselben Ausdruck mit verschiedensten Werten vergleichen und in Abhängigkeit vom Auswertungsergebnis verschiedene Programmteile ausführen. Und das ist genau das, was die `switch`-Anweisung uns ermöglicht.

Die folgenden Beispiele zeigen zwei verschiedene Wege, das Gleiche zu bewirken; eins gebraucht mehrere `if`-Befehle, das andere eine `switch`-Anweisung:

```
if ($i == 0)
     {
      print "i ist gleich 0";
     }
if ($i == 1)
     {
      print "i ist gleich 1";
     }
if ($i == 2)
     {
```

```
        print "i ist gleich 2";
        }
//------------------------------
switch ($i)
        {
        case 0:             print "i ist gleich 0";
                                break;
        case 1:             print "i ist gleich 1";
                                break;
        case 2:             print "i ist gleich 2";
                                break;
        }
```

Es ist enorm wichtig, die genaue Ausführung einer switch-Anweisung zu verstehen, um unnötige Fehler zu vermeiden. Die Anweisung wird Zeile für Zeile, also Anweisung für Anweisung abgearbeitet. Wenn bei einem case-Teil eine Entsprechung zum switch-Ausruck besteht, werden die darin enthaltenen Befehle ausgeführt. Danach fährt PHP mit der Abarbeitung des restlichen Codes innerhalb des switch-Blocks fort.

Ohne break am Ende jedes case-Teils würden die nachfolgenden case-Blöcke auch ausgeführt werden. Das heißt in unserem obigen Beispiel Folgendes: Ist $i gleich 0, würde PHP alle Anweisungen ausführen. Ist $i gleich 1, die letzten beiden usw. Deshalb ist es wichtig, bei den case-Blöcken eine break-Anweisung zu setzen. Es sei denn, der Effekt wird so gewünscht.

Bei einer switch-Anweisung wird die Bedingung also nur einmal überprüft und das Ergebnis mit jeder case-Anweisung verglichen. Bei einem elseif-Befehl wird die Bedingung neu geprüft. Eine switch-Anweisung kann schneller als mehrere if-Befehle sein, z.B. bei komplizierteren Bedingungen als einem einfachen Vergleich.

Ist der Anweisungsteil von case leer, wird die Kontrolle einfach an den nächsten case-Teil übergeben.

```
switch ($i)
        {
         case 0:
         case 1:
          case 2:          print "i ist kleiner als 3 aber
   nicht negativ";
                              break;
         case 3:         print "i ist gleich 3";
        }
```

Nun gibt es noch eine Anweisung default, die einen Spezialfall darstellt. Diese trifft auf alles zu, was nicht von den voranstehenden case-Ausdrücken erfasst wurde:

```
switch ($i)
        {
         case 0:         print "i ist gleich 0";
                              break;
         case 1:         print "i ist gleich 1";
                              break;
         case 2:         print "i ist gleich 2";
                              break;
         default:        print "i ist weder 0, 1 noch 2";
        }
```

Der case-Ausdruck kann keine Prüfung von Arrays oder Objekten durchführen, es sei denn, sie werden auf einfache Typen herunter gebrochen. Ansonsten kann er auf einfache Typen wie Integer- oder Fließkomma-Zahlen oder auf Strings / Zeichenketten zugreifen. Arrays oder Objekte können nicht benutzt werden, es sei denn, sie werden auf einfache Typen herunter gebrochen.

Die alternative Syntax gilt natürlich auch für switch-Sequenzen:

```
switch ($i):
     case 0:          print "i ist gleich 0";
                           break;
        case 1:          print "i ist gleich 1";
                           break;
        case 2:          print "i ist gleich 2";
                           break;
       default:          print "i ist weder 0, 1 noch 2";
endswitch;
```

require()

Der require()-Befehl setzt an seine Stelle den Inhalt der angegebenen Datei. Wenn die PHP-Konfigurations-Option "URL fopen wrappers" per default auf enabled steht, können Sie für die mittels require() eingebundene Datei statt einer lokalen Pfadangabe auch einen URL angeben.

PHP kehrt zu Beginn der per include oder require() eingebundenen Dateien vom PHP- in den HTML-Modus und am Schluss der Datei wieder in den PHP-Modus zurück. Falls innerhalb dieser Dateien also PHP-Code ausgeführt werden soll, muss dieser eingeschlossen werden von gültigen PHP-Start- und PHP-Ende-Marken.

require() ist eine spezielle Sprachanweisung und keine PHP-Anweisung. Sie ist deshalb anderen Regeln unterworfen als Funktionen. Einerseits unterliegt sie keinen Kontroll-Strukturen, andererseits gibt sie keinen Wert zurück. Der Versuch, von einem require()-Aufruf einen Rückgabewert zu erhalten, führt zu einem Parse-Fehler.

Anders als include() wird require() immer die angegebene Datei einlesen, auch dann, wenn die Programmzeile nicht ausgeführt wird.

Wenn eine Datei nur bedingt eingelesen werden soll, ist der Befehl `include()` zu benutzen. Die bedingte Anweisung würde `require()` nicht davon abhalten, die Datei zu laden.

`require()` kann innerhalb von Schleifen nicht eingesetzt werden, da die entsprechende Datei nur genau einmal eingelesen wird, obwohl die Programmzeile mehrmals angesprungen wird. Deshalb muss in diesem Fall, und wenn verschiedene Dateien eingelesen werden sollen, innerhalb der Schleifen der Befehl `include()` verwendet werden.

```
require ("header.inc");
```

Wird eine Datei per `require()` eingebunden, dann »erbt« der darin enthaltene Code die bis zur Skriptzeile mit der `require()`-Anweisung definierten Variablen und deren Inhalt. Ab dieser Zeile stehen alle Definitionen von Variablen, innerhalb der eingebundenen Datei, zur Verfügung.

Wird die mittels `require()` einzubindende Datei über HTTP aufgerufen und sieht der Ziel-Server die Ziel-Datei als PHP-Code an, dann werden die Variablen an die einzubindende Datei wie bei einem HTTP GET übergeben. Dies entspricht nicht genau der Einbindung einer lokalen Datei. Und zwar deshalb, weil das Skript auf dem entfernten Server ausgeführt wird und nur die Ergebnisse in das lokale Skript eingebunden werden.

include()

Die `include()`-Anweisung liest die angegebene Datei ein und wertet sie aus.

Wenn die PHP-Konfigurations-Option "`URL fopen wrappers`" per default auf `enabled` steht, können Sie für die eingebundene Datei statt einer lokalen Pfadangabe auch einen URL angeben.

PHP kehrt zu Beginn der per include oder require() eingebundenen Dateien vom PHP- in den HTML-Modus und am Schluss der Datei wieder in den PHP-Modus zurück. Falls innerhalb dieser Dateien also PHP-Code ausgeführt werden soll, muss dieser eingeschlossen werden von gültigen PHP-Start- und PHP-Ende-Marken.

Das passiert jedes Mal, sobald die include()-Anweisung auftritt. Das ist auch der Grund, wieso sich diese Anweisung sehr gut für die Nutzung innerhalb von Schleifen eignet, um damit eine Anzahl unterschiedlicher Dateien einzubinden:

```
$files = array ("first.inc", "second.inc", "third.inc");
for ($i = 0; $i < count($files); $i++)
        {
         include $files[$i];
        }
```

Der Unterschied zu require() ist der, dass die Anweisung jedes Mal neu ausgewertet wird, sobald sie auftritt. Da include() ein spezielles Sprach-Konstrukt ist, muss man es innerhalb einer bedingten Anweisung in einen Anweisungsblock setzen.

```
if ($Bedingung)
        {
         include($diesedatei);
        }
   else
        {
         include($anderedatei);
        }
```

Wird eine Datei nun per include() eingebunden, dann »erbt« der darin enthaltene Code die bis zur Skriptzeile mit der Anweisung definierten Variablen und deren Inhalt. Alle Definitionen von Variablen innerhalb der eingebundenen Datei stehen ab dieser Zeile zur Verfügung.

Wird die mittels `include()` einzubindende Datei über HTTP aufgerufen und sieht der Ziel-Server die Ziel-Datei als PHP-Code an, dann werden die Variablen an die einzubindende Datei wie bei einem HTTP GET übergeben. Dies entspricht nicht genau der Einbindung einer lokalen Datei. Und zwar deshalb, weil das Skript auf dem entfernten Server ausgeführt wird und nur die Ergebnisse in das lokale Skript eingebunden werden.

Lassen Sie sich nicht durch die Tatsache irritieren, dass Sie Dateien auch über HTTP per `require` oder `include` einbinden können. Das oben Gesagte behält trotzdem seine Gültigkeit.

require_once()

Die `require_once()`-Anweisung ersetzt sich selbst durch die angegebene Datei. Das ist ähnlich der C-Preprozessor-Anweisung `#include`, funktioniert also auch ähnlich der `require`-Anweisung. Der Hauptunterschied liegt in der Tatsache, dass bei `require_once()` der einzubindende Code nur einmal in das Skript eingefügt wird.

include_once()

Die Anweisung `include_once()` schließt zur Ausführungszeit das angegebene Skript ein und führt es aus. Diese Funktionalität ähnelt der `include()`-Anweisung. Der Unterschied liegt nur darin, dass ein einmal inkludierter Code nicht noch einmal eingebunden wird.

`include_once()` soll in den Fällen benutzt werden, in denen dieselbe Datei mehr als einmal während der Ausführung eingebunden werden soll und Wiederholungen bei den Variablenzuweisungen und den Funktionsdefinitionen vermieden werden soll.

Aber mehr zu den Anweisungen `include_once()` und `require_once()` im Kapitel 4 – *Einbindung und Verzweigung von Skripts.*

2.1 Alternative Syntax für Kontrollstrukturen

Für einige Kontrollstrukturen bietet PHP eine alternative Syntax. Diese sind `if`, `while`, `for`, `foreach` und `switch`. Die öffnende Klammer muss hierbei durch einen Doppelpunkt »:« und die schließende Klammer durch ein jeweiliges Schlüsselwort ersetzt werden.

```
if - endif

while - endwhile

for - endfor

foreach - endforeach

switch - endswitch
```

In dem nachfolgenden Beispiel ist der HTML-Bereich in eine `if`-Anweisung mit alternativer Syntax eingebettet. Dieser wird nur ausgeführt, wenn `$cider = 5`.

```
<?php
   if ($cider = 5) :
   ?>

   <?php
   endif;
   ?>
```

Die alternative Syntax kann natürlich auch auf `else` und `elseif` angewendet werden:

```
if ($cider == 5):
    print "cider ist gleich 5";
    print "...";
elseif ($cider == 6):
    print "cider ist gleich 6";
    print "!!!";
else:
    print "cider ist weder 5 noch 6";
endif;
```

3 Objektorientierte Programmierung in PHP

Eine der vielen großen Stärken in PHP ist die objektorientierte Programmierung, die sich vor allem bei größeren Projekten bewährt. Natürlich ist sie nicht so ausgereift wie bei anderen Sprachen (wie Java oder C++), aber sie enthält für eine Skriptsprache einen erstaunlich großen Umfang.

3.1 Einführung in die objektorientierte Programmierung

Sinn von OOP ist es, Methoden (das sind Funktionen) und Eigenschaften (das sind Variablen) wiederverwendbar zu machen und in ihren Aktionsraum zu kapseln.

Vor allem bei größeren Projekten, wo in tausend Zeilen Code Fehler zu finden waren, hat sich diese Art der Programmierung bewährt, weil durch die Kapselung der Programmmodule der Fehler leichter lokalisiert werden konnte.

Die Wiederverwendbarkeit wurde durch eine Veerbungslinie erreicht. Das heißt, dass jede Kind-Klasse alle Methoden und Eigenschaften von ihrer Eltern-Klasse erben kann. Dazu ein einfaches Beispiel einer solchen Veerbungslinie:

```
         Tierbesitzer (Eigenschaften: Adresse,Tel,....)
   --------------------------------------------------------
         /                      /                      \
Katze                         Hund                    Hamster
```

Als Eltern-Klasse kann man hier den Tierbesitzer sehen, die einmal die grundlegenden Eigenschaften aufnimmt. Die Klasse `Katze` kann nun alle Eigenschaften vom Tierbesitzer erben, sprich, sie besitzt die Möglichkeit, auf alle Eigenschaften und Methoden von der Klasse `Tierbesitzer` zuzugreifen.

Der Vorteil liegt auf der Hand: Man braucht nur einmal die Klasse `Tierbesitzer` zu implementieren, in der alle allgemeinen Eigenschaften und Methoden gespeichert werden, und kann sie dann für die diversen Kind-Klassen (`Katze`, `Hund`, ...) wiederverwenden.

Ein in PHP umgesetztes Beispiel wäre, eine eigene Shopping-Cart-Klasse zu programmieren, in der alle allgemeinen Funktionen für die Verwaltung von einem Einkaufskorb programmiert werden (wie beispielsweise: Hinzufügen eines Artikels, Löschen eines Artikels, ...). So eine Klasse könnte immer wieder verwendet werden.

Das sind die Grundzüge der objektorientierten Programmierung. Jetzt schauen wir mal, wie dies in PHP realisiert wird. Die Schlüsselwörter und Operatoren, die hierzu verwendet werden, werden im Folgenden beschrieben.

3.2 Klassen in PHP (class)

Klassen werden in PHP, wie in allen anderen objektorientierten Programmiersprachen, mit dem Schlüsselwort `class` eingeleitet.

Beispiel:

```
<?
   class Cart {
       var $items;  // Variablendefinition
```

```
      function konstruktor()  {
        }

      function hinzu ($artnr, $num) {
         // Methodenrumpf
        }

      function loeschen ($artnr, $num) {
         // Methodenrumpf
        }

  }
  ?>
```

Für die Namensgebung der Klassen gelten dieselben Regeln wie für Variablen oder Methoden. Im Klassenrumpf befinden sich alle Methodendefinitionen und Variablendefinitionen, die für die Klasse relevant sind und auf die Sie nach einer Instanziierung zugreifen können.

Instanziierung

Durch den Operator `new` können Sie die Klasse instanziieren und auf die vorhandenen Methoden und Variablen zugreifen. Er erzeugt ein Objekt dieser Klasse. Dabei können Sie die Klasse natürlich auch öfters instanziieren.

Beispiel:

```
$cart = new Cart;
   $cart->hinzu("10", 1);

   $another_cart = new Cart;
   $another_cart->hinzu("0815", 3);
```

Der Zugriff auf die Methoden erfolgt über den »->«-Operator. Der einzige Unterschied zum normalen PHP-Funktionsaufruf besteht darin, dass vor der Klasse der von Ihnen ausgewählte Name der Instanziierung und der »->« Operator steht.

Beachten Sie bitte auch, dass beim Instanziieren kein »$«-Zeichen vor dem Originalnamen der Klasse steht. Also *nicht* `$cart = new $Cart`, sondern `$cart = new Cart`.

extends

Oft benötigen Sie Variablen und Methoden aus anderen Klassen. Diese neu zu programmieren, ist sicherlich mühselig und umständlich. Schauen Sie sich folgendes Beispiel an.

Beispiel:

```
<?
   class Cart {
      var $items;  // Variablendefinition

      function konstruktor()  {
        }


      function hinzu ($artnr, $num) {
         // Methodenrumpf
        }


      function loeschen ($artnr, $num) {
         // Methodenrumpf
        }
   }
```

```
class Cart_Erweiterung extends Cart {
    function neue_funktion()  {

      }


}

?>
```

Durch die extends-Klausel erbt nun die Klasse Cart_Erweiterung alle Funktionen und Variablen der Klasse Cart. Wenn Sie obigen PHP-Code noch um folgenden Befehl erweitern:

```
$cart = new Cart_Erweiterung;
```

können Sie auf die Methoden und Variablen beider Klassen zugreifen.

```
$cart->neue_funktion();
   $cart->hinzu();
   $cart->loeschen();
```

Konstruktoren

Oft wird für ein Objekt ein bestimmter Anfangszustand benötigt, um gleich beim Instanziieren Variablen Werte zuweisen zu können. Eine Möglichkeit wäre, eine eigene Funktion Init() zu schreiben und diese dann vorher aufzurufen. Einfacher geht es über so genannte Konstruktoren, die wie im unten stehenden Beispiel angewandt werden.

Beispiel:

```
class Cart {
        function Cart () {
          $this->hinzu ("10", 1);
        }
    }
```

Man definiert ganz einfach eine Methode, die genau denselben Namen hat wie die Klasse selbst. Das veranlasst PHP, diese Methode beim Instanziieren automatisch aufzurufen und alle Variablenzuweisungen, Befehle etc. darin aufzurufen.

Eine andere Möglichkeit besteht darin, den Konstruktur-Parameter zu übergeben:

```
class Cart {
        function Cart ($item = "10", $num = 1) {
          $this->hinzu ($item, $num);
        }

    $cart = new Cart ("20", 17);
```

Nun werden gleich beim Instanziieren die Übergabeparameter an den Konstruktor weitergeleitet.

Die $this-Variable

Innerhalb einer Funktion wie `connect()` muss auf die Variable `Link_ID` zugegriffen werden, um das Resultat eines Connect abzuspeichern. In `connect()` können wir nicht wissen, wie die Funktion nun gerade heißt, also ob ihr Name nun gerade `$db1->connect()` oder `$db2->connect()` ist und ob die Link-ID nun in `$db1->Link_ID` oder in `$db2->Link_ID` abgespeichert werden muss.

Eigentlich ist das auch egal: Wir wollen nur auf unsere eigene Link-ID zugreifen. `$this` bezeichnet nun genau unser eigenes Objekt, also `$db1` innerhalb von `$db1` und `$db2` innerhalb von `$db2`. Man schreibt daher Code wie folgt:

```
class DB_Beispiel {
     var $Link_ID = 0;

     function connect() {
       $this->Link_ID = mysql_connect(...);
       ...
     }

     ...
   }
```

oder

```
class DB_Beispiel {
     var $Link_ID = 0;

     function query($query) {
   // Wenn kein Datenbank-Link vorhanden->einen herstellen
       if (!$this->Link_ID)
         $this->connect();
       ...
      }
     ...
   }
```

Erweiterte OOP-Syntax für PHP4 (::-Operator)

Für PHP4 gibt es eine erweiterte Syntax für die objektorientierte Programmierung, die nun stärker an C++ angelehnt ist.

Der `::`-Operator wird folgendermaßen angewendet:

```
Hoehere_Klasse::Methode_der_hoeheren_Klasse
```

Dazu ein einfaches Beispiel:

```
<?
   class MutterKlasse {
       var $class_name = "Mutterklasse";

       function MutterMethode($value)  {
          echo "Muttermethode gibt $value aus.";
       }


       function NamederMethode()  {
          return $this->$class_name;
       }

   }


   class TochterKlasse  {
       var $class_name = "Tochterklasse";
       function TochterMethode($value, $new) {
          MutterKlasse::MutterMethode($value);
          echo "Tochtermethode gibt $new aus.";
       }
```

```
    function NamederMethode($test) {
      return MutterKlasse::NamederMethode()." $test";
    }
  }

  ?>
```

Der Zugriff auf die Klassen erfolgt über die altbewährte Syntax:

```
$object = new TochterKlasse("Mutter", "Tochter);
  echo $object->NamederMethode("egal!!!");
```

3.3 Hilfe- und Testfunktionen für Objekte (PHP4)

Hier folgt eine kurze Auflistung aller möglichen Funktionen.

class_exists

```
bool class_exists (string class_name)
```

Prüft, ob eine Klasse besteht oder nicht. (Wenn ja TRUE, wenn nein FALSE)

get_class

```
string get_class (object obj)
```

Ergibt den Namen der Klasse des Objektes. Der zurückgegebene Name ist in Kleinbuchstaben.

get_class_methods

```
array get_class_methods (string class_name)
```

Gibt ein Array mit den Namen der Methoden einer Klasse zurück.

Beispiel:

```
<?php

class meineklasse {
        // Konstruktor
        function meineklasse() {
            return(true);
        }

        // methode 1
        function meinefunktion1() {
            return(true);
        }

        // methode 2
        function meinefunktion2() {
            return(true);
        }
    }


    $meine_klasse = new meineklasse();

$klassen methoden =
    get_class_methods(get_class($meine_klasse));

foreach ($klassen_methoden as $methoden_name) {
        echo "$methoden_name\n";
    }
    ?>
```

Gibt aus:

```
meineklasse
   meinefunktion1
   meinefunktion2
```

get_class_vars

```
array get_class_vars (string class_name)
```

Diese Funktion gibt in einem assoziativen Array die Namen der Eigenschaften (Variablen) der Klasse zurück.

Beispiel:

```
<?php
   class myclass {

       var $var1; // kein Wert zugewiesen !!!
       var $var2 = "xyz";
       var $var3 = 100;

       // Konstruktor
       function meineklasse() {
           return(true);
       }

   }

   $meine_klasse = new meineklasse();

$klassen_vars = get_class_vars(get_class($meine_klasse));

foreach ($klassen_vars as $name => $value) {
       echo "$name : $value\n";
```

```
    }
?>
```

Ergibt:

```
var2 : xyz
   var3 : 100
```

get_declared_classes

```
array get_declared_classes
```

Gibt die Namen aller deklarierten Klassen in einem Array zurück. Zusätzlich zu den selbst definierten werden drei interne Klassen von PHP ausgegeben: `stdClass`, `OverloadedTestClass`, `Directory` (ab PHP4 Patchlevel 2).

get_object_vars

```
array get_object_vars (object obj)
```

Mit dieser Funktion ermitteln Sie die Eigenschaften eines Objekts, also die tatsächlichen genutzten Variablen der zugrunde liegenden Klasse.

Beispiel:

```
<?php
   class Point2D {
       var $x, $y;
       var $label;

       function Point2D($x, $y) {
           $this->x = $x;
           $this->y = $y;
       }
```

```
        function setLabel($label) {
            $this->label = $label;
        }

        function getPoint() {
            return array("x" => $this->x,
                         "y" => $this->y,
                         "label" => $this->label);
        }
    }

$p1 = new Point2D(1.233, 3.445);
    print_r(get_object_vars($p1));
    // "$label" is declared but not defined
    // Array
    // (
    //     [x] => 1.233
    //     [y] => 3.445
    // )


    $p1->setLabel("point #1");
    print_r(get_object_vars($p1));
    // Array
    // (
    //     [x] => 1.233
    //     [y] => 3.445
    //     [label] => point #1
    // )

    ?>
```

get_parent_class

```
string get_parent_class (object obj)
```

Ergibt den Namen der übergeordneten Klasse des Objekts.

is_subclass_of

```
bool is_subclass_of (object obj, string superclass)
```

Prüft, ob ein Objekt zu einer bestimmten Unterklasse gehört. (Wenn ja TRUE, wenn nein FALSE)

method_exists

```
bool method_exists (object object, string method_name)
```

Prüft, ob eine Methode besteht oder nicht. (Wenn ja TRUE, wenn nein FALSE)

4 Einbindung und Verzweigung von Scripts

4.1 Include-Befehl

Durch den Befehl include können Sie in PHP Dateien (HTML oder PHP) in das jeweilige Programmteil einschließen und die eingebundene Datei wird dann so ausgeführt, als wäre sie alleine aufgerufen worden. Diese Funktion kann auch in Schleifen benutzt werden.

$files = array

```
$files = array ('first.inc', 'second.inc', 'third.inc');
   for ($i = 0; $i < count($files); $i++) {
       include $files[$i];
   }
```

Das ist ein gutes Beispiel, um zu zeigen, dass auf diese Art und Weise verschiedene Dateien eingebunden werden können.

Da PHP die Anweisungen, die in der include-Datei stehen, nicht als Block betrachtet, müssen Sie bei etwaigen if-Abfragen in geschweiften Klammern stehen:

```
/* Das ist falsch */
   if ($Bedingung)
       include($diesedatei);
   else
       include($anderedatei);
```

```
/* Diese ist richtig */
if ($Bedingung) {
    include($diesedatei);
} else {
    include($anderedatei);
}
```

Seit PHP 4 können `include`-Dateien auch `returns` enthalten, die dann von dem aufrufenden Programm ausgewertet werden können.

Datei `sub.inc`:

```
<?
  echo "Vor dem Return <br>\n";
  if (1) {
      return 100;
  }
  echo "Nach dem Return <br>\n";
  ?>
```

Diese Datei wird dann in `main.php` folgendermaßen eingebunden:

```
<?
  $retwert = include ('sub.inc');
  echo "Return Wert der include Datei: '$retwert'<br>\n";
  ?>
```

include_once(dateiname)

Die Anweisung `include_once` schließt zur Ausführungszeit das angegebene Skript ein und führt es aus. Dies ist ähnlich der `include`-Anweisung; mit dem Unterschied, dass einmal »includierter« Code nicht nochmals eingebunden wird. Sie sollten diesen Befehl verwenden, wenn Sie sicherstellen wollen, dass Sie keine Wiederholungen in Funktionsdefinitionen und Wertzuweisungen zu Variablen haben.

4.2 Require-Befehl

Beim Befehl `require` wird die angegebene Datei auf jeden Fall immer eingebunden; auch wenn sich dieser Befehl in einer bedingten Anweisung befindet, wird der Interpreter diese Datei einbinden. `require` darf nicht in Schleifen verwendet werden und gibt auch keine Werte zurück, so wie der `include`-Befehl.

Wird eine Datei per `require` eingebunden, dann bekommt der darin enthaltene Code die bis zur Skriptzeile mit der `require`-Anweisung definierten Variablen und deren Inhalt. Alle Definitionen von Variablen innerhalb der eingebundenen Datei stehen ab dieser Zeile zur Verfügung. Steht die `require`-Anweisung innerhalb einer Funktion, wird der darin stehende Code behandelt, als ob er innerhalb der Funktion stehen würde.

require_once(dateiname)

Die `require_once`-Anweisung ersetzt sich selbst durch die angegebene Datei, funktioniert also ähnlich wie die `include_once`-Anweisung. Der Hauptunterschied liegt darin, dass bei dieser Funktion der einzubindende Code genau einmal in das Skript eingefügt wird und nicht öfters.

4.3 Einbindung von PHP in HTML

PHP wird direkt in den HTML-Code eingebunden und läuft nicht als eigenständiges CGI-Programm. Es insgesamt vier Möglichkeiten, den PHP-Code in die HTML-Datei einzubinden.

Die erste ist der so genannte SGML-Style:

```
<?
    // PHP-Anweisungen
?>
```

Da sich XML als erweiterter Standard etablieren wird, können Sie die dort übliche Notation auch in PHP benutzen.

```
<?php
    // PHP-Anweisungen
?>
```

oder

```
<?PHP
    // PHP-Anweisungen
?>
```

Für Umsteiger von ASP ist sicherlich folgende Notation interessant. Dabei muss aber in der PHP.INI `asp_tags=on` sein.

```
<%
    // PHP-Anweisungen
%>
```

Wenn Sie schon in JavaScript programmiert haben, wird Ihnen sicher folgende Notation bekannt vorkommen.

```
<script language="php" runat=server>
    // PHP-Anweisungen
</script>
```

Am gebräuchlichsten ist sicherlich die XML-Notation, die XML in den nächsten Jahren zu einer umfassenden Metasprache entwickeln wird. Damit erkennt der PHP-Interpreter, dass es sich um PHP-Code handelt, und führt diesen aus. Alle weiteren HTML-Anweisungen werden ganz normal weiter abgearbeitet.

```
<HTML>
   <HEAD><?php echo $titel ?></HEAD>
   ...
```

Um Kommentare in einen PHP-Code zu hinterlegen, gibt es zwei Möglichkeiten:

```
/*  PHP Kommentar
       ....
       ....
   */
```

oder

```
//  PHP Kommentar
```

Das erste dient für mehrzeilige Kommentare und das letzte nur für einen einzeiligen Kommentar im Code.

Um den Code strikt vom Design trennen zu können, gibt es mittlerweile genug Anbieter, die dies in Form von Templates ermöglichen, wie zum Beispiel `http://www.phplib.de` oder FastTemplate bei `http://www.thewebmasters.net`. Diese Bibliotheken unterstützen die Anforderung, dass Designer und Programmierer komplett getrennt voneinander arbeiten können, in Form von Platzhaltern.

```
eval (String phpstr)
```

`eval` versucht den String in `phpstr` als PHP-Anweisungen auszuführen. Dabei muss der Code, der in `phpstr` steht, syntaktisch vollkommen gleich sein, als würden Sie ihn normal programmieren. Dabei ist auch zu beachten, dass alle Variablenzuweisungen innerhalb der `eval`-Anweisung auch im Hauptskript beibehalten werden.

Eine `return`-Anweisung beendet sofort die Auswertung des Strings.

Dazu ein einfaches Beispiel:

```
<?php
   $string = 'Ferienhaus';
   $name = 'Land';
   $str = 'Das ist mein $string, am $name.<br>';
   echo $str;
   eval ("\$str = \"$str\";");
   echo $str;
   ?>
```

Ergibt folgende Ausgabe:

```
Das ist mein $string, am $name.
   Das ist mein Ferienhaus, am Land.
```

Verwendungen für `eval` ergeben sich in Datenbankanwendungen, um einen dort abgelegten PHP auszuführen.

5 String-Funktionen

Die String-Funktionen erlauben eine schnelle und einfache Bearbeitung von Zeichenketten. Zu Beginn sei erwähnt, dass Strings auch als Arrays behandelt werden können. Hierzu ein Beispiel:

```
$s = 'Hallo Welt';
   echo $s[1]; // Ausgabe: a
```

Dadurch wird also jeder String auch gleich als `char`-Array aufgefasst (siehe Arrays).

addcslashes

```
string addcslashes (string str, string charlist)
```

`addcslashes` stellt jedem Zeichen von `str`, das in `charlist` enthalten ist, ein »\« voran. Man kann jedoch auch Bereiche (z.B.: »\0..\37«) angeben, wodurch alle Zeichen in diesem Bereich mit einem Backslash versehen werden. `stripcslashes` bewirkt das genaue Gegenteil und entfernt die »\«-Zeichen wieder.

addslashes

```
string addslashes (string str)
```

Die Funktionen `addslashes` bzw. `stripslashes` eignen sich gut bei Datenbank-Transaktionen. Falls ein zu speichernder Text Sonderzeichen wie z.B. einzelne Anführungszeichen enthält, dann kann dies zu Fehlern beim Speichern führen. Durch die Verwendung der beiden Funktionen werden »\«-Zeichen vor jedes Sonderzeichen gesetzt und somit Transaktionsfehler vermieden.

`addslashes()` gibt eine Zeichenkette zurück, indem bestimmten Zeichen ein Backslash „\" vorangestellt wurde. Behandelt werden hierbei das einfache und das doppelte Anführungszeichen, der Rückstrich selbst und das Null-Byte.

```
echo addslashes ("heut' Nachmittag!");
   // Ausgabe: heut\' Nachmittag!
   echo stripslashes ("heut\' Nachmittag!");
```

bin2hex

```
string bin2hex (string str)
```

Wandelt die Zeichenfolge von binären Zeichen zu Hexadezimalwerten um. Die Umwandlung erfolgt dabei Byte-weise, beginnend mit dem höchsten Anteil.

chop

```
string chop (string str)
   string rtrim (string str)
   string ltrim (string str)
   string trim (string str)
```

Die vier angeführten Funktionen erleichtern das Wegtrennen von unnötigen Leerzeichen und Zeilen. Bei `chop` werden alle angehängten Leerzeichen und Zeilenumbrüche von der Zeichenkette getrennt.

> PERL: Die Funktion `chop` ist nicht mit der PERL-Funktion `chop` identisch, jedoch mit der PERL Funktion `chomp`!

Falls Sie Leerzeichen sowohl zu Beginn als auch am String-Ende entfernen möchten, dann erreichen Sie dies durch einen Aufruf von `trim`.

chr

```
string chr (int ascii)
```

Um ASCII-Codes in Zeichen umzuwandeln, wird die Funktion chr verwendet. Das genaue Gegenteil erledigt die Funktion ord.

```
echo chr (65); // Ausgabe: A
   echo ord ('A'); // Ausgabe: 65
```

chunk_split

```
string chunk_split (strin str [, int chunklen [, string
   end]])
```

Teilt den übergebenen String in mehrere gleiche Teile auf. Die Beschaffenheit der Teile kann über die Argumente 2 und 3 festgelegt werden. Über das zweite Argument kann die Länge eines Teiles festgelegt werden. Des Weiteren kann über den dritten Parameter eine Zeichenfolge angegeben werden, die beim Abschneiden an den Teil angehängt wird (z.B.: »\r\n«).

convert_cyr_string

```
string convert_cyr_string (string str, string from, string
   to)
```

Diese Funktion konvertiert den übergebenen String von einem kyrillischen Zeichenset zu einem anderen. Als from und to können folgende Konvertierungstypen übergeben werden:

- k: koi8-r
- w: windows-1251
- i: iso8859-5
- a: x-cp866

- d: x-cp866
- m: x-mac-cyrillic

Zurückgegeben wird der resultierende String.

count_chars

```
mixed count_chars (string str [, mode])
```

Gibt Informationen über den als Parameter 1 angegebenen String zurück. `mode` legt die Art der Information fest, die zurückgeliefert wird:

0	(Standard) ein Array mit Byte-Werten für die Häufigkeit jedes Zeichens
1	wie 0, aber nur die Häufigkeiten größer 0
2	wie 0, aber nur die Häufigkeiten gleich 0
3	ein String, der überhaupt vorkommende Zeichen enthält
4	ein String, der alle nicht vorkommenden Zeichen enthält

crc32

```
int crc32 (string str)
```

Liefert den polynomischen CRC32-Wert eines übergebenen Strings zurück. Diese Funktion wird oft bei Integritätsprüfungen von übermittelten Daten verwendet. Diese Funktion erfüllt eine ähnliche Aufgabe wie `md5()`.

crypt

```
string crypt (string str [, string salt])
```

Verschlüsselt Daten im One-way-Verfahren. Diese können also nicht mehr entschlüsselt werden. Der resultierende String kann zu Echtheits-Überprüfungen herangezogen werden. Als `salt` kann eine der folgenden Konstanten übergeben werden:

CRYPT_STD_DES	std. DES 2-Zeichen SALT
CRYPT_EXT_DES	erw. DES 9-Zeichen SALT
CRYPT_MD5	std. MD5 mit 12 Zeichen SALT (Beginn: 1)
CRYPT_BLOWFISH	erw. DES 16-Zeichen SALT

echo

```
void echo (string arg1 [, string argn [,...]])
```

Gibt den übergebenen String an den Browser (bzw. die Konsole) aus. Da es sich hier um keine echte Funktion handelt, können die Klammern auch weggelassen werden. Falls mehr als ein Argument zur Ausgabe übergeben wird, müssen die Klammern sogar weggelassen werden.

explode

```
array explode (string separator, string string [ int
   limit])
```

Teilt eine Zeichenkette anhand des Trennzeichens (erstes Argument) auf. Als drittes Argument kann noch optional die maximale Größe des Arrays angegeben werden.

get_html_translation_table

```
string get_html_translation_table (int table [, int
   quote_style])
```

Gibt die Tabelle zurück, die für die HTML-Umwandlung benutzt wird.

get_meta_tags

```
string get_meta_tags (string filename [, bool
   use_include_path])
```

Liest aus einer angegebenen Datei alle Meta-Tags heraus und liefert diese in einer Zeichenkette zurück. Mittels des zweiten Arguments kann angegeben werden, ob die Suche der Datei auch im include-Verzeichnis von php fortgeführt werden soll.

hebrev

```
string hebrev (string Hebrew_text [, int
   max_chars_per_line])
```

Konvertiert logischen Text vom Hebräischen in visuellen Text.

hebrevc

```
string hebrevc (string Hebrew_text [, int
   max_chars_per_line])
```

Erfüllt dieselbe Aufgabe wie hebrev mit der Erweiterung, dass auch Browser-Zeilenumbrüche <br> umgewandelt werden.

htmlentities

```
string htmlentities (string str [, int quote_style])
```

Konvertiert alle konvertierbaren Zeichen zu deren HTML-Äquivalent.

htmlspecialchars

```
string htmlspecialchars (string str [, int quote_style])
```

Konvertiert alle für HTML reservierte Zeichen zu deren HTML-Code.

implode

```
string implode (string glue, array pieces)
```

Fügt Arrays zu einer Zeichenkette zusammen. Über das erste Argument können noch ein oder mehrere Trennzeichen zwischen den einzelnen Teilen definiert werden bzw. ein Leerstring, falls keine Zeichenfolge zwischen den Teilen stehen soll.

join

```
string join (string glue, array pieces)
```

Diese Funktion ist identisch mit `implode`.

levenshtein

```
int levenshtein (string str1, string str2 [, int cost_ins,
    int cost_rep, int cost_del])
    int levenshtein (string str1, string str2 [, function
    cost])
```

Berechnet den Unterschied nach der Levenshtein-Methode zwischen zwei übergebenen Strings. Die Methode gibt den Unterschied in Zeichen an, der notwendig ist, um den ersten String zum zweiten String zu verwandeln.

ltrim

```
string chop (string str)
    string rtrim (string str)
    string ltrim (string str)
    string trim (string str)
```

Die vier angeführten Funktionen erleichtern das Wegtrennen von unnötigen Leerzeichen und Zeilen. Bei chop werden alle angehängten Leerzeichen und Zeilenumbrüche von der Zeichenkette getrennt.

PERL: Die Funktion chop ist nicht mit der PERL-Funktion chop identisch, jedoch mit der PERL-Funktion chomp!

Die Funktion rtrim ist ein Alias zu chop. Sie entfernt Leerzeichen am Ende vom String. Durch Aufruf von ltrim werden die Leerzeichen am Anfang des Strings entfernt.

Falls Sie Leerzeichen sowohl zu Beginn als auch am String-Ende entfernen möchten, dann erreichen Sie dies durch einen Aufruf von trim.

md5

`string md5 (string str)`

Berechnet den md5-Hash-Key anhand des übergebenen Strings.

nl2br

`string nl2br (string str)`

Konvertiert alle Zeilenumbrüche eines Strings zu <br>. Dadurch werden Zeilenumbrüche in HTML-Seiten visualisiert.

ob_end_clean

`void ob_end_clean (void)`

Löscht den Ausgabe-Puffer und beendet die Umleitung. Die Daten im Puffer gehen dabei verloren.

ob_end_flush

```
void ob_end_flush (void)
```

Gibt den Puffer aus und beendet die Umleitung der Inhalte in den Puffer.

ob_get_contents

```
string ob_get_contents (void)
```

Liefert den Puffer zurück, der von der Ausgabe abgefangen worden ist.

ob_implicit_flush

```
void ob_implicit_flush ([int flag])
```

Bei jeder Ausgabe wird diese sofort vom Puffer an die Ausgabe weitergeleitet. Dadurch spart man sich den wiederholten Aufruf von `flush()`, um eine sofortige Ausgabe zu erzielen.

ob_start

```
void ob_start (void)
```

Startet die Verwendung eines Ausgabe-Puffers. Dieser Puffer bewirkt, dass die Ausgabe von Script-Ausgaben unterdrückt wird und diese über eine Variable abgerufen werden können.

ord

```
int ord (string string)
```

Um ASCII-Codes in Zeichen umzuwandeln, wird die Funktion `chr` verwendet. Das genaue Gegenteil erledigt die Funktion `ord`.

```
echo chr (65); // Ausgabe: A
   echo ord ('A'); // Ausgabe: 65
```

parse_str

```
void parse_str (string str)
```

Teilt den angegebenen String in Variablen auf. Dieses lässt sich sehr gut bei URL-Übergaben verwenden, da dieselben Notationen Gültigkeit finden.

print

```
void print (string arg)
```

Gibt den übergebenen String aus.

printf

```
int printf (string format [, mixed args...])
```

Folgende Formatierungshilfen können verwendet werden:

(Formatierungshilfen muss ein »%«-Zeichen vorangestellt werden.)

%	Gibt ein Prozentzeichen aus	
b	Ganze Zahl (Integer)	binäre Form
c	Ganze Zahl (Integer)	ASCII-Zeichensatz
d	Ganze Zahl (Integer)	Dezimalzahl
f	Gleitkommazahl	Exponentialform
o	Ganze Zahl	oktale Form
s	Zeichenkette	
x	Ganze Zahl (Integer)	hexadezimale Form (a bis f)
X	identisch mit x	Hexadezimalwert in Großbuchstaben (A bis F)

Zur Veranschaulichung ein paar Beispiele:

```
$zahl = 37.123456;
   printf ('%d', $zahl); // Ausgabe: 37
   printf ('%04d', $zahl); // Ausgabe: 0037
   printf ('%0.2f', $zahl); // Ausgabe: 37.12

$zahl = $zahl2 = 65;
   printf ('%b=%c', $zahl, $zahl2); // Ausgabe: 1000001=A

$text = 'Ausgabe';
   printf ('%smedium', $text); // Ausgabe: Ausgabemedium
```

quoted_printable_decode

```
string quoted_printable_decode (string str)
```

Konvertiert einen `quoted-printable` String zu einem 8bit-String um.

quotemeta

```
string quotemeta (string str)
```

Quotiert alle Meta-Zeichen mit »\«.

rtrim

```
string chop (string str)
   string rtrim (string str)
   string ltrim (string str)
   string trim (string str)
```

Die vier angeführten Funktionen erleichtern das Wegtrennen von unnötigen Leerzeichen und Zeilen. Bei `chop` werden alle angehängten Leerzeichen und Zeilenumbrüche von der Zeichenkette getrennt.

> PERL: Die Funktion `chop` ist nicht mit der PERL-Funktion `chop` identisch, jedoch mit der PERL Funktion `chomp`!

Die Funktion `rtrim` ist ein Alias zu `chop`. Sie entfernt Leerzeichen am Ende vom String. Durch Aufruf von `ltrim` werden die Leerzeichen am Anfang des Strings entfernt.

Falls Sie Leerzeichen sowohl zu Beginn als auch am String-Ende entfernen möchten, dann erreichen Sie dies durch einen Aufruf von `trim`.

setlocale

```
string setlocale (string category, string locale)
```

Setzt lokale Informationen. Unter http://www.opengroup.org/onlinepubs/7908799/xbd/locale.htmlgibt es genauere Informationen zu dieser Funktion. Sie findet nicht sehr häufig Anwendung.

similar_text

```
int similar_text (string first, string second [, double
   percent])
```

Berechnet die Ähnlichkeit zweier Strings.

soundex

```
string soundex (string str)
```

Errechnet einen vier Zeichen langen String, der ausgehend vom übergebenen Argument Laut-Ähnlichkeit widerspiegelt. Dies kann dann für Suchen verwendet werden.

sprintf

```
string sprintf (string format [, mixed args...])
```

Folgende Formatierungshilfen können verwendet werden:

(Formatierungshilfen muss ein »%«-Zeichen vorangestellt werden.)

%	Gibt ein Prozentzeichen aus	
b	Ganze Zahl (Integer)	binäre Form
c	Ganze Zahl (Integer)	ASCII-Zeichensatz
d	Ganze Zahl (Integer)	Dezimalzahl
f	Gleitkommazahl	Exponentialform
o	Ganze Zahl	oktale Form
s	Zeichenkette	
x	Ganze Zahl (Integer)	hexadezimale Form (a bis f)
X	identisch mit x	Hexadezimalwert in Großbuchstaben (A bis F)

Zur Veranschaulichung ein paar Beispiele:

```
$zahl = 37.123456;
   printf ('%d', $zahl); // Ausgabe: 37
   printf ('%04d', $zahl); // Ausgabe: 0037
   printf ('%0.2f', $zahl); // Ausgabe: 37.12

$zahl = $zahl2 = 65;
   printf ('%b=%c', $zahl, $zahl2); // Ausgabe: 1000001=A

$text = 'Ausgabe';
   printf ('%smedium', $text); // Ausgabe: Ausgabemedium
```

sscanf

`string sscanf (string str, string format [, string var1…])`

Diese Funktion ist das Gegenstück zu `sprintf`. Sie wandelt einen übergebenen String anhand der Formatier-Parameter um.

strcasecmp

```
int strcasecmp (string str1, string str2)
```

Vergleicht zwei Zeichenketten auf binärer Basis. Falls der erste String kleiner ist als der zweite String, dann wird `<0` zurückgeliefert, andernfalls `>0`. Bei Gleichheit wird `0` zurückgeliefert.

strchr

```
string strchr (string haystack, string needle)
```

Mit der Funktion `strchr` wird nach dem ersten Vorkommen von `needle` im angegebenen String gesucht. Wenn dieses Zeichen gefunden wird, dann liefert `strchr` die Zeichenfolge beginnend vom gefundenen Zeichen zurück. Falls das angegebene Zeichen nicht gefunden wird, dann liefert die Funktion FALSE zurück. Die Funktion `strchr` ist identisch mit `strstr`. `stristr` erfüllt dieselbe Aufgabe wie `strstr` mit dem alleinigen Unterschied, dass auf Groß- und Kleinschreibung keine Rücksicht genommen wird.

```
echo strchr('christoph@alaris.at', '@');
   // Ausgabe: @alaris.at
```

strcmp

```
int strcmp (string str1, string str2)
```

Binärer Vergleich zweier Strings.

Ist `str1` kleiner als `str2`, wird `<0`, ist `str1` größer als `str2`, wird `>0` und bei Gleichheit wird `0` zurückgegeben.

Wichtig ist, dass zwischen Groß- und Kleinschreibung unterschieden wird.

strcspn

```
int strcspn (string str1, string str2)
```

Hier wird die Länge des Strings `str1` bis zum Erscheinen eines Buchstabens aus `str1` im String `str2` zurückgegeben.

stripcslashes

```
string stripcslashes (string glue, array pieces)
```

Diese Funktion gibt einen String ohne »\« zurück. Genau wie in C werden `\n`, `\r`, etc., Oktal- und Hexadezimal-Vorkommen erkannt.

stripslashes

```
string stripslashes (string str)
```

Die Funktionen `stripslashes` bzw. `addslashes` eignen sich gut bei Datenbank-Transaktionen. Falls ein zu speichernder Text Sonderzeichen wie z.B. einzelne Anführungszeichen enthält, dann kann dies zu Fehlern beim Speichern führen. Durch die Verwendung der beiden Funktionen werden »\«-Zeichen vor jedes Sonderzeichen gesetzt und somit Transaktionsfehler vermieden.

`stripslashes()` gibt eine Zeichenkette zurück ohne vorher eventuell vorhandene Backslashes. Doppelte Rückstriche werden zu einem Backslash umgewandelt.

```
echo addslashes ("heut' Nachmittag!");
   // Ausgabe: heut\' Nachmittag!
   echo stripslashes ("heut\' Nachmittag!");
```

strip_tags

```
string strip_tags (string str [, string allowable_tags])
```

Versucht alle HTML- und PHP-Tags aus einem String str zu entfernen. Sollte ein Tag unvollständig oder sinnlos sein, wird ein Fehler ausgegeben. Hierbei wird die gleiche Art der Tag-Engine verwendet wie bei der Funktion fgetss().

Den optionalen Parameter allowable_tags kann man dazu verwenden, nicht zu entfernende Tags zu definieren.

stristr

```
string stristr (string haystack, string needle)
```

Mit der Funktion strchr wird nach dem ersten Vorkommen von needle im angegebenen String gesucht. Wenn dieses Zeichen gefunden wird, dann liefert strchr die Zeichenfolge beginnend vom gefundenen Zeichen zurück. Falls das angegebene Zeichen nicht gefunden wird, dann liefert die Funktion FALSE zurück. Die Funktion strchr ist identisch mit strstr. stristr erfüllt dieselbe Aufgabe wie strstr mit dem alleinigen Unterschied, dass auf Groß- und Kleinschreibung keine Rücksicht genommen wird.

strlen

```
int strlen (string str)
```

Gibt die Länge des Strings str zurück.

strnatcasecmp

```
int strnatcasecmp (string str1, string str2)
```

Diese Funktion läuft in den gleichen Parametern ab wie strnatcmp() mit dem Unterschied, dass hierbei nicht zwischen Groß- und Kleinschreibung unterschieden wird.

strnatcmp

```
int strnatcmp (string str1, string str2)
```

Diese Funktion implementiert einen Vergleich, der alphanumerische Zeichen unter Verwendung der natürlichen Ordnung sortiert. Ähnlich anderen String-Vergleichs-Funktionen gibt diese < 0 zurück, wenn `str1` kleiner ist als `str2` bzw. > 0, wenn `str1` größer ist als `str2` oder 0, wenn sie gleich sind.

Diese Funktion unterscheidet natürlich die Groß- und Kleinschreibung.

strncmp

```
int strncmp (string str1, string str2, int len)
```

Diese Funktion ist ähnlich der Funktion `strcmp()` mit dem Unterschied, dass sie den maximalen Wert der Zeichen (`len`) angeben können, der verglichen werden soll. Ist einer der Strings kürzer als (`len`), wird dessen Länge für den Vergleich angewendet.

Gibt < `0` zurück, wenn `str1` kleiner ist als `str2` bzw. > `0`, wenn `str1` größer ist als `str2` oder `0`, wenn sie gleich sind.

Diese Funktion unterscheidet zwischen der Klein- und Großschreibung.

strpos, strrpos

```
int strpos (string haystack, string needle [, int offset])
   int strrpos (string haystack, char needle)
```

`strpos` ermittelt die Position des ersten Vorkommens von `needle`. `strrpos` beginnt wiederum am Ende des Strings nach dem Vorkommen des angegebenen Zeichens zu suchen.

Bei strpos kann ein ganzer String übergeben werden, nach dem gesucht werden soll, hingegen ist bei strrpos nur die Angabe eines einzelnen Zeichens möglich.

Falls bei strpos das dritte Attribut angegeben wird, dann vergleicht er needle mit haystack beginnend ab der needle-Position, die im Attribut offset angegeben ist.

Falls man jedoch im obigen Beispiel mit der E-Mail-Adresse nur die Domain ermitteln und das @-Zeichen weglassen will, empfiehlt sich eine Kombination von strpos mit substr:

```
$str = 'christoph@alaris.at';
   echo substr ($str, strpos($str, '@') + 1);
```

strrchr

```
string strrchr (string haystack, string needle)
```

Die Funktion strrchr ist ein Gegenstück zu strchr mit dem einzigen Unterschied, dass nach dem letzten Vorkommen vom angegebenen Zeichen gesucht wird.

```
echo strrchr('christoph@alaris.at', '@');
   // Ausgabe: at
```

strrev

```
string strrev (string str)
```

Umdrehen eines Strings str.

strrpos

Siehe strpos

strtok

```
string strtok (string arg1, string arg2)
```

Mithilfe von strtok können Sie einen String (arg1) an einem Trennzeichen teilen. Zurückgeliefert wird der Teil vom Anfang bis zu dem gefundenen Trennzeichen. Falls man die Zeichenkette auf weitere Trennzeichen zerlegen will (ausgehend von der aktuell geteilten Position), muss die Funktion mit alleiniger Angabe des Trennzeichens aufgerufen werden.

Falls man als zweites Argument mehr als ein Zeichen übergibt, dann sucht strtok so lange, bis er auf ein Zeichen der Zeichenkette stößt.

> Der resultierende String kann auch identisch mit 0 sein. Bei Verwendung in if-Anweisungen wird das als FALSE interpretiert. Dadurch wird eventuell das Parsen des Strings irrtümlich gestoppt!

Folgendes Beispiel zeigt eine wiederholte Anwendung der Funktion:

```
$text = "Grün Blau Gelb Rot Schwarz";
   $teil = strtok ($text," ");
   while ($teil) {
        echo 'Farbe='.$teil.'<br>';
        $teil = strtok (" ");
   }
```

Beim ersten Aufruf von strtok wird im obigen Beispiel der Text mit Farbcodierungen übergeben. Solange ein weiterer Teil gefunden wird, bleibt er in der Iteration und gibt den gefundenen Text aus.

strtolower

```
string strtolower (string str)
```

Wandelt einen String `str` in Kleinbuchstaben um. Zu beachten ist, dass Buchstaben vom Wert `locale` abhängen. Ist also die Voreinstellung für `locale 'C'`, dann werden keine Umlaute umgewandelt.

strtoupper

```
string strtoupper (string str)
```

Wandelt einen String `str` in Großbuchstaben um. Zu beachten ist, dass Buchstaben vom Wert `locale` abhängen. Ist also die Voreinstellung für `locale 'C'`, dann werden keine Umlaute umgewandelt.

strspn

```
int strspn (sLring stl, string str2)
```

Ermittelt die Anzahl der Zeichen am Anfang von `str1`, die aus dem in `str2` übergebenen Zeichenvorrat stammen.

strstr

```
string strstr (string haystack, string needle)
```

Mit der Funktion `strchr` wird nach dem ersten Vorkommen von `needle` im angegebenen String gesucht. Wenn dieses Zeichen gefunden wird, dann liefert `strchr` die Zeichenfolge beginnend vom gefundenen Zeichen zurück. Falls das angegebene Zeichen nicht gefunden wird, dann liefert die Funktion FALSE zurück. Die Funktion `strchr` ist identisch mit `strstr`. `stristr` erfüllt dieselbe Aufgabe wie `strstr` mit dem alleinigen Unterschied, dass auf Groß- und Kleinschreibung keine Rücksicht genommen wird.

strtr

```
string strtr (string str, string from, string to)
```

Diese Funktion bearbeitet str, indem alle Vorkommen von Zeichen aus from in die entsprechenden Zeichen aus to umgesetzt werden. Zurückgegeben wird dann der bearbeitete String.

Haben die Zeichenketten from und to eine unterschiedliche Länge, werden die überzähligen Zeichen ignoriert.

str_pad

```
string str_pad (string input, int pad_length [, string
   pad_string [ int pad_type]])
```

Hier können Sie den String input entweder auf der linken oder rechten oder auf beiden Seiten auf die mit dem optionalen Parameter pad_type angegebene Länge erweitern. Wird das optionale Argument pad_string nicht angegeben, erfolgt die Erweiterung mit Leerzeichen.

Der Parameter pad_type kann STR_PAD_RIGHT, STR_PAD_LEFT oder STR_PAD_BOTH sein. Wird dieser nicht angegeben, so wird STR_PAD_RIGHT als Standard-Wert angenommen.

Ist der Wert des Parameters pad_length negativ oder kleiner als die Länge des Input-Strings, wird keine Erweiterung vorgenommen.

str_repeat

```
string str_repeat (string input, int multiplier)
```

Die Ausgabe von input_str wird multiplier mal wiederholt. Der Parameter multiplier muss größer als 0 sein.

str_replace

```
string str_replace (string needle, string str, string hay-
   stack)
```

Diese Funktion ersetzt alle Vorkommen der Zeichenfolge `needle` innerhalb der Zeichenkette `haystack` durch den String `str`.

substr

```
string substr (string string, int start [, int length])
```

`substr` liefert den Teil vom String zurück, der durch die Attribute `start` und `length` ermittelt wird. Falls `length` nicht angegeben wird, dann wird die Zeichenfolge beginnend vom Start-Index bis zum Ende des Strings zurückgegeben.

Beispiel zu `substr` ohne Längenangabe und mit positiver Längenangabe:

```
echo substr ('meine welt', 1); // Ausgabe: eine welt
   echo substr ('meine welt', 1, 3); // Ausgabe: ein
```

Es ist allerdings auch möglich, einen negativen Wert für `length` zu übergeben. Dadurch wird die zurückzuliefernde String-Länge vom Ende der Zeichenkette aus gemessen. Folgendes Beispiel veranschaulicht dies.

Beispiel zu `substr` mit negativer Längenangabe:

```
echo substr ('meine welt', 1, -1); // Ausgabe: eine wel
```

Dadurch können beliebige Teile an Hand der Indizierung herausgelesen werden. Falls man die Indizierung in genau der anderen Richtung (also beginnend vom hinteren Ende der Zeichenfolge) benötigt, kann man dies mit Kombination von `strrev` erzielen.

substr_count

```
int substr_count (string haystack, string needle)
```

Ermittelt die Häufigkeit der Zeichenkette `needle` im String `haystack`.

substr_replace

```
string substr_replace (string haystack, string replacement,
   int start [, int length])
```

Diese Funktion ersetzt den Teil von `string`, der durch die Parameter `start` und (optional) `length` definiert wird, mit der Zeichenkette `replacement`. Das Ergebnis wird zurückgegeben.

Ist `start` positiv, beginnt der Austausch am Offset `start` innerhalb des Strings.

Ist `start` negativ, wird vom Ende der Zeichenkette bis zum Wert von `start` rückwärts gezählt und dort mit dem Austausch begonnen.

Ist `length` positiv, stellt dieser Parameter die Länge des auszuwechselnden Teilstrings dar. Ist `length` negativ, gibt er die Zeichenzahl an, um die ab Ende des Strings rückwärts gezählt wird. Bis zu dieser Stelle erfolgt dann der Austausch. Ist `length` nicht angegeben, wird angenommen, dass man die Ersetzung bis zum String-Ende wünscht.

trim

```
string chop (string str)
   string rtrim (string str)
   string ltrim (string str)
   string trim (string str)
```

Die vier angeführten Funktionen erleichtern das Wegtrennen von unnötigen Leerzeichen und Zeilen. Bei `chop` werden alle angehängten Leerzeichen und Zeilenumbrüche von der Zeichenkette getrennt.

PERL: Die Funktion `chop` ist nicht mit der PERL-Funktion `chop` identisch, jedoch mit der PERL-Funktion `chomp`!

Die Funktion `rtrim` ist ein Alias zu `chop`. Sie entfernt Leerzeichen am Ende vom String. Durch Aufruf von `ltrim` werden die Leerzeichen am Anfang des Strings entfernt.

Falls Sie Leerzeichen sowohl zu Beginn als auch am String-Ende entfernen möchten, dann erreichen Sie dies durch einen Aufruf von `trim`.

ucfirst

`string ucfirst (string str)`

Wandelt das erste Zeichen des Strings `str` in einen Großbuchstaben um, wenn es sich um ein Zeichen des Alphabets handelt. Zu beachten ist, dass Buchstaben vom Wert `locale` abhängen. Ist also die Voreinstellung für `locale 'C'`, dann werden keine Umlaute umgewandelt.

ucwords

`string ucwords (string str)`

Wandelt die ersten Zeichen jedes Wortes innerhalb des Strings `str` in einen Großbuchstaben um, wenn es sich um ein Zeichen des Alphabets handelt. Zu beachten ist, dass Buchstaben vom Wert `locale` abhängen. Ist also die Voreinstellung für `locale 'C'`, dann werden keine Umlaute umgewandelt.

wordwrap

```
string wordwrap (string str [, int width [, string break [,
   int cut]]])
```

Diese Funktion bricht den String `str` an der mittels `width` angegebenen Position in die nächste Zeile um. Der Umbruch geschieht mit dem Parameter `break`.

Sind die optionalen Parameter `width` und/oder `break` nicht angegeben, bricht die Funktion selbst an der Spalte 75 unter Verwendung des Steuerzeichens `'\n'` (neue Zeile) um.

Ist `cut` gleich 1, wird der String immer an der vorgegebenen Länge umbrochen. Ist ein Wort also länger als die gegebene Länge, wird es mittendrin umbrochen.

6 Variablen-Funktionen

In den ersten Kapitel sind wir bereits bis ins Detail der Variablen vorgedrungen. Nun lernen wir Funktionen kennen, mit deren Hilfe wir die Eigenschaften von Variablen für unser Skript nutzen können.

doubleval

```
double doubleval (mixed var)
```

Diese Funktion interpretiert ihr Argument als Fließkommazahl und liefert den Wert als `double` zurück. Der Parameter `var` kann ein beliebiger skalarer Ausdruck sein, aber kein Array oder Objekt.

empty

```
int empty (mixed var)
```

Diese Funktion liefert TRUE zurück, wenn eine Variable nicht definiert, leer oder gleich 0 ist, andernfalls FALSE.

gettype

```
string gettype (mixed var)
```

Diese Funktion liefert den Namen des Typs der Variablen `var` zurück. Mögliche Ergebnisse sind `'integer'`, `'double'`, `'string'`, `'array'`, `'object'` oder `'unknown type'`.

intval

```
int intval (mixed var [, int base])
```

Diese Funktion konvertiert den Parameter `var` zu einem Integer, wobei `base` als Basis benutzt wird (Defaultwert: `base=10`). Der Parameter `var` kann ein Ausdruck oder eine Variable sein, nicht erlaubt sind Arrays oder Objekte.

is_array

```
int is_array (mixed var)
```

Diese Funktion liefert TRUE zurück, wenn `var` ein Array ist, andernfalls FALSE.

is_bool

```
int is_bool (mixed var)
```

Diese Funktion liefert TRUE zurück, wenn `var` vom Typ `bool` ist.

is_double

```
int is_double (mixed var)
```

Diese Funktion liefert TRUE zurück, wenn `var` vom Typ `double` ist, andernfalls FALSE.

is_float

```
int is_float (mixed var)
```

Diese Funktion ist ein Synonym für `is_double()`.

is_int

```
int is_int (mixed var)
```

Diese Funktion ist ein Synonym für `is_integer()`.

is_integer

```
int is_integer (mixed var)
```

Diese Funktion liefert TRUE zurück, wenn `var` vom Typ `integer` ist, andernfalls FALSE.

is_long

```
int is_long (mixed var)
```

Diese Funktion liefert TRUE zurück, wenn `var` vom Typ `integer(long)` ist, andernfalls FALSE.

is_null

```
int is_null (mixed var)
```

Diese Funktion liefert TRUE zurück, wenn `var` null ist, andernfalls FALSE.

is_numeric

```
int is_numeric (mixed var)
```

Diese Funktion liefert TRUE zurück, wenn `var` eine Zahl oder ein Zahlen-String ist, andernfalls FALSE.

is_object

```
int is_object (mixed var)
```

Diese Funktion liefert TRUE zurück, wenn `var` ein Objekt enthält, andernfalls FALSE.

is_real

```
int is_real (mixed var)
```

Diese Funktion ist ein Synonym für `is_double()`.

is_resource

```
int is_resource (mixed var)
```

Diese Funktion liefert TRUE zurück, wenn die Variable `var` eine PHP-Ressource wie ein Datei-Handle ist, andernfalls FALSE. PHP-Ressourcen werden von den PHP-internen Funktionen erzeugt und freigegeben. Wird in einem Code die Freigabe nicht berücksichtigt, dann kann diese durch den Datentyp `resource` angestoßen werden, sobald die Ressource-Variable nicht mehr referenziert wird.

isset

```
int isset (mixed var)
```

Diese Funktion liefert TRUE zurück, wenn die Variable oder das Array-Element `var` existiert, andernfalls FALSE. Es wird ebenfalls FALSE ausgegeben, wenn eine Variable oder ein Array-Element vor Gebrauch von `isset()` durch die Funktion `unset()` freigegeben wurde.

is_string

```
int is_string (mixed var)
```

Diese Funktion liefert TRUE zurück, wenn `var` vom Typ `string` ist, andernfalls FALSE.

print_r

```
void print_r (mixed expression)
```

Diese Funktion zeigt Informationen über einen Ausdruck oder eine Variable in lesbarer Form an. Arrays und Objekte werden als eingerückter Schlüssel/Werte-Paare ausgegeben, einfache Werte hingegen direkt.

serialize

`string serialize (mixed value)`

Diese Funktion gibt eine Zeichenkette zurück, die einen Byte-Stream mit der entsprechenden Wiedergabe von `value` enthält und beliebig abgespeichert werden kann. Diese Funktion dient der Übergabe oder Speicherung von PHP-Werten ohne Verlust ihres Wertes oder ihrer Struktur.

Im Umgang mit einem Objekt werden die Eigenschaften serialisiert, die Methoden gehen aber verloren. Mit den Typen `integer`, `double`, `string` und `array` gibt es keinerlei Einschränkungen.

settype

`int settype (string var, string type)`

Diese Funktion nimmt eine einzelne Variable aus einer serialisierten Datenmenge und wandelt sie wieder in einen PHP-Wert um. Dieser wird dann als Funktionsergebnis zurückgeliefert. Die Typen `integer`, `double`, `string`, `array` oder `object` werden unterstützt. Wurde jedoch ein Objekt serialisiert, können dessen Methoden nicht zurückgegeben werden.

strval

`int strval (mixed var)`

Diese Funktion liefert den übergebenen Ausdruck `var` als String-Repräsentation zurück. `var` darf von jedem einfachen Datentyp, aber kein Array oder Objekt sein.

unserialize

`mixed unserialize (string str)`

Diese Funktion legt den Typ der Variablen `var` fest. Mögliche Werte sind `'integer'`, `'double'`, `'string'`, `'array'`, `'object'`.

unset

`int unset (mixed var)`

Diese Funktion gibt eine Variable oder ein Array-Element vollständig frei.

var_dump

`void var_dump (mixed expression)`

Diese Funktion liefert Informationen über Typ und Wert des Parameters `expression` zurück. Objekte und Arrays werden rekursiv durchlaufen und mit entsprechender Einrückung dargestellt.

7 Array-Funktionen

Arrays sind Variablen-Konstrukte, die es ermöglichen, mehrere Werte unter Zuhilfenahme einer Indizierung einer einzelnen Variable zuzuordnen. Objekte, die demselben Typ angehören und eine logische Zusammengehörigkeit aufweisen, werden häufig zu einem Array zusammengefasst. Die Vorteile liegen in einer raschen Handhabung und einer logischen Gliederung.

Ein neues Array wird auf folgende Art definiert:

```
$arr
$arr = array();
```

Das obig erstellte Array ist leer. Es ist jedoch möglich, gleich bei der Definition Werte zuzuweisen:

```
$arr = array
$arr = array( 'thomas', 'agnes', 'christian', 'julia' );
   print_r ($arr);
```

Das Array `$arr` ist nun folgendermaßen definiert (durch den Befehl `print_r` kann ein Array rekursiv ausgegeben werden, dies ist zur Kontrolle der Inhalte gut geeignet):

```
/*
   Array
   (
       [0] => thomas
       [1] => agnes
       [2] => christian
```

```
        [3] => julia
    )
    */
```

Zu beachten ist, dass der Index einer automatischen Einordnung bei 0 beginnt. Manche andere Programmiersprachen beginnen Array-Indizierungen mit 1.

Es ist jedoch auch möglich, Indizierungen zu überschreiben, Buchstaben bzw. Wörter statt Zahlen zu verwenden oder beliebige Ordnungen zu verwenden. Falls man gleich in der Array-Definition eine eigene Indizierung vorschreiben möchte, muss die Schreibweise folgendermaßen sein:

```
index => wert
```

Im Folgenden erstellen wir ein Array, dass einen Buchstaben-Index verwendet:

```
$arr = array ( 'a' => 'grün',
               'b' => 'gelb',
               'c' => 'rot',
               'd' => 'blau',
               'e' => 'weiss',
               'f' => 'schwarz' );
```

Um einen Index mit einer Zahl ungleich 0 beginnen zu lassen, muss man beim ersten Wert den Index angeben. Alle nachfolgenden Werte bekommen dann automatisch nächsthöhere Indizes zugeordnet:

```
$arr = array ( 5 => 'wert1',
               'wert2',
               'wert3',
               'wert4');
```

```
print_r ($arr);


// Ausgabe:
   /*
   Array
   (
       [5] => wert1
       [6] => wert2
       [7] => wert3
       [8] => wert4
   )
   */
```

Bei einem bestehenden Array ist es möglich, jederzeit Werte über die Angabe des Index abzufragen und zu ändern. Dies geschieht, indem man an dem Array-Namen in [ ] den Index hineinschreibt. Das untenstehende Beispiel bezieht sich auf das letzterstellte Array:

```
echo $arr[6]; // Ausgabe: wert2

$arr[6] = 'geändert';
   echo $arr[6]; // Ausgabe: geändert
```

Will man auf einfache Weise einen neuen Wert an ein bestehendes Array anhängen, ohne vorher die Länge des Arrays ermittelt zu haben, kann dies durch folgenden Aufruf gelöst werden:

```
$arr[ ] = 'neuer Wert';
```

Durch das Fehlen des Index sucht er sich den nächsthöheren Index eigenständig heraus und listet den neuen Wert am Ende des Arrays.

Bei neuen PHP-Versionen kann man zwar auf den Befehl `$arr = array();` verzichten, es ist aus drei Gründen jedoch trotzdem ratsam, das Objekt explizit als Array zu definieren:

1. **Übersichtlichkeit:** Durch die Verwendung des Befehls `array();` wird der Code übersichtlicher gestaltet. Wenn nach einiger Zeit etwas verbessert werden muss, sieht man sofort, welche Variablen welchem Typus angehören und kann demnach strukturierter arbeiten.
2. **Abwärtskompatibilität:** Bei älteren Versionen von PHP kann es nämlich zu ungeahnten Ergebnissen kommen, wenn die Definierung vergessen wird. Dann fasst PHP das Array-Objekt fälschlicherweise als String auf und liefert demnach falsche (bzw. unerwartete) Ergebnisse.
3. **Fehleranfälligkeit:** Falls eventuell das Array abgefragt wird, bevor man einen Wert hineinschreibt, dann wird dieses Array (bzw. dieses undefinierte Objekt) als String aufgefasst.

Des Weiteren gibt es die Möglichkeit, nicht nur einfache Werte in Arrays zu hinterlegen, sondern wiederum Arrays einzufügen. Dadurch lassen sich multi- (bzw. n-) dimensionale Array-Strukturen erstellen. Diese sind in Größe und Komplexität nur durch Speichergrenzen von PHP limitiert, lassen also sehr viel Spielraum, um beliebige Strukturen abzubilden.

Anzumerken ist, dass jedes Array über einen internen Zeiger (Pointer) verfügt, der auf eine Position im Array verweist. Funktionen wie `each()` und `next()` verwenden diesen Zeiger, um durch ein Array zu navigieren. Es gibt jedoch Funktionen, die den Datenzeiger an das Ende eines Arrays verschieben. Daher empfiehlt es sich, die Funktion `reset()` aufzurufen, wenn Funktionen den internen Datenzeiger betreffend verwendet werden.

array_count_values

```
array array_count_values (array input)
```

Diese Funktion liefert ein Array zurück. In diesem Array werden die Werte als Indizes übergeben und als Array-Wert die absolute Häufigkeit der Werte gespeichert. Dadurch kann man auf schnelle Art feststellen, welche Werte wie oft vorkommen, um z.B. Doppelt- und Dreifachzählungen zu vermeiden.

Folgendes Beispiel wird die Funktion, die zugegebenermaßen schwer verständlich ist, demonstrieren. Die Vornamen von Studenten eines Seminars werden in einem Array gelistet:

```
$arr = array ('claudia',
                  'max',
                  'hans',
                  'claudia',
                  'peter',
                  'peter',
                  'max');
   $ret = array_count_values ($arr);

   print_r ($ret);

// Ausgabe:
   /*
   Array
   (
       [claudia] => 2
       [max] => 2
       [hans] => 1
       [peter] => 2
   )
   */
```

Die Ausgabe zeigt, dass die Namen Claudia, Max und Peter zweimal vorkommen, hingegen Hans nur einmal.

array_diff

`array array_diff (array array1, array array2 [, array ...])`

`array_diff` erzeugt ein Array, das alle Werte enthält, die zwar in `array1` vorkommen, aber in den übrigen Argumenten fehlen. Im Ergebnis-Array wird die Indizierung vom ersten Argument (`array1`) übernommen. Dadurch kann dieser Wert im Ursprungs-Array leichter aufgefunden werden. Dies kann aber auch zu Fehlern führen, falls man das Ergebnis-Array durch eine `for`-Schleife ausgibt. Dann werden nämlich Leerwerte angegeben, da die Indizierung des neuen Arrays nicht bei null anfängt.

```
$array1 = array (3 => 'alpha', 'beta', 'gamma');
   $array2 = array (3 => 'alpha', 'delta', 'gamma');
   $ret = array_diff ($array1, $array2);

   print_r ($ret);
// Ausgabe:
   /*
   Array
   (
       [4] => beta
   )
   */
```

array_filter

`array array_filter (array input [, mixed callback ...])`

`array_filter` ermöglicht es, Werte anhand einer Callback-Funktion auszusortieren.

```
/*
   Callback Funktion, die überprüft, ob der jeweilige Wert
   ein String ist
   */
function text_filterung ($wert) {
      if (gettype($wert) == 'string')
          return true;
      else return false;
}

   /* Quell-Array (mit gemischten Inhalt  Texte / Zahlen)
   */
   $arr = array (6 => 'das', 'ist', 5, 'ein', 7, 'test');

   /* Funktionsaufruf */
   $ret_nur_text = array_filter($arr, 'text_filterung');


   print_r ($ret_nur_text);




   // Ausgabe:
   /*
   Array
   (
       [6] => das
       [7] => ist
       [9] => ein
       [11] => test
   )
   */
```

Durch die Angabe der Callbacks wird jeder Wert der Funktion `text_filterung` übergeben. Diese Funktion muss TRUE übergeben, wenn der Wert im Ergebnis vorhanden sein soll, oder FALSE, falls der Wert nicht in die Ergebnis-Menge gehört. Wird keine Callback-Funktion übergeben, so wird die gesamte Menge zurückgeliefert. Zu beachten ist, dass wiederum der Index der Ursprungsmenge erhalten bleibt.

array_flip

```
array array_flip (array trans)
```

Die Funktion `array_flip` vertauscht die Wert-Spalte mit den Indizes des angegebenen Arrays. Die Indizierungen sind dann die Werte und ursprüngliche Werte deren Indizierung.

Zu beachten ist, dass `array_flip` nur mit den Werte-Typen `Integer` und `String` verwendbar ist, da nur diese beiden für Array-Indizierungen verwendet werden können. Sobald die Funktion auf ein Element stößt, dass einem anderen Typus angehört, wird eine Fehlermeldung ausgegeben. (Dies geschieht bei z.B. Sub-Arrays, Double, Object, Boolean ...).

Werte, die mehr als einmal vorkommen, überschreiben sich als Index jeweils gegenseitig. Somit bleibt nur das letzte wiederholte Werte-Index-Paar erhalten und alle anderen vorangegangenen identischen Werte werden überschrieben.

```
$arr = array ('eins'  => 1,
              'zwei'  => 2,
              'drei'  => 2,
              'vier'  => 4,
              'fünf'  => 2,
              'sechs' => 4);
```

```
$ret = array_flip ($arr);

print_r ($ret);

// Ausgabe:
/*
Array
(
    [1] => eins
    [2] => fünf
    [4] => sechs
)
*/
```

Obiges Beispiel zeigt, dass die Indizes zwei, drei und vier aus dem Array heraus gefallen sind. Sie wurden durch die Indizes fünf und sechs überschrieben.

array_intersect

`array array_intersect (array array1, array array2 [, array ...])`

Durch `array_intersect` wird die Schnittmenge zwischen Arrays ermittelt und zurückgegeben. `array_intersect` ist der Funktion `array_diff` sehr ähnlich, bis auf den Unterschied, dass sie die Menge zurückliefert, die auch in allen anderen Argumenten enthalten ist, und nicht die Fehlmenge, wie in `array_diff`.

> `array_intersect` überprüft auch den Typus der zu vergleichenden Werte. Vergleicht man ein Integer-Array mit einem String-Array, so gelten diese Werte als ungleich.

Nehmen wir nun das Beispiel von array_diff und beachten die geänderte Ausgabe:

```
$array1 = array (3 => 'alpha', 'beta', 'gamma');
   $array2 = array (3 => 'alpha', 'delta', 'gamma');

   $ret = array_intersect ($array1, $array2);

   print_r ($ret);

   // Ausgabe:
   /*
   Array
   (
       [3] => alpha
       [5] => gamma
   )
   */
```

Die Ausgabe liefert nun die Werte alpha und gamma zurück. Diese sind nämlich in allen Arrays verfügbar. Der Wert beta ist nicht in $array2 enthalten und wird daher weggelassen. Wieder sei erwähnt, dass die Indizierung vom ersten Argument übernommen wird und keine Neuindizierung stattfindet.

array_keys

```
array array_keys (array input [, mixed search_value])
```

array_keys liefert die Indizes des angegebenen Arrays zurück.

Man kann diese Funktion mit Hilfe des zweiten Parameters jedoch auch als Suche nach Werten verwenden. Geben Sie dazu als zweiten Parameter jenen Wert an, nach dem Sie suchen möchten. Die Rückgabe enthält dann jene Indizes, die den Wert (zweiter Parameter) enthalten.

```
// Fall 1 - Indizes

    $arr = array (10 => 'test1',
                   'test2',
                   'test3',
                   'test2',
                   'test3',
                   'test7');

    $ret = array_keys ($arr);
print_r($ret);

    // Ausgabe:
    /*
    Array
    (
        [0] => 10
        [1] => 11
        [2] => 12
        [3] => 13
        [4] => 14
        [5] => 15
    )
    */

// Fall 2 - Suche
    // (selbes Array wie Fall 1)

    $ret = array_keys ($arr, 'test3');
    print_r($ret);
```

```
// Ausgabe:
/*
Array
(
    [0] => 12
    [1] => 14
)
*/
```

Die gefundenen Indizes werden in einem neu erstellten Array gespeichert (die Indizierung der gefundenen Werte beginnt wieder bei 0).

Fall 2 zeigt, dass der gesuchte Wert `test3` zweimal vorkommt. Die Indizes der gefundenen Stellen werden zurückgeliefert.

> Der Aufruf von `array_keys` bewirkt, dass der interne Array-Pointer auf der letzten Position steht. Bevor also Funktionen, die den internen Array-Pointer verwenden (z.B.: `each()`, `next()` etc), sinnvoll angewandt werden können, muss die Funktion `reset()` aufgerufen werden, um den Pointer auf die erste Stelle des Arrays zu setzen.

array_map

```
array array_map (mixed callback, array arr1 [, array arr2
    ...])
```

`array_map` liefert jeden Wert an die übergebenen Callbacks und schreibt die Rückgabewerte in ein neues Array.

Die Funktion unterstützt auch die Übergabe mehrerer Arrays, deren Werte dann Zeile für Zeile gleichzeitig an die Callback-Funktion übergeben werden. Somit muss die Funktion genauso viele Argumente akzeptieren, wie Arrays übergeben werden.

```
/*
   Callback, führt die Bestandteile zu einem neuen Array
   zusammen (Zeile für Zeile)
   */
   function rechnung($rechnung, $ergebnis, $beschriftung) {
     return array ($beschriftung =>
                    $rechnung .' = '. $ergebnis);
}

$arr_rechnung = array('1*3',
                         '2*3',
                         '3*3',
                         '4*3',
                         '5*3');

   $arr_ergebnis = array(3, 6, 9, 12, 15);

   $arr_beschriftung = array('eins mal drei',
                         'zwei mal drei',
                         'drei mal drei',
                         'vier mal drei',
                         'fünf mal drei');

   $ret = array_map("rechnung",
                    $arr_rechnung,
                    $arr_ergebnis,
                    $arr_beschriftung);

print_r ($ret);
```

```
// Ausgabe:
/*
Array
(
    [0] => Array
        (
            [eins mal drei] => 1*3 = 3
        )
    [1] => Array
        (
            [zwei mal drei] => 2*3 = 6
        )
    [2] => Array
        (
            [drei mal drei] => 3*3 = 9
        )
    [3] => Array
        (
            [vier mal drei] => 4*3 = 12
        )
    [4] => Array
        (
            [fünf mal drei] => 5*3 = 15
        )
)
*/
```

Im obigen Beispiel werden drei Arrays zu einem neuen Array zusammengeführt, wobei die Beschriftung der jeweiligen Rechnung als Indexspalte herangezogen wird. Da drei Arrays zusammengeführt werden, enthält die Callback-Funktion drei Argumente, die dann als Array zurückgegeben werden.

array_merge

```
array array_merge (array array1, array array2 [, array ...])
```

`array_merge` fügt die Elemente mehrerer Arrays aneinander. Um zwei Arrays zu »addieren«, kann man auch ein einfaches +-Zeichen verwenden. Es gibt jedoch Unterschiede im resultierenden Array.

Bei mit `array_merge` addierten Arrays überschreiben sich mehrfach vorkommende String-Indizes gegenseitig. Dadurch hat der letztvorkommende Index Gültigkeit. Hingegen werden Integer-Indizes aneinander gereiht und nicht überschrieben. Bei der Array-Addition mittels des »+«-Zeichens wird bei Index-Wiederholungen der erste identische Index genommen und nicht der letzte.

> Durch die Verwendung von »+«-Zeichen werden n-1 Array-Einträge (bezogen auf das erste Array) des zweiten Arrays ignoriert. (Stand PHP 4.0.6)

Folgendes Beispiel zeigt den Unterschied:

```
$arr1 = array ('farbe' => 'rot',
                2,
                4,
                'test');
   $arr2 = array (7,
                6,
                'asdf',
                'b',
                'farbe' => 'grün',
                'rest' => 'zehn',
                4);
```

```
    // FALL 1:
    $ret = array_merge ($arr1, $arr2);

    print_r ($ret);

    // Ausgabe:
    /*
    Array
    (
        [farbe] => grün
        [0] => 2
        [1] => 4
        [2] => test
        [3] => 7
        [4] => 6
        [5] => asdf
        [6] => b
        [rest] => zehn
        [7] => 4
    )
*/

// FALL 2:
$ret2 = $arr1 + $arr2;

print_r($ret2);

// Ausgabe:
    /*
Array
    (
        [farbe] => rot
```

```
        [0] => 2
        [1] => 4
        [2] => test
        [3] => b
        [rest] => zehn
        [4] => 4
    )
    */
```

Das Beispiel zeigt das unterschiedliche Ergebnis. Im Fall 1 enthält das Array alle Elemente, bis auf die mehrfach vorkommenden String-Indizes. Und bei den String-Indizes ist »rot« mit »grün« überschrieben worden.

Im Fall 2 fehlen die ersten drei Indizes (da das erste Array vier Elemente enthält, und das untypische Verhalten sich auf die Menge 4 minus 1 bezieht). »rot« bleibt erhalten und wird nicht überschrieben. »4« wird in beiden Fällen nach dem gleichen Prinzip aneinander gereiht, ohne einander zu überschreiben.

Es empfiehlt sich also die Verwendung der Funktion `array_merge()`, da die Addition mittels +-Zeichens ein nicht logisches Verhalten aufweist, wobei nicht sicher ist, ob dieses in der nächsten Version bestehen bleibt.

array_merge_recursive

```
array array_merge_recursive (array array1, array array2 [,
   array ...])
```

`array_merge_recursive` funktioniert ähnlich wie `array_merge` mit dem Unterschied, dass die Behandlung rekursiv geschieht und somit mehrfach vergebene Indizes nicht gegenseitig überschrieben werden, sondern in ein neues Sub-Array gesplittet werden.

array_multisort

```
bool array_multisort (array arr1 [, mixed arg [, mixed … [,
   array … ]]])
```

`array_multisort` sortiert entweder mehrere Arrays mit einem Funktionsaufruf oder ein multi-dimensionales Array. Die Indizierung bleibt erhalten.

Bei der Angabe von mehreren Arrays werden diese SQL-ähnlich als Spalten aneinander gereiht und dann Zeile für Zeile sortiert (siehe Datenbanken -> ORDER BY).

`array_multisort` erwartet als erstes Argument ein Array, die anderen Argumente können entweder Arrays oder Sortier-Flags sein. Folgende Flags stehen zur Auswahl (es kann nur jeweils ein Sortierflag von der Reihenfolge und eines vom Typus verwendet werden):

SORT_ASC	sortiert das Array in aufsteigender Reihenfolge
SORT_DESC	sortiert das Array in absteigender Reihenfolge

Tabelle 7.1: Sortierreihenfolge

SORT_REGULAR	vergleicht Felder normal (dem Typus entsprechend)
SORT_NUMERIC	vergleicht Felder als Nummern
SORT_STRING	vergleicht Felder als Strings

Tabelle 7.2: Sortiertypen

Beispiel zum Sortieren mehrer Arrays:

```
$arr1 = array (5, 7, 10, 3, 8, 6, 6);
   $arr2 = array ('Blau',
                  'Gelb',
```

```
                    'Grün',
                    'Rot',
                    'Schwarz',
                    'Weiss',
                    'Orange');

    array_multisort ($arr1, $arr2);

print_r($arr1);

    // Ausgabe:
    /*
    Array
    (
        [0] => 3
        [1] => 5
        [2] => 6
        [3] => 6
        [4] => 7
        [5] => 8
        [6] => 10
    )
    */

    print_r($arr2);

    // Ausgabe:
    /*
    Array
    (
        [0] => Rot1
        [1] => Blau
```

```
        [2] => Orange
        [3] => Weiss
        [4] => Gelb
        [5] => Schwarz
        [6] => Grün
    )
    */
```

Das Beispiel zeigt, dass zuerst nach dem ersten Array sortiert wird und gleichzeitig die geänderte Reihenfolge in das zweite Array übernommen. Danach wird das zweite Array sortiert (in diesem Fall »Orange« mit »Rot« vertauscht).

Beispiel zum Sortieren mehrdimensionaler Arrays:

```
$arr = array(

    array (5, 7, 10, 3, 8, 6, 6),
    array ('Blau',
           'Gelb',
           'Grün',
           'Rot',
           'Schwarz',
           'Weiss',
           'Orange')
    );
    array_multisort ($arr[0], SORT_ASC, $arr[1], SORT_DESC);

print_r($arr);

// Ausgabe:

    /*
    Array
```

```
(
    [0] => Array
        (
            [0] => 3
            [1] => 5
            [2] => 6
            [3] => 6
            [4] => 7
            [5] => 8
            [6] => 10
        )

    [1] => Array
        (
            [0] => Rot
            [1] => Blau
            [2] => Weiss
            [3] => Orange
            [4] => Gelb
            [5] => Schwarz
            [6] => Grün
        )
)
*/
```

Das Beispiel sortiert ein multidimensionales Array unter gleichzeitiger Verwendung von Sortierflags. Dadurch, dass als Sortierflag für den Index 1 des Arrays SORT_DESC angegeben wird, kommt in der Ausgabe »Weiss« vor »Orange« (im vorigen Beispiel waren die beiden Werte wegen der Voreinstellung SORT_ASC andersrum geordnet.).

array_pad

```
array array_pad (array input, int pad_size, mixed
   pad_value)
```

`array_pad` kopiert das im ersten Argument übergebene Array und füllt es bis zur Länge `pad_size` mit dem Wert auf, der in `pad_value` übergeben wird.

Falls `pad_size` kleiner ist als das Ursprungsarray, dann wird ein 1:1-Abbild zurückgeliefert (ohne Veränderungen).

Bei einem positiven Wert für `pad_size` wird das Array am Ende aufgefüllt, ist `pad_size` jedoch negativ, erfolgt die Erweiterung am Anfang des Arrays und alles verschiebt sich nach hinten.

```
/* Ursprungsarray */
   $arr = array ('eins', 'zwei', 'drei', 'vier');

/* Array wird am Ende erweitert */
   $ret = array_pad ($arr, 6, 'ende_leer');
   print_r($ret);


   // Ausgabe:
   /*
   Array
   (
       [0] => eins
       [1] => zwei
       [2] => drei
       [3] => vier
       [4] => ende_leer
       [5] => ende_leer
```

```
)
*/
/* Array wird am Anfang erweitert */
$ret = array_pad ($arr, -6, 'anfang_leer');
print_r($ret);

// Ausgabe:
/*
Array
(
    [0] => anfang_leer
    [1] => anfang_leer
    [2] => eins
    [3] => zwei
    [4] => drei
    [5] => vier
)
*/
/* Array wird nicht erweitert, da schon länger als 3 */
$ret = array_pad ($arr, 3, "keine veränderung");
print_r($ret);

// Ausgabe:
/*
Array
(
    [0] => eins
    [1] => zwei
    [2] => drei
    [3] => vier
)
*/
```

array_pop

`mixed array_pop (array array)`

`array_pop` liefert den letzten Wert von `array` zurück. Das `array` wird dabei um diesen Wert verkürzt. Wenn dies nicht möglich ist (leeres Array oder gar kein Array), dann wird NULL zurückgeliefert.

```
$arr  = array ("Roman", "Sachbuch", "Handbuch");
   $letztes = array_pop ($arr);

   print_r($arr);

   // Ausgabe:
   /*
   Array
   (
       [0] => Roman
       [1] => Sachbuch
   )
   */
   echo "\n".$letztes; // Ausgabe: Handbuch
```

Das Beispiel zeigt, dass nach dem Funktionsaufruf nur noch die ersten beiden Werte enthalten sind und der letzte Eintrag »Handbuch« herausgefallen ist.

array_push

`int array_push (array array, mixed var [, mixed ...])`

`array_push` erweitert das angegebene Array am Ende um die Argumente. Die Länge des Arrays wird dadurch natürlich auch erhöht. (Dies hat denselben Effekt wie `$arr [ ]` -> siehe Array-Einleitung). Die Funktion liefert die neue Anzahl der Elemente im Array.

```
$arr = array ('haus', 'strasse', 'auto');
   array_push ($arr, 'flugzeug', 'baum');

   print_r($arr);

   // Ausgabe:
   /*
   Array
   (
       [0] => haus
       [1] => strasse
       [2] => auto
       [3] => flugzeug
       [4] => baum
   )
   */
```

array_rand

```
mixed array_rand (array input [, int num_req])
```

array_rand liefert zufällig ausgewählte Elemente des angegebenen Arrays zurück. Wenn das zweite Argument fehlt, dann wird nur ein Element zurückgeliefert. Andernfalls muss dort die gewünschte Anzahl der Werte angegeben werden.

Vor dem ersten Aufruf von array_rand muss der Zufallsgenerator mit einem Startwert versehen werden, damit man vermeidet, ständig dieselben Resultate zu bekommen. Dies geschieht mit der Funktion srand().

Falls mehr als ein Wert zurückgeliefert wird, dann ist der Typus des Resultats ein Array, bei nur einem Wert hingegen wird derselbe Typus verwendet, den das Objekt im Array gehabt hat.

```
/* Startwert für Zufallsgenerator setzen */
   srand ((double) microtime() * 10000000);

   /* Ausgangsarray */
   $arr = array ('Wien',
                 'Berlin',
                 'Hamburg',
                 'Mainz',
                 'Salzburg',
                 'Nürnberg',
                 'Graz');

/* Ermittlung von 3 Einträgen */
   $ret = array_rand ($arr, 3);

   print_r($ret);

   // Ausgabe:
   /*
   Array
   (
    [0] => 0
       [1] => 5
       [2] => 6
   )
*/
```

Über die zurückgelieferten Index-Werte kann man dann auf die eigentlichen (zufällig gewählten) Array-Werte zugreifen.

array_reduce

```
mixed array_reduce (array input, mixed callback [, int ini-
   tial])
```

`array_reduce` durchläuft das Array iterativ so lange, bis nur noch ein Wert übrig bleibt. Die Zusammenführung der Werte geschieht über eine Callback-Funktion, die als zweites Argument angegeben wird. Der dritte Parameter dient als Startwert bzw. (bei einem leeren Arrays) als Rückgabewert.

```
/* Callback-Funktion zum Addieren der Werte
   1. Argument: der Wert, der bisher erzielt worden ist
   2. Argument: aktueller Array-Wert
   */
   function addition($zwischen_resultat, $aktueller_wert) {
            $zwischen_resultat += $aktueller_wert;
   return $zwischen_resultat;
   }

   $arr = array (10, 20, 30, 40, 50);

   echo array_reduce($arr, 'addition', -1);

// Ausgabe: 149

   /*
   Anmerkung:
   echo (array_sum ($arr) - 1);
   Liefert das selbe Ergebnis
   */
```

Dadurch, dass der Startwert bei -1 liegt und 10+20+30+40+50 = 150 ist, kommt als Ergebnis 149 heraus.

array_reverse

```
array array_reverse (array array [, bool preserve_keys])
```

`array_reverse` kehrt alle Elemente eines Arrays um und liefert dann das gedrehte Array zurück.

Das erste Argument gibt das Ursprungs-Array an, als zweites Argument wird ein boolescher Wert erwartet. Dieser gibt an, ob die Funktion die Reihenfolge der Indizes aufrechterhalten oder neu vergeben soll (für gemischte Indizes wichtig Integer / String).

array_search

```
mixed array_search (mixed needle, array haystack [, bool
   strict])
```

`array_search` durchsucht das als `haystack` übergebene Array auf den Wert, der in `needle` angegeben ist. Wenn der Wert im Array gefunden wird, dann liefert `array_search` den Index des Wertes zurück, andernfalls FALSE.

Der dritte (optionale) Parameter gibt an, ob die Überprüfung auch nach dem Typus durchgeführt werden soll und nicht nur nach dem Objekt-Inhalt (TRUE für strikte Überprüfung, FALSE bei reinen inhaltsbezogenen Überprüfungen).

Die Funktion ist identisch mit der Vorgängerversion `in_array()`.

```
$arr = array ("Mac", "NT", "Irix", "Linux");


   if (array_search ("NT", $arr)) {
      echo "NT gefunden";
      }
```

array_shift

```
mixed array_shift (array array)
```

`array_shift` schneidet den ersten Wert des Arrays heraus und liefert ihn zurück. Die Länge des Ausgangs-Arrays wird damit um 1 reduziert. Ansonsten ist die Funktion identisch mit `array_pop`, die das letzte Element herausschneidet.

array_slice

```
array array_slice (array array, int offset [, int length])
```

`array_slice` kopiert einen Teil vom Ursprungs-Array heraus.

Dieser Teil wird vom zweiten und dritten Argument abgegrenzt. `offset` gibt an, wo der Kopiervorgang gestartet werden soll. Wird das dritte Argument weggelassen, so wird von der Start-Stelle bis zum Array-Ende gelesen. Wird das dritte Argument angegeben, endet der Kopiervorgang nach der in `length` angegebenen Zahl von Elementen.

Ist das zweite Argument negativ, beginnt der Kopiervorgang `offset`-Elemente vom Ende des Arrays aus gemessen.

```
$arr = array (1, 2, 3, 4, 5, 6);
   $ret = array_slice ($arr, 2);

   print_r($ret);

   // Ausgabe:
   /*
   Array
   (
       [0] => 3
       [1] => 4
```

```
    [2] => 5
    [3] => 6
)
*/

$ret = array_slice ($arr, -3, 2);

print_r($ret);
/*
Array
(
    [0] => 4
    [1] => 5
)
*/
```

array_splice

```
array array_splice (array input, int offset [, int length
   [, array replacement]])
```

`array_splice` schneidet einen Teil des Arrays heraus, ersetzt ihn durch ein in `replacement` angegebenes Array und liefert den entfernten Abschnitt des Arrays zurück.

Durch `offset` und `length` wird wie bei `array_slice` der Teil definiert, der herausgeschnitten werden soll.

Ist das vierte Argument (`replacement`) angegeben, enthält aber der eingegrenzte Bereich keine Elemente, so wird der Teil in `replacement` an der Stelle `offset` eingefügt.

Durch `array_splice` können mehrere andere Funktionen abgedeckt werden. Im Folgenden eine kurze Übersicht:

```
// Fall 1:
   array_push ($arr, $wert1, $wert2);
   // ident mit:
   array_splice ($arr, count ($arr), 0, array ($wert1,
   $wert2));

   // Fall 2:
   array_pop ($arr);
   // ident mit:
   array_splice ($arr, -1);

   // Fall 3:
   array_shift ($arr);
   // ident mit:
   array_splice ($arr, 0, 1);

   // Fall 4:
   array_unshift ($arr, $wert1, $wert2);
   // ident mit:
   array_splice ($arr, 0, 0, array ($wert1, $wert2));
```

array_sum

`mixed array_sum (array arr)`

`array_sum` addiert alle Werte eines Arrays und liefert das Ergebnis zurück.

```
$arr = array (10, 20, 30, 40, 50);

   echo (array_sum ($arr));

// Ausgabe: 150
```

array_unique

```
array array_unique (array arr)
```

`array_unique` erstellt ein neues Array, in dem alle mehrfach vorhandenen Werte gelöscht worden sind. Die Indizierung bleibt jedoch erhalten. Dies bedeutet, dass man dann leere Einträge im Array hat. Mittels `array_filter` können diese Leerwerte dann bei Bedarf entfernt werden.

array_unshift

```
array array_unshift (array array, mixed var [, mixed ...])
```

Mittels `array_unshift` werden Werte am Anfang eines Arrays hinzugefügt. Man kann eine beliebige Zahl von Werten übergeben.

Zu beachten ist, dass das Ziel-Array bei diesem Vorgang neu indiziert wird.

array_values

```
array array_values (array input)
```

Diese Funktion liefert alle Werte des übergebenen Arrays. Sie stellt das Gegenstück zur Funktion `array_keys` dar.

array_walk

```
array array_walk (array arr, string func [, mixed user-
   data])
```

Um eine bestimmte Funktion auf jedes Element eines Arrays anzuwenden, empfiehlt sich der Einsatz von `array_walk`. Übergeben werden das Array, der Funktionsname und als dritter (optionaler) Parameter ein beliebiges Datenobjekt.

Der angegebenen Funktion (string func) wird der Wert als erster Parameter und der Schlüssel als zweiter Parameter übergeben. Ist userdata ebenfalls angegeben, so wird dieser der Zielfunktion als dritter Parameter übergeben.

arsort

```
void arsort (array array [, int sort_flags])
```

arsort sortiert das angegebene Array unter Beibehaltung der Index-Assoziationen absteigend. Das übergebene Array wird dabei verändert.

```
$bands = array ("b"=>"Oasis", "a"=>"U2", "d"=>"REM",
   "c"=>"Pink Floyd");
   arsort ($bands);
   reset ($bands);
   while (list ($key, $val) = each ($bands)) {
       echo "$key = $val\n";
   }



   // Ausgabe:

   a = U2
   d = REM
   c = Pink Floyd
   b = Oasis
```

Zu beachten ist, dass arsort den internen Array-Zeiger auf die letzte Position stellt. Man muss also reset() aufrufen, bevor die Funktion each() korrekt ausgeführt wird.

Als zweites Argument können Sortier-Flags verwendet werden. Folgende Sortier-Flags werden akzeptiert:

- SORT_REGULAR
- SORT_NUMERIC
- SORT_STRING

asort

```
void asort (array array [, int sort_flags])
```

`asort` ist identisch zu `arsort` mit dem Unterschied, dass die Sortierung aufsteigend erfolgt.

compact

```
array compact (mixed varname [, mixed … ])
```

`compact` erstellt ein Array, dass auf die übergebenen Variablennamen aufbaut.

Man übergibt die Namen diverser Variablen, die Funktion sucht nach diesen Variablen, verwendet den Namen als Index und den Variablenwert als zugehörigen Array-Wert.

Folgendes Beispiel illustriert den Vorgang:

```
$vorname = 'max';
   $nachname = 'mustermann';
   $beruf = 'pilot';
   $farbe = 'grün';
   $ort = 'zu Hause';

   $sum = array('farbe', 'ort');

   $ret = compact ('vorname', 'nachname', 'beruf', $sum);
```

```
print_r ($ret);

// Ausgabe:

Array
(
    [vorname] => max
    [nachname] => mustermann
    [beruf] => pilot
    [farbe] => grün
    [ort] => zu Hause
)
```

Die Variablennamen `vorname`, `nachname` und `beruf` werden direkt an die Funktion übergeben. Hingegen werden die Namen der Variablen `farbe` und `ort` mit Hilfe eines Arrays übergeben. Es müssen also nur die Namen in welcher Form auch immer an die Funktion geleitet werden.

count

`int count (mixed var)`

Durch die Funktion `count` kann festgestellt werden, wie viele Elemente in einem Array vorhanden sind. Falls die übergebene Variable kein Array ist, jedoch einen Wert hat, dann wird 1 zurückgeliefert. Bei einem leeren Array bzw. einem Array, das nicht definiert worden ist, wird 0 ausgegeben. Um also zu überprüfen, ob ein Array gesetzt ist, empfiehlt es sich, die Funktion `isset()` zu verwenden.

current

`mixed current (array array)`

`mixed_current` liefert das Element zurück, auf das der interne Array-Pointer gerade zeigt. Falls das aktuelle Element leer ist oder der Zeiger hinter dem Ende der Elementliste steht, so wird FALSE zurückgeliefert. Ein FALSE-Wert ist also kein Garant für das Ende der Array-Liste. Daher sollte für den Durchlauf `each` verwendet werden, da diese Funktion das Ende des Arrays findet.

Der Zeiger wird durch den Aufruf von `current` nicht verschoben.

each

```
array each (array array)
```

Durch den Aufruf von `each` wird das nächstfolgende Index/Werte-Paar eines Arrays zurückgeliefert. Die Funktion kann dazu verwendet werden (im iterativen Aufruf), um anhand des internen Zeigers durch eine Funktion durchzulaufen und die einzelnen Einträge zurückzuliefern.

Im Gegensatz zu `current`, das FALSE auch bei leeren Einträgen zurückliefert, gibt `each()` nur dann FALSE zurück, wenn das Ende des Arrays erreicht ist und kein weiterer Eintrag mehr vorhanden ist.

Die Rückgabe setzt sich aus einem Array mit vier Einträgen zusammen. Diese sind die Indizes `0`, `1`, `key` und `value`, wobei `key` und `0` denselben Wert enthalten und `value` und `1` ebenso identisch sind. Somit hat man die freie Wahl, ob man über die Integer-Indizes oder über die Typenbezeichnungen auf die jeweiligen Ergebnisse zugreifen will.

Folgendes Beispiel zeigt die Anwendung auf die Umgebungsvariablen `$HTTP_GET_VARS`:

```
reset ($HTTP_GET_VARS);
   while (list ($key, $val) = each ($HTTP_GET_VARS)) {
       echo "$key => $val<br>";
   }
var1 => test1
   var2 => test2
```

Im Beispiel wurde das Skript mit folgenden Parametern aufgerufen:

```
?var1=test1&var2=test2
```

Somit erhält man im Durchlauf alle Werte des Arrays.

end

```
mixed end (array array)
```

Setzt den internen Zeiger des angegebenen Arrays auf das letzte Element. Dieses Element wird dabei auch zurückgeliefert.

extract

```
int extract (array var_array [, int extract_type [, string
   prefix]])
```

Die Funktion `extract` stellt das Gegenstück zu `compact` dar. Sie verwandelt die einzelnen Indizes/Werte-Paare in Variablen. Mit Hilfe des zweiten Arguments kann eine Regel bei unzulässigen bzw. kollidierenden Variablen angegeben werden. Das dritte Argument bestimmt ein Präfix, das der Variable vorangestellt werden soll (dies findet nicht bei jeder Regel Anwendung).

Folgende Präfixe sind erlaubt:

EXTR_OVERWRITE	Falls es zu einer Kollision mit einer bereits bestehenden Variablen kommt, so wird die bereits vorhandene Variable durch den jeweiligen Array Index überschrieben.
EXTR_SKIP	Die Variable wird ausgelassen, wenn sie bereits im System vorhanden ist.

EXTR_PREFIX_SAME	Falls der Variablenname bereits in Verwendung ist, dann wird der neuen Variable der Wert für das Präfix vorangestellt, um einer Kollision vorzubeugen.
EXTR_PREFIX_ALL	Allen Variablen wird das Präfix vorangestellt, unabhängig davon, ob diese schon existieren oder nicht. Dies gilt nun auch für numerische Indizes.
EXTR_PREFIX_INVALID	Nur Variablen, die ohne die Angabe des Präfixes ungültig wären (z.B. Zahlen), wird das Präfix vorangestellt, um zu einer gültigen Variablenbezeichnung zu gelangen.

Bei Weglassen der Argumente 2 und 3 wird als Regel EXTR_OVERWRITE angenommen (ohne Präfix).

in_array

```
bool in_array (mixed needle, array haystack)
```

Die Funktion `in_array` überprüft, ob der Wert im ersten Argument `needle` im angegebenen Array `haystack` existiert. Falls dem so ist, dann wird TRUE zurückgegeben, andernfalls FALSE.

key

```
mixed key (array array)
```

`key` liefert den Wert des Index zurück, auf den der interne Array-Zeiger im Moment zeigt.

krsort

```
int krsort (array array [, int sort_flags])
```

Sortiert das angegebene Array anhand der Indizes in umgekehrter Reihenfolge (absteigend). Es stehen wiederum folgende Flags zur Verfügung, von denen eines optional als zweites Argument angegeben werden kann:

- SORT_REGULAR
- SORT_NUMERIC
- SORT_STRING

ksort

```
int ksort (array array [, int sort_flags])
```

`ksort` hat dieselbe Funktionalität wie `krsort`, mit dem Unterschied, dass das übergebene Array normal (aufsteigend) sortiert wird.

list

```
void list (…)
```

`list` ist keine wirkliche Funktion, sondern ein Konstrukt. Der Befehl kann dazu verwendet werden, um mehrere Werte eines Arrays gleichzeitig zuzuordnen. Folgendes Beispiel illustriert den Vorgang:

```
reset ($HTTP_GET_VARS);
   while (list ($key, $val) = each ($HTTP_GET_VARS)) {
        echo 'Variable '.$key.' Hat den Wert:
   '.$val.'<br>';
   }
```

Es werden nun alle Zeilen des Arrays $HTTP_GET_VARS durchlaufen und mittels `list` und `each` die einzelnen Positionen den Variablen `$key` und `$val` zugeordnet.

next

`mixed next (array array)`

`next` verschiebt den internen Array-Zeiger auf die nächste Position und liefert danach das neu selektierte Element zurück. Wie bei `current()` wird bei einem leeren Eintrag FALSE zurückgeliefert und ist daher kein Garant für das Ende des Arrays. Daher empfiehlt sich zur Iteration durch ein Array die Funktion `each()`, muss der Zeiger jedoch um eine Stelle verschoben werden, dann ist `next()` die bessere Wahl.

pos

`mixed pos (array array)`

`pos` ist identisch mit `current()`. Die Funktion liefert das Element an der momentanen Stelle des internen Datenzeigers zurück.

prev

`mixed prev (array array)`

`prev` verhält sich gegensätzlich zu `next()`. Die Funktion verschiebt den internen Datenzeiger auf die vorige Position im Array (also -1 von der aktuellen Stelle). Danach wird das neu ermittelte Element zurückgeliefert.

range

`array range (int low, int high)`

`range` erzeugt ein neues Array. Dieses wird anhand der Grenzen `low` und `high` eingegrenzt. Es enthält also die Werte, die von der unteren Grenze bis zur oberen reichen. Der Index beginnt bei 0 zu zählen.

reset

`mixed reset (array array)`

Setzt den internen Array-Zeiger auf das erste Argument zurück und liefert dieses als Rückgabewert. Diese Funktion soll vor `each()` angewandt werden, damit sichergestellt werden kann, dass das ganze Array iteriert wird.

rsort

`void rsort (array array [, int sort_flags])`

Sortiert ein Array anhand der Werte in umgekehrter Reihenfolge (absteigend). Die Funktion verhält sich somit ähnlich der Funktion `krsort()` mit dem Unterschied, dass nicht nach der Index-Spalte sortiert wird, sondern nach den im Array enthaltenen Werten.

shuffle

`void shuffle (array array)`

Diese Funktion verändert mit Hilfe des Zufallsgenerators die Reihenfolge des Arrays. Die einzelnen Elemente werden somit durcheinander geworfen und zufällig neu angeordnet. Der Aufruf von `srand()` ist notwendig, um den Zufallsgenerator beliebige Werte erzeugen zu lassen.

```
$numbers = range (-5,15);
   srand (microtime());
   shuffle ($numbers);
   while (list (, $number) = each ($numbers)) {
       echo "$number \n";
   }
// Ausgabe:
```

```
14
   11
   10
   15
   13
   -2
   12
   9
   8
   -3
   7
   6
   4
   -1
   -5
   1
   5
   -4
   2
   3
   0
```

Oben stehendes Beispiel zeigt die Verwendung von `shuffle` im Zusammenhang mit einem durch `range()` erstellten Array. Die ausgegebenen Werte zeigen, dass die Elemente im Array nun zufällig angeordnet sind.

sizeof

`int sizeof (array array)`

`sizeof` erledigt im Grunde dieselbe Aufgabe wie `count()` mit dem Unterschied, dass bei dieser Funktion ein Array übergeben werden muss (es macht nur Sinn, die Anzahl der Einträge eines Arrays zu zählen, da sonst überall 1 als Rückgabewert ausgegeben wird). Bei `count()` hingegen kann ein beliebiger Datentyp übergeben werden.

sort

```
void sort (array array [, int sort_flags])
```

Sortiert das Array aufsteigend. Als optionales Argument können drei Sortier-Flags angegeben werden:

SORT_REGULAR	vergleicht Felder normal (dem Typus entsprechend)
SORT_NUMERIC	vergleicht Felder als Nummern
SORT_STRING	vergleicht Felder als Strings

uasort

```
void uasort (array array, function cmp_function)
```

`uasort` sortiert das angegebene Array anhand der Funktion, die übergeben wird. Die Index-Assoziationen werden beibehalten.

uksort

```
void uksort (array array, function cmp_function)
```

Die Funktion ist ähnlich `uasort` mit dem Unterschied, dass die Arrays anhand der Indizes sortiert werden, die an die User-Funktion übergeben werden.

usort

```
void usort (array array, string cmp_function)
```

Sortiert ein Array anhand der übergebenen User-Funktion. `usort` unterscheidet sich von `uasort()` nur insofern, dass die Index-Assoziationen nicht beibehalten werden.

8 Mathematische Funktionen

Im Bereich der *mathematischen Funktionen* behandeln wir nur Werte, die im Bereich der Datentypen `long` und `double` sind. Für Werte außerhalb dieses Bereichs gibt es die *mathematischen Funktionen mit beliebiger Genauigkeit*, die wir am Ende dieses Kapitels näher beschreiben werden. Diese Funktionen sind nur verfügbar, wenn PHP mit `--enable-bcmath` konfiguriert wurde.

In PHP3 stand nur die Konstante Π zur Verfügung. Ab der Version PHP 4.0 sind nun nachfolgende mathematische Konstanten verfügbar, die viele Berechnungen, Funktionen und Skripts einfacher machen.

Konstante	**Wert**	**Beschreibung**
M_PI	3.14159265358979323846	Der Wert Π
M_E	2.7182818284590452354	e (Eulersche Zahl)
M_LOG2E	1.4426950408889634074	log_2 e
M_LOG10E	0.43429448190325182765	log_10 e
M_LN2	0.69314718055994530942	log_e 2
M_LN10	2.30258509299404568402	log_e 10
M_PI_2	1.57079632679489661923	Π /2
M_PI_4	0.78539816339744830962	Π /4
M_1_PI	0.31830988618379067154	1/ Π
M_2_PI	0.63661977236758134308	2/ Π
M_2_SQRTPI	1.12837916709551257390	2/sqrt(Π)

Konstante	Wert	Beschreibung
M_SQRT2	1.41421356237309504880	sqrt(2)
M_SQRT1_2	0.70710678118654752440	1/sqrt(2)

Um die mathematischen Funktionen noch übersichtlicher anzuordnen, unterscheiden wir nachfolgend in *Mathematische Funktionen*, *Umwandlungsfunktionen* und *Zufallszahlen*.

8.1 Mathematische Funktionen

Wenn Logarithmen mit einer beliebigen Basis berechnet werden, sollten Sie die folgende Definition verwenden:

```
function logx($mantisse, $basis)
   {
   return log($mantisse)/log($basis);
   }
```

Das erste Argument ist die zu berechnende Mantisse, das zweite Argument definiert die Basis des Logarithmus.

Eine Besonderheit ist noch bei `round()` zu bemerken. Die Rundung ist leider nicht in allen Fällen korrekt. Der Grund darin liegt in der Tatsache, dass die interne Darstellung einiger Zahlen nicht exakt im Binärformat darstellbar ist. Zum Beispiel speichert der Computer die Zahl 11,5 als 11,4999999999, wobei beim Einsatz des Befehls `round()` natürlich eine Abrundung auf 11 stattfindet.

Eine mögliche Lösung für dieses Problem ist nachfolgende Funktion:

```
function roundoff ($value,$decimal_place)
   {
      $help = pow(10,$decimal_place);
```

```
        $value *= $help;
        if ($value  floor($value) >= 0.5)
          {
             return(ceil($value)/$help;
          }
     else
          {
             return(floor($value)/$help);
          }
     }
```

abs – Absolutwert

`mixed abs (mixed number)`

Liefert den Absolutwert einer Zahl.

Ist `number` vom Typ `float`, so ist auch das Ergebnis vom Typ `float`, ansonsten ist es vom Typ `int`.

acos – Arcus Cosinus

`float acos (float arg)`

Liefert den Arcus Cosinus zum Wert `arg` im Bogenmaß.

asin – Arcus Sinus

`float asin (float arg)`

Liefert den Arcus Sinus zum Wert `arg` im Bogenmaß.

atan – Arcus Tangens

`float atan (float arg)`

Liefert den Arcus Tangens zum Wert `atan` im Bogenmaß im Bereich $(-\Pi/2;\Pi/2)$.

atan2 – Arcus Tangens Hyperbolicus

```
float atan2 (float y, float x)
```

Diese Funktion berechnet den Arcus Tangens aus zwei Parametern *x* und *y*, im Bereich (-Π; Π). Dieser entspricht weitgehend dem Arcus Tangens aus x/y, allerdings kann hier das Vorzeichen der Parameter ausgewertet und so der Quadrant des Ergebnisses ermittelt werden.

cos – Cosinus

```
float cos (float arg)
```

Liefert den Cosinus des Wertes `arg` im Bogenmaß.

exp – Ex-Potenz zur Basis e (Eulersche Zahl)

```
float exp (float arg)
```

Potenziert die Eulersche Zahl *e* mit dem Wert `arg`.

max – Maximalwert bestimmen

```
mixed max (mixed arg1, mixed arg2, mixed argn)
```

`max()` liefert den Maximalwert der Argumentenliste.

Ist der erste Parameter ein Array, so wird der größte Wert innerhalb dieses Arrays zurückgegeben. Anderenfalls müssen mindestens zwei Parameter übergeben werden und `max()` liefert den wertmäßig größten Parameter zurück. Die Anzahl der Eingabe-Parameter ist nur durch den verfügbaren Hauptspeicher begrenzt.

Ist mindestens einer der Eingabewerte vom Typ `double`, so werden alle Werte als `double` behandelt und der Rückgabewert ist ebenfalls vom Typ `double`. Anderenfalls werden alle Eingabewerte als `int` behandelt und auch ein `int` zurückgegeben.

min – Minimalwert bestimmen

`mixed min (mixed arg1, mixed arg2, mixed argn)`

`min()` liefert den Minimalwert der Argumentenliste.

Ist der erste Parameter ein Array, so wird der kleinste Wert innerhalb dieses Arrays zurückgegeben. Anderenfalls müssen mindestens zwei Parameter übergeben werden und `min()` liefert den wertmäßig kleinsten Parameter zurück. Die Anzahl der Eingabe-Parameter ist nur durch den verfügbaren Hauptspeicher begrenzt.

Ist mindestens einer der Eingabewerte vom Typ `double`, so werden alle Werte als `double` behandelt und der Rückgabewert ist ebenfalls vom Typ `double`. Anderenfalls werden alle Eingabewerte als `int` behandelt und auch ein `int` zurückgegeben.

log – Natürlicher Logarithmus

`float log (float arg)`

Diese Funktion liefert den natürlichen Logarithmus zur Basis *e* des Parameters `arg`.

log10 – dekadischer Logarithmus

`float log10 (float arg)`

Diese Funktion liefert den Logarithmus zur Basis 10 des Parameters `arg`.

pi – Wert von Π

`double pi (void)`

Diese Funktion liefert (im Rahmen der möglichen Genauigkeit) den Wert der Kreiszahl Π. Die Konstante M_PI erfüllt denselben Zweck allerdings wesentlich effektiver.

pow – Exponentialfunktion xy

```
float pow (float base, float exp)
```

Diese Funktion liefert base potenziert mit exp.

sin – Sinus

```
float sin (float arg)
```

Liefert den Sinus des Wertes arg im Bogenmaß.

sqrt – Quadratwurzel

```
float sqrt (float arg)
```

Diese Funktion liefert die Quadratwurzel des Wertes arg.

tan – Tangens

```
float tan (float arg)
```

Diese Funktion liefert den Tangens des Wertes arg im Bogenmaß.

8.2 Umwandlungsfunktionen

base_convert – konvertiert Werte zwischen Zahlensystemen unterschiedlicher Basis

```
string base_convert (string number, int frombase, int
   tobase)
```

Diese Funktion liefert einen String, der number zur Basis tobase enthält. Der Parameter frombase gibt die Basis des Eingabewertes number an. tobase und frombase können Werte von 2 bis einschließlich 36 enthalten. Für die Darstellung von Werten mit einer Basis größer als 10 werden neben den Ziffern 0 bis 9 auch die Buchstaben von a bis z eingesetzt, wobei a einem Wert von 10 entspricht, b steht dementsprechend für den Wert 11, bis hin zum z, das den Wert 36 darstellt.

BinDec – Konvertierung binär zu dezimal

`int bindec (string binary_string)`

Liefert die dezimale Entsprechung der in `binary_string` übergebenen binären Zahl. Der größte konvertierbare Wert ist ein String aus 31 Einsen, das entspricht 2147483647 dezimal (232 - 1).

ceil – nächsthöhere Ganzzahl (Aufrunden)

`int ceil (float number)`

Diese Funktion liefert die ganze Zahl, die größer oder gleich dem Parameter `number` ist.

DecBin – Konvertierung dezimal zu binär

`string decbin (int number)`

Liefert die binäre Repräsentation von `number` als String. Der größte konvertierbare Wert von `number` ist ein String in der Länge von 31 Einsen, der 2147483647 dezimal (232 - 1) entspricht.

DecHex – Konvertierung dezimal zu hexadezimal

`string dechex (int number)`

Liefert die hexadezimale Repräsentation von `number` als String. Der größte konvertierbare Wert von `number` ist dezimal 2147483647, dies entspricht 232 - 1, und liefert als Ergebnis den String 7fffffff.

DecOct – Konvertierung dezimal zu oktal (zur Basis 8)

`string decoct (int number)`

Diese Funktion liefert eine oktale Repräsentation von `number` als String. Der größte konvertierbare Wert für `number` ist dezimal 2147483647, entspricht 232 - 1 und liefert als Ergebnis den String 17777777777 zurück.

deg2rad – wandelt Grad in Bogenmaß

```
double deg2rad (double number)
```

Diese Funktion wandelt den übergebenen Winkel von Grad in Bogenmaß.

floor – ganzzahliger Teil einer Zahl (Abrunden)

```
int floor (float number)
```

Diese Funktion liefert die ganze Zahl, die kleiner oder gleich dem Parameter `number` ist.

format_number – formatiert eine Zahl mit Tausendergruppen

```
string number_format (float number [, int decimals [,
    string dec_point [, string thousands_sep]]])
```

`number_format()` erzeugt aus `number` einen formatierten String. Die Funktion akzeptiert nur ein, zwei oder vier Parameter, keine drei.

Wird nur `number` übergeben, so wird diese Zahl ohne Nachkommastellen, aber mit durch Punkt getrennten Tausendergruppen ausgegeben (z.B.: 1234567 -> 1.234.567).

Der optionale Parameter `decimals` gibt die Anzahl der auszugebenden Nachkommastellen an, die dann durch ein Komma getrennt ausgegeben werden.

Mit Hilfe der Parameter `dec_point` und `thousands_sep` können andere Trennzeichen für Tausendergruppen und Nachkommastellen festgelegt werden. Diese beiden Parameter können aber nur zusammen angeführt werden.

HexDec – Konvertierung hexadezimal zu dezimal

```
string hexdec (int number)
```

Liefert die dezimale Repräsentation der in `hex_string` übergebenen hexadezimalen Zahl. Der größte konvertierbare Wert ist 7fffffff, das entspricht 2147483647 dezimal (232 - 1).

OctDec – Konvertierung oktal zu dezimal

```
string octdec (string octal_string)
```

Liefert die dezimale Repräsentation der in `octal_string` übergebenen oktalen Zahl. Der größte konvertierbare Wert ist 17777777777, das entspricht 2147483647 dezimal (232 - 1).

rad2deg – wandelt Bogenmaß in Grad

```
double rad2deg (double number)
```

Diese Funktion wandelt den übergebenen Winkel von Bogenmaß in Grad.

round – Runden auf Kommastelle

```
double round (double val [, int precision])
```

Diese Funktion rundet den Eingabewert `val` auf `precision` Stellen nach dem Komma auf oder ab. Der Parameter `precision` ist nur in PHP4 verfügbar.

8.3 Zufallszahlen

Zufallszahlen werden häufig benötigt, um Vorgänge zu steuern oder beispielsweise Kennwörter zu erzeugen. Zufallsfolgen beruhen auf mathematischen Funktionen, die zwar einen chaotischen Verlauf haben, aber dennoch einer strengen Folge gehorchen.

Die Zufälligkeit wird erst erzeugt, wenn der Startwert variiert. Die folgenden Beschreibungen bringen uns die notwendigen Funktionen näher, um Zufallswerte abzurufen oder zum Setzen des Standardwertes.

Die Funktionen mit dem Präfix `mt_` sind Funktionen neuerer Generation und sollten deshalb grundsätzlich bevorzugt werden. Die in den ursprünglichen PHP-Bibliotheken verwendeten Zufallsgeneratoren sind relativ unbekannt und langsam. Vor allem beim Einsatz in der Kryptografie ist die Charakteristik eines Zufallsgenerators wichtig. Die `mt`-Funktionen wurden von Mersenne Twister entwickelt und sind gut dokumentiert.

getrandmax – größtmöglicher Zufallswert

```
int getrandmax (void)
```

Diese Funktion liefert den plattformabhängigen Maximalwert, der mit der Funktion `rand()` ermittelt werden kann.

mt_getrandmax – größtmöglicher Zufallswert

```
int mt_getrandmax (void)
```

Diese Funktion liefert den plattformabhängigen Maximalwert, der mit der Funktion `mt_rand()` ermittelt werden kann.

mt_rand – Zufallszahl generieren

```
int mt_rand ([int min [, int max]])
```

Die PHP-rand()-Funktion benutzt den in der jeweiligen libc enthaltenen Zufallsgenerator. Gerade in älteren libc-Versionen ist dieser aber oft langsam und die Qualität der erzeugten Pseudozufalls-Sequenzen ist unbefriedigend bis unbekannt.

Die Funktion mt_rand() bietet jetzt einen Drop-In-Ersatz für die von der libc bereitgestellten Funktionen. Sie benutzt einen Zufallsgenerator mit bekannter Charakteristik, den so genannten »Mersenne Twister«, der Pseudozufalls-Sequenzen generiert, die auch kryptografischen Ansprüchen genügen sollten und viermal so schnell arbeitet wie der typische libc-Algorithmus.

mt_srand – Startwert für den Zufallsgenerator festlegen

```
void mt_srand (int seed)
```

Legt einen internen Startwert für den Zufallsgenerator in mt_rand() fest. Da gleiche Startwerte auch jeweils zu denselben Pseudo-Zufallssequenzen führen, sollte man jeweils vor Gebrauch der Funktion mt_rand() diese Funktion aufrufen.

Es ist üblich geworden, diese Startwerte über die aktuelle Uhrzeit festzulegen.

```
mt_srand ((double)microtime()*1000000);
```

rand – Zufallszahl generieren

```
int rand ([int min [, int max]])
```

Diese Funktion liefert einen Zufallswert, der in einem Bereich von `min` bis `max` liegt, d.h. inklusive der Randwerte. Ohne diese beiden Parameter nimmt die Funktion automatisch den Minimalwert von 0 an. Der Maximalwert ergibt sich dann durch den plattformabhängigen Maximalwert, der mit der Funktion `getrandmax()` ermittelt werden kann.

Vorsicht ist geboten bei älteren PHP-Versionen (vor 3.07). Bis zu dieser Version bedeutete der Parameter `max` die Größe des Werte-Intervalls. Falls Sie also eine PHP-Version der älteren Generation installiert haben, können Sie mit nachfolgender Syntax dasselbe Ergebnis erzielen:

```
rand (min, max+min)
```

srand – Startwert für den Zufallsgenerator festlegen

```
void srand (int seed)
```

Legt einen internen Startwert für den Zufallsgenerator in `rand()` fest. Da gleiche Startwerte auch jeweils zu denselben Pseudo-Zufallssequenzen führen, sollte man jeweils vor Gebrauch der Funktion `rand()` diese Funktion aufrufen.

Es ist üblich geworden, diese Startwerte über die aktuelle Uhrzeit festzulegen.

```
srand ((double)microtime()*1000000);
```

9 Datum & Uhrzeiten

Datumsberechnungen nehmen in der praxisnahen Programmierung ein großes Spektrum ein. Entsprechend umfangreich gestaltet sich die Unterstützung durch PHP.

Wir teilen das Gebiet in drei große Bereiche ein: die *Kalenderfunktionen*, die *Datumsfunktionen* und die *Zeitfunktionen*.

9.1 Kalenderfunktionen

Allzu umfassend wollen wie die Kalenderfunktionen nicht darstellen, da bestenfalls Geschichtslehrer in diesem Programmierbereich in die Tiefe gehen möchten. Trotzdem sollte man einen Überblick über die Funktionen gewinnen und diese auch im Hinterkopf behalten. Allzu leicht kann sich die Realisierung eines Projekts durch kompliziertere Datumsberechnungen in die Länge ziehen, wenn man sich nicht der Kalenderfunktionen bedient.

Vielleicht vertiefen wir uns kurz in ein Beispiel, und zwar den Oster-Funktionen, die deshalb wichtig sind, da sich viele andere Feiertage an den Osterfeiertagen orientieren.

Zuerst rufen wir uns die Definition der UNIX-Zeitcodes in Erinnerung. Die Unix-Zeitrechnung begann 1970 und lässt Daten bis 2037 zu. Will man nun Daten vor oder nach diesen Jahren berechnen, können Sie `easter_date()` nicht einsetzen. Die Funktion `easter_days()` erschwert zwar unter Umständen die Anwendung, unterliegt aber in keinster Weise den Grenzdaten. Sehr leicht lösbar scheint nun die Frage, auf welches Datum Ostern im Jahr 2002 fällt:

```
echo date ("Ostern ist am d.M.Y", easter_date(2002) );
```

Doch nun die einzelnen Kalenderfunktionen mit kurzer Beschreibung:

easter

```
int easter_date ([int year])
```

Diese Funktion liefert den UNIX-Timestamp (in Sekunden seit 1970) zurück, der dem Beginn des Ostersonntags im durch `year` spezifizierten Jahr entspricht. Wird kein Jahr angegeben, so wird der Zeitpunkt für das laufende Jahr bestimmt.

easter_days

```
int easter_days (int year)
```

Diese Funktion ermittelt den Abstand in Tagen zwischen der Frühlings-Tagundnachtgleiche am 21. März und dem Ostersonntag im durch `year` angegebenen Jahr. Wird kein Jahr angegeben, so wird der Wert für das laufende Jahr bestimmt.

Vielleicht fragen Sie sich, wieso der 21. März so wichtig ist. Diesem Datum liegt die Definition des Osterfestes zugrunde. Ostern ist am ersten Sonntag nach dem ersten Vollmond nach dem Frühlingsanfang. Dieser ist am 21. März. Wenn nun Vollmond auf diesen Tag fällt und es zugleich ein Sonntag ist, wäre am 21. März Ostern, also der frühestmögliche Termin.

frenchtojd

```
int frenchtojd (int month, int day, int year)
```

Diese Funktion konvertiert das in `month`, `day` und `year` übergebene Datum im Kalender der Französischen Revolution in einen Tag im Julianischen Datum.

Diese Funktion verarbeitet nur Daten der Jahre 1 bis 14 (22. September 1792 bis 22. September 1806 im Gregorianischen Kalender), dieser Zeitraum geht aber immer noch über die Lebensdauer des Revolutionskalenders hinaus.

gregoriantojd

`int gregoriantojd (int month, int day, int year)`

Diese Funktion konvertiert das in `month`, `day` und `year` übergebene Datum im Gregorianischen Kalender in einen Tag im Julianischen Datum.

Gültige Daten liegen im Bereich von 4714 v. Chr. bis 9999 n. Chr. Der Gregorianische Kalender wurde allerdings erst am 15. Oktober 1582 (bzw. am 5. Oktober nach dem bis dahin gültigen Julianischen Kalender) von Papst Gregor XIII. eingeführt, in einigen Ländern erst sehr viel später. So übernahmen die Briten den Gregorianischen Kalender 1752, die UdSSR 1918 und Griechenland erst im Jahre 1923. In den meisten europäischen Ländern wurde vor dem Gregorianischen der Julianische Kalender benutzt.

jddayofweek

`mixed jddayofweek (int julianday, int mode)`

Diese Funktion bestimmt den Wochentag für den in `julianday` übergebenen Tag im Julianischen Datum. Die Ausgabe erfolgt in Abhängigkeit von `mode` als `integer` oder `string`.

`mode` kann folgende Bedeutungen haben:

0	Nummer des Tages als `integer`, beginnend mit 0-Sonntag
1	Tagesname als String (Englisch-gregorianisch)
2	abgekürzter Tagesname als String (Englisch-gregorianisch)

jdmonthname

```
string jdmonthname (int julianday, int mode)
```

Diese Funktion bestimmt den Monatsnamen für den in `julianday` übergebenen Tag im Julianischen Datum. Die Ausgabe erfolgt als String in Abhängigkeit von `mode`.

`mode` kann folgende Bedeutungen haben:

0	Gregorianisch (Abk.)
1	Gregorianisch
2	Julianisch (Abk.)
3	Julianisch
4	Jüdisch
5	Französisch revolutionär

Diese Bedeutungen gelten natürlich auch für nachfolgende Funktionen, die sich darauf beziehen.

jdtofrench

```
string jdtofrench (int month, int day, int year)
```

Diese Funktion konvertiert den in `julianday` angegebenen Tag im Julianischen Datum in einen String, der das entsprechende Datum im Kalender der Französischen Revolution in der Form MM/DD/YYYY enthält.

jdtogregorian

```
string jdtogregorian (int julianday)
```

Diese Funktion konvertiert den in `julianday` angegebenen Tag im Julianischen Datum in einen String, der das Datum nach dem Gregorianischen Kalender in der Form MM/DD/YYYY enthält.

jdtojewish

`string jdtojewish (int julianday)`

Diese Funktion konvertiert den in `julianday` angegebenen Tag im Julianischen Datum in einen String, der das entsprechende Datum im Jüdischen Kalender in der Form MM/DD/YYYY enthält.

jdtojulian

`string jdtojulian (int julianday)`

Diese Funktion konvertiert den in `julianday` angegebenen Julianischen Datums-Tag in einen String, der das entsprechende Datum im Julianischen Kalender in der Form MM/DD/YYYY enthält.

```
juliantojd
int juliantojd (int month, int day, int year)
```

Diese Funktion konvertiert das in `month`, `day` und `year` übergebene Datum im Gregorianischen Kalender in einen Tag im Julianischen Datum.

Gültige Daten liegen im Bereich von 4714 v. Chr. bis 9999 n. Chr. Der Julianische Kalender wurde allerdings erst 46 v. Chr. eingeführt, und die Details der Anwendung stabilisierten sich frühestens im Jahre 8 n. Chr., zum Teil vielleicht sogar erst im vierten Jahrhundert nach Christus. Weiterhin betrachteten nicht alle Kulturen, die sich nach diesem Kalender richteten, den Januar als den ersten Monat des Jahres.

jdtounix

`int jdtounix (int jday)`

Diese Funktion liefert einen UNIX Timestamp (in Sekunden seit dem 1.1.1970) zurück, der dem in `jday` übergebenen Julianischen Datum entspricht. Liegt `jday` außerhalb des darstellbaren Zeitbereichs (Gregorianische Jahre von 1970 bis 2037 bzw. 2440588 <= jday <= 2465342), so wird FALSE zurückgegeben.

jewishtojd

```
int jewishtojd (int month, int day, int year)
```

Diese Funktion konvertiert das in month, day und year übergebene Datum im Jüdischen Kalender in einen Tag im Julianischen Datum.

Gültige Daten beginnen mit dem Jahr 1 (3761 v. Chr.). Der Jüdische Kalender ist bereits seit mehreren Jahrtausenden im Gebrauch, wobei ein neuer Monat jeweils mit der ersten Beobachtung des Neumonds beginnt.

unixtojd

```
int unixtojd ([int timestamp])
```

Diese Funktion konvertiert den in timestamp übergebenen Wert (in Sekunden seit dem 1.1.1970) in das entsprechende Julianische Datum. Wird kein timestamp übergeben, so wird das Julianische Datum des aktuellen Tages zurückgegeben.

9.2 Datumsfunktionen

Wichtiger als die Kalenderfunktionen sind die allgemeinen Datumsberechnungen. Es gibt zwar nur vier Funktionen in diesem Bereich, aber sehr viele Parameter, um zum gewünschten Resultat zu gelangen.

Für die Arbeit mit Daten ist oft das aktuelle Datum von großer Bedeutung. Beachten Sie aber, dass der Server sich immer auf sein eigenes Systemdatum bezieht. Wenn Sie PHP in den USA hosten lassen, wird das Ergebnis sicher nicht Ihren Erwartungen entsprechen, wenn Sie z.B. Ihre Nutzer zeitabhängig begrüßen wollen.

checkdate

```
int checkdate (int Monat, int Tag, int Jahr)
```

Gibt TRUE / WAHR zurück, wenn das angegebene Datum gültig ist, sonst wird FALSE / FALSCH zurückgegeben. Prüft die Gültigkeit der angegebenen Datumswerte.

Ein Datum wird als gültig angesehen, wenn

- das Jahr zwischen 1 und 32767 (inklusive) ist
- das Monat zwischen 1 und 12 (inklusive) ist
- der Tag innerhalb der erlaubten Werte des angegebenen Monats ist. Schaltjahre werden berücksichtigt.

date

```
string date (string format [, int timestamp])
```

Gibt einen formatierten String anhand eines vorzugebenden Musters zurück. Dabei wird entweder der angegebene `timestamp` oder die gegenwärtige lokale Zeit berücksichtigt, wenn kein `timestamp` angegeben ist.

Für die Darstellung eines Datums gibt es viele Formate. Diese Funktion gibt ein Datum formatiert zurück, so dass Sie lokale Besonderheiten leicht berücksichtigen können. Die Funktion benötigt zwei Argumente, eine Formatieranweisung und eine Zeitinformation als Unix-Zeitstempel. Wenn der zweite Parameter entfällt, wird die aktuelle Zeit genommen.

Innerhalb der Formatierung sind folgende Symbole und Parameter von Bedeutung, alle anderen werden ignoriert und unverändert ausgegeben:

a	»am« oder »pm«
A	»AM« oder »PM«
B	Swatch-Internet-Zeit
d	Tag des Monats, 2-stellig mit führender Null: »01« bis »31«
D	Tag der Woche als 3 Buchstaben, z.B. »Fri«
F	Monat als ganzes Wort, z.B. »January«
g	Stunde im 12-Stunden-Format ohne führende Null: »1« bis »12«
G	Stunde im 24-Stunden-Format ohne führende Null: »0« bis »23«
h	Stunde im 12-Stunden-Format: »01« bis »12«
H	Stunde im 24-Stunden-Format: »00« bis »23«
i	Minuten: »00« bis »59«
I	(großes »i«) – »1« bei Sommerzeit, sonst »0«
j	Tag des Monats ohne führende Null: »1« bis »31«
l	(kleines »L«) ausgeschriebener Tag der Woche, z.B. »Friday«
L	boolescher Wert für Schaltjahre: »0« oder »1«
m	Monat: »01« bis »12«
n	Monat ohne führende Null: »1« bis »12«
M	Monat als drei Buchstaben, z.B. »Jan«
s	Sekunden: »00« bis »59«
S	Anhang der englischen Aufzählung, zwei Buchstaben, z.B. »th« [bei 4 für fourth], »nd« [bei 2 für second]
t	Anzahl der Tage des angegebenen Monats: »28« bis »31«
T	Zeitzoneneinstellung des Rechners, z.B. »MDT«
U	Sekunden seit Beginn der UNIX-Epoche (1.1.1970)
w	Wochentag beginnend mit »0« (Sonntag) bis »6« (Samstag)
Y	Jahr als vierstellige Zahl, z.B. »1999«

y	Jahr als zweistellige Zahl, z.B. »99«
z	Tag des Jahres: »0« bis »365«
Z	Offset der Zeitzone gegen GMT (»-43200« bis »43200«) in Minuten

getdate

`array getdate (int timestamp)`

Gibt ein assoziatives Array mit Datums- und Zeitangaben des angegebenen `timestamp` zurück.

Die Array-Elemente lauten wie folgt:

`seconds`	Sekunden
`minutes`	Minuten
`hours`	Stunden
`mday`	Tag des Monats
`wday`	numerischer Tag der Woche
`mon`	Monat als Zahl
`year`	Jahr als Zahl
`yday`	Tag des Jahres als Zahlwert, z.B. »299«
`weekday`	ausgeschriebener Wochentag, z.B. »Friday«
`month`	ausgeschriebener Monatsname, z.B. »January«

Beispiel:

Dieses kurze Skript findet die letzten 5 Werktage heraus. Wir verwenden dabei die Funktion `mktime`, die erst später näher erläutert wird. Vorerst so viel: Sie gibt den Zeitstempel für ein Datum zurück.

```
$businessDate[today] = date("Y-m-d");
   $day = 1;
```

```
for($i = 1; $i <= 5; $i++)
   {
   $useMe = "day" . $i;
   while(!$businessDate[$useMe])
      {
       $time = mktime (0,0,0,date("m"), date("d")-$day
,date("Y"));
      $dayOfWeek = date("w", $time);
      if($dayOfWeek != 0 && $dayOfWeek != 6)
         $businessDate[$useMe] = date("Y-m-d", $time);
      $day++;
      }
   }
```

Das heißt, `$businessDate[today]` ist der heutige Tag, `$businessDate[day1]` war der letzte Werktag, `$businessDate[day2]` der vorletzte usw. ...

gmdate

`string gmdate (string format, int timestamp)`

Entspricht der `date()`-Funktion, außer dass als Zeitangabe immer Greenwich Mean Time (GMT) zurückgegeben wird.

9.3 Zeitfunktionen

Ähnlich wie mit dem Datum kann man in PHP auch mit der Zeit hantieren. So wie viele Datumsfunktionen rechnen auch viele der Zeitfunktionen mit der internen Angabe des Unix-Zeitstempels. Diese Angabe stellt die Anzahl der Sekunden seit dem 1.1.1970 00:00 Uhr dar.

Bevor wir aber nun die Syntax der Funktionen genauer betrachten, ist noch etwas zu beachten. Die Parameter, die wir bei der Funktion `strftime()` verwenden, stimmen nur teilweise mit denen der Funktion `date()` überein. In manchen Fällen haben diese sogar eine total andere Bedeutung. Doch nun in medias res:

gettimeofday

```
array gettimeofday (void)
```

Dies ist eine Schnittstelle zum Systemaufruf von `gettimeofday(2)`. Die Zeitangaben werden als assoziatives Array zurückgegeben.

Folgende Array-Elemente sind vorhanden:

`sec`	Sekunden
`usec`	Mikrosekunden
`minuteswest`	Minuten westlich von Greenwich
`dsttime`	Art der Korrektur der Sommerzeit

gmmktime

```
int gmmktime (int hour, int minute, int second, int month,
   int day, int year [, int is_dst])
```

Identisch zu `mktime()`. Die angegebenen Parameter werden aber als GMT-Datum/Zeit zurückgegeben.

gmstrftime

```
string gmstrftime (string format, int timestamp)
```

Bewirkt das Gleiche wie `strftime()` mit dem Unterschied, dass die GMT-Zeit zurückgegeben wird.

In Österreich (GMT + 01:00) wird im folgenden Beispiel bei `strftime` »Dec 31 2001 00:00:00«, bei `gmstrftime` dagegen »Dec 31 2001 23:00:00« ausgegeben.

Diese Funktion ist erst ab PHP-Version 3.0.12 verwendbar.

localtime

```
array localtime ([int timestamp [, bool is_associative]])
```

Die `localtime()`-Funktion gibt ein Array zurück, das anbetracht seiner Struktur identisch ist mit dem des Funktionsaufrufs in C.

Das erste (optionale) Argument von `localtime()` ist der UNIX-Zeitstempel (`timestamp`). Falls dieser nicht angegeben ist, wird die aktuelle Zeit genommen.

Als Zweites wird der Parameter `is_associative` übergeben. Ist dieser 0 oder nicht gesetzt, wird das Werte-Array als reguläres, numerisch indiziertes Array zurückgegeben. Ist er aber 1, liefert `localtime()` ein assoziatives Array zurück, das alle Elemente der Struktur des `localtime`-Aufrufs in C enthält.

Die Bezeichner der verschiedenen Schlüssel dieses assoziativen Arrays lauten:

`tm_sec`	Sekunde
`tm_min`	Minute
`tm_hour`	Stunde
`tm_mday`	Tag des Monats
`tm_mon`	Monat des Jahres
`tm_year`	Jahr
`tm_wday`	Tag der Woche
`tm_yday`	Tag des Jahres
`tm_isdst`	für das Datum ist die Sommerzeit zu berücksichtigen

microtime

```
string microtime ()
```

Gibt die Zeichenkette `msec sec` zurück, wobei `sec` die aktuelle Zeit ist, ausgedrückt als Anzahl der Sekunden seit Beginn der UNIX-Epoche (0:00:00 January 1, 1970 GMT). `msec` stellt den Mikrosekunden-Teil dar.

Diese Funktion ist nur auf Systemen möglich, die den Systemaufruf `gettimeofday()` unterstützen.

mktime

```
int mktime (int hour, int minute, int second, int month, int
    day, int year [, int is_dst])
```

Gibt den UNIX-Timestamp/Zeitstempel für ein Datum zurück.

> Beachten Sie bitte die etwas andere Anordnung der Argumente im Vergleich zum UNIX-Befehl `mktime()`. Sehr häufig ist dies eine Fehlerquelle, die es aber in sich hat, da man diese Fehlermöglichkeit nicht sofort erkennt.

Diese Funktion gibt den UNIX-Timestamp/Zeitstempel an Hand der gegebenen Argumente zurück. Der Zeitstempel ist ein `long-integer`-Wert, der die Anzahl der Sekunden zwischen der UNIX-Epoche (01.01.1970) und der angegebenen Zeit enthält.

Einzelne Argumente können von rechts nach links weggelassen werden. Sie werden dann ersetzt mit den Werten der lokalen Systemzeit bzw. des lokalen Systemdatums.

is_dst kann bei Sommerzeit auf 1 gesetzt werden. 0 bedeutet Winter-/Normalzeit, -1 (Vorgabewert) heißt, dass nicht bekannt ist, ob Sommer- oder Winterzeit herrscht. Dieser Parameter ist erst seit der Version 3.0.10. verwendbar.

mktime() ist hilfreich bei Datumsberechnungen und -überprüfungen, z.B. wird versucht, automatisch das korrekte Datum zu berechnen. So wird in den folgenden Beispielen immer die Zeichenkette »Jan-01-2002« ausgegeben:

```
echo date ("M-d-Y", mktime(0,0,0,1,1,2002) ;
   echo date ("M-d-Y", mktime(0,0,0,1,1,02) ;
   echo date ("M-d-Y", mktime(0,0,0,12,32,2001) ;
   echo date ("M-d-Y", mktime(0,0,0,13,1,2001) ;
```

year darf auch zweistellig angegeben werden. Werte von 0 bis 69 stehen dabei für die Jahre 2000 bis 2069. Werte von 70 bis 99 dagegen für 1970 bis 1999. Auf Systemen, die time_t als 32-Bit-Integer abbilden, liegt der gültige Bereich zwischen 1902 und 2037.

Der letzte Tag eines gegebenen Monats kann als der Tag 0 des nächsten Monats ausgedrückt werden (nicht als der Tag -1). Jedes der folgenden Beispiele gibt die Zeichenkette »Letzter Tag im Feb. 2002 ist der 28.« zurück.

```
$lastday = mktime (0,0,0,3,0,2002);
   echo strftime ("Letzter Tag im Feb. 2002 ist der %d.",
   $lastday);
$lastday = mktime (0,0,0,4,-31,2002);
   echo strftime ("Letzter Tag im Feb. 2002 ist der %d.",
   $lastday);
```

Datumsangaben mit den Argumenten month, day und year gleich NULL werden als ungültig angesehen.

setlocale

```
string setlocale (string category, string locale)
```

Diese Funktion macht eigentlich nichts anderes, um es simpel auszudrücken, als lokale Informationen zu setzen. Und da man sich unter dieser Erklärung eigentlich nicht viel vorstellen kann, erklären und definieren wir es ganz einfach näher.

Der Parameter `category` enthält die Kategorie der zu ändernden Lokalitäts-Informationen:

LC_ALL	alle folgenden Werte
LC_COLLATE	für String-Vergleiche, `strcoll()`
LC_CTYPE	betrifft Klassifizierungen und Umwandlung, z.B. bei der Funktion `strtoupper()`, die alle Buchstaben in Großbuchstaben umwandelt.
LC_MONETARY	betrifft `localeconv()`; eine Funktion, die ein assoziatives Array mit allen numerischen Formatierungs-Informationen enthält.
LC_NUMERIC	für das Dezimal-Trennzeichen; `localeconv()`
LC_TIME	betrifft Zeit und Datums-Formatierungen durch `strftime()`

Als `locale` wird der ISO-Landescode angegeben, auf dessen Parameter die Ausgaben gesetzt werden sollen.

Ist `locale` als Leer-String definiert, also "", werden die Werte an Hand der entsprechenden Umgebungs-Variablen gleichen Namens oder von "LANG" bestimmt.

Ist `locale` NULL oder 0, werden keine Einstellungen verändert, sondern als Ergebnis zurückgegeben.

`setlocale()` gibt die neue Einstellung oder FALSE (wenn die `locale`-Funktionalität auf der System-Plattform nicht unterstützt wird, oder der Kategorie-Wert ungültig ist) zurück. Ein ungültiger Kategorie-Name erzeugt auch noch eine Warnmeldung.

Interessant an den lokalisierten Einstellungen ist die Auswirkung auf die interne Verarbeitung von Zahlen. Normalerweise gilt ja für alle numerischen Werte die Schreibweise mit Dezimalpunkt. Daran ändern im Prinzip auch die lokalen Einstellungen mit `setlocale()` nichts. Wenn man dagegen Zahlen als Zeichenkette angibt und dann mit dieser einfache mathematische Operationen durchführt, rechnet PHP auch mit Dezimalkommas. Das nachfolgende Skript zeigt kurz auf, wie das aussehen könnte.

```
<?
setlocale("LC_ALL", "de_DE");
$net = "1234,56" ;
$gross = "1,16" * $net;
printf("Netto: %04.2f, Brutto: &04.2f", $net, $gross);
?>
```

Die Funktion basiert auf der internen Umwandlung zwischen Datentypen, die PHP automatisch vornimmt. Da der Operator * auf Zeichenketten keine Anwendung finden kann, wird der passende Datentyp, in unserem Fall `double`, ermittelt und dann die Multiplikation ausgeführt.

Bevor Sie allerdings über den intensiveren Gebrauch von `setlocale()` nachdenken, sollten Sie sich vielleicht noch ein wenig mit der Funktion `number_format()` beschäftigen, deren Ausgabe-Formatieren weniger Risiken beinhaltet und weitgehend versions- und plattformunabhängig ist.

Die nachfolgende Auflistung der Gebietsschemen garantiert die Unterstützung durch PHP:

- A -

Afrikaans	af	Arabisch – Libanon	ar-lb
Albanisch	Sq	Arabisch – Libyen	ar-ly
Arabisch – Ägypten	ar-eg	Arabisch – Marokko	ar-ma
Arabisch – Algerien	ar-dz	Arabisch – Oman	ar-om
Arabisch – Bahrain	ar-bh	Arabisch – Qatar	ar-qa
Arabisch – Irak	ar-iq	Arabisch – Saudi-Arabien	ar-sa
Arabisch – Jemen	ar-ye	Arabisch – Syrien	ar-sy
Arabisch – Jordanien	ar-jo	Arabisch – Tunesien	ar-tn
Arabisch – Kuwait	ar-kw	Arabisch – V.A.E.	ar-ae

- B -

Baskisch	eu	Bulgarisch	bg

- C -

Chinesisch	zh	Chinesisch – Taiwan	zh-tw
Chinesisch – Hongkong	zh-hk	Chinesisch – VRC	zh-cn
Chinesisch – Singapur	zh-sg		

- D -

Dänisch	da	Deutsch – Österreich	de-at
Deutsch – Liechtenstein	de-li	Deutsch – Schweiz	de-ch
Deutsch – Luxemburg	de-lu	Deutsch - Standard	de

- E -

Englisch	en	Englisch – Kanada	en-ca
Englisch – Australien	en-au	Englisch – Neuseeland	en-nz
Englisch – Belize	en-bz	Englisch – Südafrika	en-sa
Englisch – Großbritannien	en-gb	Englisch – Trinidad	en-tt
Englisch – Irland	en-ie	Englisch – USA	en-us
Englisch – Jamaika	en-jm	Estnisch	et

- F -

Farsi	fa	Französisch – Luxemburg	fr-lu
Finnisch	fi	Französisch – Schweiz	fr-ch
Französisch – Belgien	fr-be	Französisch – Standard	fr
Französisch – Kanada	fr-ca		

- G -

Gälisch – Schottland	gd	Griechisch	el

- H -

Hebräisch	he	Hindi	hi

- I -

Indonesisch	in	Italienisch – Schweiz	it-ch
Isländisch	is	Italienisch – Standard	it

- J -

Japanisch	ja	Jiddisch	ji

- K -

Katalanisch	ca	Kroatisch	hr
Koreanisch	ko		

- L -

Lettisch	lv	Litauisch	lt

- M -

Malaiisch – Malaysia	ms	Mazedonisch	mk
Maltesisch	mt		

- N -

Niederländisch	nl	Norwegisch – Bokmal	no
Niederländisch – Belgien	nl-ne		

- P -

Polnisch	pl	Portugiesisch – Standard	pt
Portugiesisch – Brasilien	pt-br		

- R -

Rätoromanisch	rm	Russisch	ru
Rumänisch	ro	Russisch – Moldawien	ru-mo
Rumänisch – Moldawien	ro-mo		

- S -

Schwedisch	sv	Spanisch – Guatemala	es-gt
Schwedisch – Finnland	sv-fi	Spanisch – Honduras	es-hn

- S -

Serbisch – Kyrillisch	sr	Spanisch – Kolumbien	es-co
Setschuan	tn	Spanisch – Mexiko	es-mx
Slowakisch	sk	Spanisch – Nicaragua	es-ni
Slowenisch	sl	Spanisch – Panama	es-pa
Sorbisch	sb	Spanisch – Paraguay	es-py
Spanisch – Argentinien	es-ar	Spanisch – Peru	es-pe
Spanisch – Bolivien	es-bo	Spanisch – Puerto Rico	es-pr
Spanisch – Chile	es-cl	Spanisch – Standard	es
Spanisch – Costa Rica	es-cr	Spanisch – Uruguay	es-uy
Spanisch – Dominikanische Republik	es-do	Spanisch – Venezuela	es-ve
Spanisch – Ecuador	es-ec	Sutu	sx
Spanisch – El Salvador	es-sv		

- T -

Thai	th	Tsonga	ts
Tschechisch	cs	Türkisch	tr

- U -

Ukrainisch	uk	Urdu – Pakistan	ur
Ungarisch	hu		

- V – W – X – Z -

Vietnamesisch	vi	Weißrussisch	be
Xhosa	xh	Zulu	zu

strftime

```
string strftime (string format [, int timestamp])
```

Diese Funktion liefert uns einen String zurück, der den angegebenen Formatierungsmerkmalen entspricht.

Dabei wird der gegebene Timestamp oder, falls dieser nicht angegeben ist, die momentane lokale Zeit verwendet.

Monats- und Wochentagsnamen werden entsprechend des per `setlocale()` eingestellten Wertes gesetzt.

Nachfolgend listen wir kurz die im Formatierungsstring bekannten und gültigen Parameter auf:

`%a`	abgekürzter Name des Wochentages, abhängig von der gesetzten Umgebung
`%A`	ausgeschriebener Name des Wochentages, abhängig von der gesetzten Umgebung
`%b`	abgekürzter Name des Monats, abhängig von der gesetzten Umgebung
`%B`	ausgeschriebener Name des Monats, abhängig von der gesetzten Umgebung
`%c`	Wiedergabewerte für Datum und Zeit, abhängig von der gesetzten Umgebung
`%C`	Jahrhundert (Jahr geteilt durch 100, gekürzt auf Integer, Wertebereich 00 bis 99)
`%d`	Tag des Monats als Zahl (Bereich 00 bis 31)
`%D`	so wie `%m/%d/%y`
`%e`	Tag des Monats als Dezimal-Wert, einstelligen Werten wird ein Leerzeichen vorangestellt (Wertebereich 0 bis 31)

%h	so wie %b
%H	Stunde als Zahl im 24-Stunden-Format (Bereich »00« bis »23«)
%I	Stunde als Zahl im 12-Stunden-Format (Bereich »01« bis »12«)
%j	Tag des Jahres als Zahl (Bereich »001« bis »366«)
%m	Monat als Zahl (Bereich »01« bis »12«)
%M	Minute als Dezimal-Wert
%n	neue Zeile
%p	entweder »am« oder »pm« (abhängig von der gesetzten Umgebung) oder die entsprechenden Zeichenketten der gesetzten Umgebung
%r	Zeit in »am«- oder »pm«-Formatierung
%R	Zeit in der 24-Stunden-Formatierung
%S	Sekunden als Dezimal-Wert
%t	Tabulator
%T	aktuelle Zeit, genau wie %H%M%S
%u	Tag der Woche als Dezimal-Wert [1,7], dabei ist 1 der Montag
%U	Nummer der Woche des aktuellen Jahres als Dezimal-Wert, beginnend mit dem ersten Sonntag als erstem Tag der ersten Woche
%V	Kalenderwoche (nach ISO 8601:1988) des aktuellen Jahres. Als Dezimal-Zahl mit dem Wertebereich 01 bis 53, wobei die Woche 01 die erste Woche mit mindestens vier Tagen im aktuellen Jahr ist. Die Woche beginnt montags (nicht sonntags)
%w	Wochentag als Dezimal-Wert, Sonntag ist 0
%W	Nummer der Woche des aktuellen Jahres, beginnend mit dem ersten Montag als erstem Tag der ersten Woche
%x	bevorzugte Datumswiedergabe (ohne Zeit), abhängig von der gesetzten Umgebung

%X	bevorzugte Zeitwiedergabe (ohne Datum), abhängig von der gesetzten Umgebung
%y	Jahr als 2-stellige Zahl (Bereich »00« bis »99«)
%Y	Jahr als 4-stellige Zahl
%Z	Zeitzone
%%	ein %-Zeichen

Das Gute und Interessante an dieser Funktion ist, dass sich die Ausgaben mit Hilfe der Funktion setlocale() an die sprachlichen Besonderheiten eines bestimmten Gebiets anpassen lassen.

```
print(strftime("%A heißt auf Deutsch "));
   setlocale ("LC_TIME", "de_DE");
   print(strftime("%A.<BR>"));
```

strtotime

```
int strtotime (string time [, int now])
```

Diese Funktion erwartet einen String mit einem Datum im englischen Format und versucht, diesen in einen UNIX-Timestamp umzuwandeln.

```
echo strtotime ("now") . "\n";
echo strtotime ("10 September 2000") . "\n";
echo strtotime ("+1 day") . "\n";
echo strtotime ("+1 week") . "\n";
echo strtotime ("+1 week 2 days 4 hours 2 seconds") . "\n";
```

time

```
int time ()
```

Gibt die seit Beginn der UNIX-Epoche (Januar 1 1970 00:00:00 GMT) bis jetzt vergangenen Sekunden zurück.

10 Dateisystem

Die PHP-Umgebung bietet dem Programmierer eine Vielzahl von Möglichkeiten und Lösungsansätzen für ein Projekt. Aber oft ist es eine Frage der Kosten-Nutzen-Rechnung, für welchen Lösungsweg man sich entscheidet.

In diesem Kapitel lernen wir den Zugriff auf das Dateisystem über PHP kennen. Das Dateisystem lebt in der Entscheidungsphase eines Projekts in einer Koexistenz mit den Datenbanken. Sowohl das Dateisystem als auch die Datenbanken haben Vor- und Nachteile, die dem jeweils anderen System den Vorzug oder das Nachsehen geben.

In der wirtschaftlichen Realität entscheidet oft die Geschwindigkeit der Anbindung, Datenverwertung und -zugriff und der Kostenfaktor, zu welchem Mittel wir greifen. Im Kapitel 11 betrachten wir die verschiedenen Datenbanken, die von PHP unterstützt werden. Erst dann kann sich jeder von uns entscheiden, mit welchem Hilfsmittel er lieber arbeitet oder welches am effizientesten für ein Projekt ist. Doch nun wollen wir uns mit dem Dateisystem näher beschäftigen.

Die vorhanden *Datei-Funktionen* und *Verzeichnis-Funktionen* gestatten uns das komfortable Hantieren mit Dateien und deren Inhalten. Auch wenn der Zugriff auf das Dateisystem des Servers mit Sicherheitsrisiken verbunden ist. Dafür brauchen wir genaue Kenntnisse über Funktionen und Sicherheitsmaßnahmen, die wir uns im Laufe dieses Kapitels aneignen werden.

Der prinzipielle Ablauf im Arbeiten mit Dateien ist immer gleich. Wir öffnen eine Datei, lesen oder schreiben Daten und schließen die Datei wieder. So einfach das Schema klingt, so zahlreich sind die Anwendungsmöglichkeiten.

Beim Lesen der Daten stehen wir vor der Wahl, die Daten einer Variablen zuzuweisen oder einen Dateizeiger zu verwenden. Zu empfehlen ist der Dateizeiger, der eine bestimmte Position innerhalb der Datei markiert und die Ausgabe und Verwendung der Daten steuert.

Um die Arbeit mit Dateien zu erleichtern, werden so genannte Handles erzeugt. Diese sind Verweise auf Dateien und werden von den Datei-Funktionen zur Zugriffssteuerung verwendet. Es ist nicht schwer zu verstehen, warum es Handles gibt. Natürlich wird es unübersichtlich und langwierig, wenn immer der gesamte Pfad der Datei angegeben werden muss.

Es können übrigens auch HTTP- und FTP-Adressen als Dateinamen verwendet werden. In diesem Fall wird dann eine Verbindung zu einem FTP- oder Webserver hergestellt. Details (z.B.: FTP-Verbindung `read & write`, HTTP `read only`) werden in Kapitel 17 näher beschrieben.

10.1 Datei-Funktionen

basename

```
string basename (string path [, string suffix])
```

Diese Funktion extrahiert aus einer vollständigen Pfadangabe den Namen der Datei und gibt diesen zurück. Endet der Dateiname mit `suffix`, wird dieses Ende ebenfalls abgeschnitten (der Parameter `suffix` wurde in PHP 4.0.7 eingeführt).

Unter Windows wird sowohl der Slash (/) als auch der Backslash (\) als Trennzeichen bei Pfadangaben benutzt; unter anderen Betriebssystemen hingegen nur der Slash (/)

```
$path = "/home/httpd/html/testcode/test.php3";
```

Aus diesem Pfad (`$path`) wird nun der Dateiname extrahiert.

```
$file = basename($path);
```

`$file` enthält nun den Wert "`test.php3`".

```
$file = basename ($path,".php3");
```

Nach diesem Funktionsaufruf enthält `$file` den Wert "`test`".

chgrp

```
int chgrp (string filename, mixed group)
```

Wechselt die Gruppenzugehörigkeit einer Datei.

Um diese Funktion ausführen zu können, müssen Sie sich im Administrator-Status befinden. Andere User können lediglich die Gruppenzugehörigkeit einer Datei in jede Gruppe ändern, der sie angehören.

Die Funktion gibt bei Erfolg TRUE zurück, andernfalls FALSE.

Unter Windows-Systemen bleibt diese Funktion allerdings ohne Effekt.

chmod

```
int chmod (string filename, int mode)
```

Diese Funktion ändert die Zugriffsrechte der Datei, beschrieben in `filename`, in die Zugriffsrechte um, die in `mode` definiert sind.

Die Funktion gibt bei Erfolg TRUE zurück, andernfalls FALSE.

Bedenken Sie, dass `mode` nicht automatisch für einen Oktalwert gehalten wird. Um sicherzugehen, dass die Operation wie erwartet verläuft, sollten Sie `mode` mit dem Prefix NULL (0) versehen:

```
chmod ("/testdir/testfile", 755);
```

dezimal; möglicherweise falsch

```
chmod ("/testdir/testfile", "v+dok,ps+ql");
```

String; falsch

```
chmod ("/testdir/testfile", 0755);
```

oktal; richtiger Wert von `mode`.

chown

```
int chown (string filename, mixed user)
```

Ändert den Eigentümer der Datei `filename` in Benutzer `user`. Nur der Administrator kann den Eigentümer einer Datei ändern.

Gibt bei Erfolg TRUE zurück, andernfalls FALSE.

Unter Windows bleibt diese Funktion allerdings ohne Effekt.

clearstatcache

```
void clearstatcache ()
```

`clearstatcache()` löscht den Zwischenspeicher mit den Dateistatuswerten.

Wenn Sie einen neuen Status-Check erzwingen wollen, z.B. wenn die Datei in der Zwischenzeit oftmals aufgerufen wurde, verändert oder verschwunden ist, verwenden Sie diese Funktion dazu, um das Ergebnis des letzten Aufrufes aus dem Speicher zu leeren.

Dieser Wert wird nur für die Zeit eines einzelnen Requests zwischengespeichert.

copy

```
int copy (string source, string dest)
```

Diese Funktion kopiert eine Datei und gibt TRUE zurück, wenn der Kopiervorgang erfolgreich war, andernfalls FALSE.

dirname

```
string dirname (string path)
```

Bei einer vollständigen Pfadangabe gibt diese Funktion den Verzeichnispfad zurück.

Unter Windows wird sowohl der Slash (/) als auch der Backslash (\) als Trennzeichen bei Pfadangaben benutzt; unter anderen Betriebssystemen hingegen nur der Slash (/).

fclose

```
int fclose (int fp)
```

Die Datei, auf die der Dateizeiger `fp` zeigt, wird geschlossen.

Gibt bei erfolgreichem Schließen der Datei TRUE, andernfalls FALSE zurück. Es ist zu beachten, dass der Datei-Zeiger gültig sein muss, d.h., die Datei, auf die gezeigt wird, muss zuvor mit `fopen()` oder `fsockopen()` geöffnet worden sein.

feof

```
int feof (int fp)
```

Diese Funktion prüft, ob der Dateizeiger am Ende der Datei steht (TRUE) oder ein Fehler aufgetreten ist (FALSE).

Es ist zu beachten, dass der Dateizeiger gültig sein muss, d.h., die Datei, auf die gezeigt wird, muss zuvor mit `fopen()` oder `fsockopen()` geöffnet worden sein.

fflush

```
int fflush (int fp)
```

Diese Funktion erzwingt das Schreiben des gesamten Ausgabepuffers in eine Datei, die von dem Dateizeiger `fp` angegeben wird. Die Funktion gibt bei Erfolg TRUE, andernfalls FALSE zurück.

Es ist zu beachten, dass der Dateizeiger gültig sein muss, d.h., die Datei, auf die gezeigt wird, muss zuvor mit `fopen()`, `popen()` oder `fsockopen()` erfolgreich geöffnet worden sein.

fgetc

```
string fgetc (int fp)
```

Diese Funktion gibt einen String zurück, der ein einzelnes Zeichen von der aktuellen Position des Dateizeigers `fp` enthält. Es wird wie bei der Funktion `feof()` FALSE zurückgegeben, wenn der Dateizeiger am Ende der Datei steht.

Es ist zu beachten, dass der Dateizeiger gültig sein muss, d.h., die Datei, auf die gezeigt wird, muss zuvor mit `fopen()`, `popen()` oder `fsockopen()` erfolgreich geöffnet worden sein.

fgetcsv

```
array fgetcsv (int fp, int length [, string delimiter])
```

Diese Funktion ähnelt in ihrer Funktionsweise der Funktion `fgets()`, bis auf den Umstand, dass die eingelesene Zeile auf Komma-separierte Felder hin überprüft wird. Das Ergebnis wird dann als Array zurückgegeben.

Ist kein anderes Trennzeichen (delimiter) im dritten Parameter angegeben, wird das Komma benutzt.

Es ist zu beachten, dass der Dateizeiger gültig sein muss, d.h. die Datei, auf die gezeigt wird, muss zuvor mit fopen(), popen() oder fsockopen() erfolgreich geöffnet worden sein.

Um das Erkennen von EndOfLine-Zeichen zu ermöglichen, muss length größer sein als die längste in der CSV-Datei vorhandene Zeile.

Die Funktion gibt FALSE am Dateiende und bei Lesefehlern zurück.

Eine leere Zeile der CSV-Datei wird als Array mit einem Feld, das den Wert NULL hält, zurückgegeben. Sie wird aber nicht als Fehler behandelt.

fgetss

```
string fgetss (int fp, int length [, string
   allowable_tags])
```

Diese Funktion ist identisch mit der Funktion fgets(), außer das fgetss() versucht, vorhandene HTML und PHP-Tags aus dem gelesenen Text zu entfernen.

Optional können mit dem dritten Parameter allowable_tags Tags definiert werden, die nicht entfernt werden sollen.

file

```
array file (string filename [, int use_include_path])
```

Die Funktion file() ist identisch mit der Funktion readfile(), bis auf den Umstand, dass die eingelesene Datei als Array zurückgegeben wird. Jedes Feld des Arrays korrespondiert mit einer Zeile der Datei. Der Zeilenumbruch bleibt erhalten.

Optional kann der zweite Parameter benutzt und auf 1 gesetzt werden, wenn in dem include_path ebenfalls nach der Datei gesucht werden soll.

Mit der Anweisung include_path string können Sie ein Verzeichnis angeben, in dem die Funktionen require(), include() und fopen_with_path nach Dateien suchen. Das Format ist ähnlich der PATH-Umgebungsvariablen des jeweiligen Systems; eine Liste von Verzeichnissen, bei UNIX getrennt durch einen Doppelpunkt oder bei WINDOWS durch ein Semikolon.

UNIX: include_path=.:/home/httpd/php-lib

WINDOWS: include_path=".;c:\www\phplib"

Der Standardwert für diese Anweisung ist ».« (nur das aktuelle Verzeichnis).

fileatime

```
int filatime (string fileaname)
```

Diese Funktion gibt das Datum und die Uhrzeit des letzten Zugriffs auf eine Datei zurück. Ist ein Fehler aufgetreten, wird FALSE zurückgegeben. Das Datum ist als UNIX-Timestamp formatiert. Diese Funktion ist nicht für remote Dateien, da die Datei über das Dateisystem des Servers verfügbar sein muss.

file_exists

```
int file_exists (string filename)
```

Diese Funktion gibt TRUE zurück, wenn die mit filename definierte Datei existiert, andernfalls FALSE.

file_exists() funktioniert aber nur mit lokalen Dateien. Die Datei, deren Existenz überprüft werden soll, muss also über das Dateisystem des Servers erreichbar sein.

Das Ergebnis dieses Funktionsaufrufes wird zwischengespeichert. Siehe `clearstatcache()` für weitere Einzelheiten.

filectime

```
int filectime (string filename)
```

Gibt Zeit der letzten Änderung des Dateizeigers Inode zurück, oder FALSE, wenn ein Fehler auftrat. Die Zeit wird als UNIX-Timestamp zurückgegeben.

Das Ergebnis dieses Funktionsaufrufes wird zwischengespeichert. Siehe `clearstatcache()` für weitere Einzelheiten.

Eine Datei gilt bei den meisten Unix-Dateisystemen als geändert, sobald ihre Inode-Daten geändert wurden; das heißt, wenn die Rechte, Eigentümer, Gruppen oder andere Metadaten des Inode aktualisiert wurden. Siehe auch `filemtime()` und `fileatime()`.

Es sollte unbedingt beachtet werden, dass in einigen Unix-Texten `ctime` als die Zeit der Erstellung der Datei beschrieben wird. Das ist falsch. Bei den meisten Unix-Dateisystemen gibt es keine Zeitangabe für die Erstellung von Unix-Dateien.

Diese Funktion ist nicht für remote Dateien geeignet, die zu prüfende Datei muss über das Dateisystem des Servers verfügbar sein.

filegroup

```
int filegroup (string filename)
```

Diese Funktion gibt die Gruppen-ID des Besitzers einer Datei zurück oder FALSE, wenn ein Fehler auftrat.

Die Gruppen-ID wird im numerischen Format zurückgegeben. Mit der Funktion `posix_getgrgid()` können Sie diese zu ihrem Gruppennamen auflösen.

Das Ergebnis dieses Funktionsaufrufes wird zwischengespeichert. Siehe `clearstatcache()` für weitere Einzelheiten.

Unter Windows bleibt diese Funktion allerdings ohne Effekt.

Diese Funktion ist nicht für remote Dateien geeignet, die zu prüfende Datei muss über das Dateisystem des Servers verfügbar sein.

fileinode

```
int fileinode (string filename)
```

Diese Funktion gibt die Inode-Nummer einer Datei zurück oder FALSE, wenn ein Fehler auftrat.

Das Ergebnis dieses Funktionsaufrufes wird zwischengespeichert. Siehe `clearstatcache()` für weitere Einzelheiten.

Unter Windows bleibt diese Funktion allerdings ohne Effekt.

filemtime

```
int filemtime (string filename)
```

Diese Funktion gibt Datum und Uhrzeit zurück, wann die Datei das letzte Mal modifiziert wurde, oder FALSE, wenn ein Fehler auftrat. Das Datum wird als UNIX-Timestamp zurückgegeben.

Das Ergebnis dieses Funktionsaufrufes wird zwischengespeichert. Siehe `clearstatcache()` für weitere Einzelheiten.

Diese Funktion ist nicht für remote Dateien geeignet, die zu prüfende Datei muss über das Dateisystem des Servers verfügbar sein.

Diese Funktion gibt den Zeitpunkt zurück, an dem in die Datenblöcke einer Datei geschrieben wurde. Das heißt den Zeitpunkt, zu dem sich der Inhalt der Datei geändert hat. Verwenden Sie `date()`, um das Ergebnis dieser Funktion in ein ausgabefähiges Änderungsdatum umzuwandeln z.B. für Fußzeilen in Webseiten.

fileowner

```
int fileowner (string filename)
```

Diese Funktion gibt die Benutzer-ID des Eigentümers einer Datei zurück oder FALSE, wenn ein Fehler auftrat. Die Benutzer-ID wird in numerischem Format zurückgegeben und kann mit der Funktion `posix_getpwuid()` zum Benutzernamen aufgelöst werden.

Das Ergebnis dieses Funktionsaufrufes wird zwischengespeichert. Siehe `clearstatcache()` für weitere Einzelheiten.

Diese Funktion ist nicht für remote Dateien geeignet, die zu prüfende Datei muss über das Dateisystem des Servers verfügbar sein.

Unter Windows bleibt diese Funktion allerdings ohne Effekt.

fileperms

```
int fileperms (string filename)
```

Gibt die Zugriffsrechte einer Datei zurück oder FALSE, wenn ein Fehler auftrat.

Das Ergebnis dieses Funktionsaufrufes wird zwischengespeichert. Siehe `clearstatcache()` für weitere Einzelheiten.

Diese Funktion ist nicht für remote Dateien geeignet, die zu prüfende Datei muss über das Dateisystem des Servers verfügbar sein.

Anbei ein kleines Beispiel:

```
function display_perms ($mode)
{
if ( ($mode & 0xC000) == 0xC000)
     $type = "s";
elseif ( ($mode & 0x4000) == 0x4000)
```

```
     $type = "d";
elseif ( ($mode & 0xA000) == 0xA000)
     $type = "l";
elseif ( ($mode & 0x8000) == 0x8000)
     $type = "-";
elseif ( ($mode & 0x6000) == 0x6000)
     $type = "b";
elseif ( ($mode & 0x2000) == 0x2000)
     $type = "c";
elseif ( ($mode & 0x1000) == 0x1000)
     $type = "p";
else
     $type = "?";

$owner["read"] = ($mode & 00400) ? "r" : "-";
$owner["write"] = ($mode & 00200) ? "w" : "-";
$owner["execute"] = ($mode & 00100) ? "x" : "-";
$group["read"] = ($mode & 00400) ? "r" : "-";
$group["write"] = ($mode & 00200) ? "w" : "-";
$group["execute"] = ($mode & 00100) ? "x" : "-";
$world["read"] = ($mode & 00400) ? "r" : "-";
$world["write"] = ($mode & 00200) ? "w" : "-";
$world["execute"] = ($mode & 00100) ? "x" : "-";

if ($mode &0x800)
     $owner["execute"] = ($owner["execute"] == "x") ? "s" :
    "S";
if ($group &0x800)
     $group["execute"] = ($group["execute"] == "x") ? "s" :
    "S";
if ($mode &0x800)
     $world["execute"] = ($world["execute"] == "x") ? "t" :
```

```
    "T";

printf("%1s",$type);
printf("%1s%1s%1s", $owner["read"], $owner["write"],
    $owner["execute"];
printf("%1s%1s%1s", $group["read"], $group["write"],
    $group["execute"];
printf("%1s%1s%1s\n", $world["read"], $world["write"],
    $world["execute"];

}
```

filesize

`int filesize (string filename)`

Diese Funktion gibt die Größe einer Datei zurück oder FALSE, wenn ein Fehler auftrat.

Das Ergebnis dieses Funktionsaufrufes wird zwischengespeichert. Siehe `clearstatcache()` für weitere Einzelheiten.

Diese Funktion ist nicht für remote Dateien geeignet, die zu prüfende Datei muss über das Dateisystem des Servers verfügbar sein.

filetype

`string filetype (string filename)`

Diese Funktion gibt den Typ einer Datei zurück. Mögliche Werte sind:

- `fifo`
- `char`
- `dir`
- `block`
- `link`

- `file`
- `unknown`

Der Typ `link` funktioniert allerdings nur, wenn es sich um echte Datei-Links handelt, wie sie unter UNIX verwendet werden.

Die Funktion liefert FALSE zurück, wenn ein Fehler auftrat.

Das Ergebnis dieses Funktionsaufrufes wird zwischengespeichert. Siehe `clearstatcache()` für weitere Einzelheiten.

Diese Funktion ist nicht für remote Dateien geeignet, die zu prüfende Datei muss über das Dateisystem des Servers verfügbar sein.

flock

`bool flock (int fp, int operation [, int wouldblock])`

PHP liefert einen portablen Weg, Dateien für alle zugreifenden Programme in einer beratenden Art und Weise zu verriegeln, dass diese die gleiche Art und Weise der Verriegelung benutzen müssen.

`flock()` arbeitet mit `fp`, der ein existierender Dateizeiger sein muss. Der Parameter `operation` bestimmt die Art der Verriegelung und kann einen der folgenden Werte annehmen:

- LOCK_SH: um eine verteilte, nur lesende Verriegelung zu erhalten
- LOCK_EX: um eine exklusive, nur schreibende Verriegelung zu erhalten
- LOCK_UN: um eine Verriegelung freizugeben (lesend oder schreibend)
- LOCK_NB: wenn Sie Zugriffe während der Verriegelung durch `flock()` erlauben wollen

`flock()` erlaubt es dem Programmierer, ein einfaches Leser/Schreiber-Modell zu erstellen, welches auf fast jeder Plattform benutzt werden kann. Und das inkludiert die meisten UNICES- und Windows-Systeme.

Das optionale dritte Argument ist auf TRUE gesetzt, wenn die Verriegelung sperren sollte (`EWOULDBLOCK errno`-Bedingung).

Die Funktion gibt bei Erfolg TRUE zurück und FALSE, wenn ein Fehler auftrat, z.B. wenn eine Verriegelung nicht erstellt werden konnte.

> Aber Achtung! Bei den meisten Betriebssystemen ist `flock()` auf dem Prozesslevel implementiert. Wenn Sie also ein multithreaded Server-API wie ISAPI benutzen, können Sie sich nicht auf `flock()` verlassen, um Dateien vor anderen PHP-Scripts zu schützen, die in parallelen Threads der gleichen Server-Instanz laufen.

fopen

```
int fopen (string filename, string mode [, int
   use_include_path])
```

Diese Funktion öffnet eine Datei oder einen URL.

Wenn `filename` mit `"http://"` (nicht case-sensitive) beginnt, wird zu dem spezifizierten Server eine HTTP-1.0-Connection geöffnet und ein Dateizeiger auf den Anfang des Textes der Antwort zurückgegeben. Ein `"Host:"`-Header wird mit der Anfrage geschickt, um namensbasierte Virtual Hosts zu verarbeiten.

Da Weiterleitungen (HTTP Redirects) nicht unterstützt werden, muss die Datei daher vollständig und mit abschließendem »/« beschrieben werden.

Beginnt `filename` mit `"ftp://"` (nicht case-sensitive), wird eine FTP-Connection zu dem spezifizierten Server geöffnet und ein Zeiger auf die angeforderte Datei zurückgegeben. Wenn der Server keinen passiven FTP-Modus unterstützt, wird diese Methode fehlschlagen. Sie können Dateien entweder zum Schreiben oder zum Lesen öffnen, aber nicht für beides gleichzeitig.

Wenn `filename` `"php://stdin"`, `"php://stdout"`, oder `"php://stderr"` ist, wird der korrespondierende `stdio`-Stream geöffnet.

Wenn `filename` mit irgendetwas anderem beginnt, als bisher beschrieben, wird die Datei vom lokalen Dateisystem geöffnet und ein Dateizeiger auf die geöffnete Datei zurückgegeben.

Wenn das Öffnen scheitert, gibt die Funktion FALSE zurück.

Der Parameter `mode` kann einen der folgenden Werte einnehmen:

`r`	Öffnet die Datei nur zum Lesen und positioniert den Dateizeiger auf den Anfang der Datei.
`r+`	Öffnet die Datei zum Lesen und Schreiben und setzt den Dateizeiger auf den Anfang der Datei.
`w`	Öffnet die Datei nur zum Schreiben und setzt den Dateizeiger auf den Anfang der Datei sowie die Länge der Datei auf 0 Byte. Wenn die Datei nicht existiert, wird versucht, sie anzulegen.
`w+`	Öffnet die Datei zum Lesen und Schreiben und setzt den Dateizeiger auf den Anfang der Datei sowie die Länge der Datei auf 0 Byte. Wenn die Datei nicht existiert, wird versucht, sie anzulegen.
`a`	Öffnet die Datei nur zum Schreiben. Positioniert den Dateizeiger auf das Ende der Datei. Wenn die Datei nicht existiert, wird versucht, sie anzulegen.

a+	Öffnet die Datei zum Lesen und Schreiben. Positioniert den Dateizeiger auf das Ende der Datei. Wenn die Datei nicht existiert, wird versucht, sie anzulegen.
b	Erlaubt die Behandlung von Binär-Dateien. Dieser Parameter ist aber nur auf Systemen sinnvoll, die zwischen Binär- und Textdateien unterscheiden. Windows ist z.B. solch ein System, im Gegensatz zu UNIX. Wenn der Zusatz nicht verwendet werden kann, wird er einfach ignoriert.

Wenn Sie auch im `include_path` nach der Datei suchen möchten, können Sie optional einen dritten Parameter benutzen und diesen auf 1 setzen.

```
$fp = fopen ("/home/test/test.txt", "r");
$fp = fopen ("/home/test/test.gif", "wb");
$fp = fopen ("http://www.ascribo.com/", "r");
$fp = fopen ("ftp://user:password@beispiel.com ", "w");
```

Wenn Sie Probleme mit dem Lesen oder Schreiben von Dateien haben und PHP als Servermodul benutzen, stellen Sie zunächst sicher, dass die Dateien und Verzeichnisse, die Sie benutzen wollen, auch für den Server-Prozess zugänglich sind, d.h. die Rechte richtig vergeben sind.

Bei Windows-Systemen achten Sie darauf, dass Sie als Verzeichnis-Trenner normale Schrägstriche »/« benutzen, um plattformunabhängig programmieren zu können. Sollten Sie dennoch Backslashes verwenden, vergessen Sie nicht, diese zu escapen »\\«.

```
$fp = fopen ("c:\\data\\test.txt", "r");
```

fpassthru

```
int fpassthru (int fp)
```

Die Funktion liest alle Daten vom Dateizeiger bis EOF aus und gibt die Daten auf der Standardausgabe (Browser) aus.

Wenn ein Fehler auftritt, wird FALSE zurückgegeben.

Der Dateizeiger muss gültig sein und auf eine, erfolgreich durch `fopen()`, `popen()` oder `fsockopen()` geöffnete Datei zeigen. Die Datei wird geschlossen, wenn `fpassthru()` die Datei komplett gelesen hat.

Wenn Sie den Inhalt einer Datei nur auf der Standardausgabe ausgeben wollen, sollten Sie besser `readfile()` benutzen. Das hat den Vorteil, dass Sie die Datei nicht vorher mittels `fopen()` geöffnet haben müssen.

fputs

```
int fputs (int fp, string str [, int length])
```

Die Funktion `fputs()` ist ein Alias für die Funktion `fwrite()` und ist in jeder Hinsicht identisch mit ihr. Beachten Sie, dass der Parameter `length` optional ist. Wird er nicht benutzt, wird die gesamte Zeichenkette geschrieben.

fread

```
string fread (int fp, int length)
```

Die Funktion `fread()` liest `length` Bytes vom Dateizeiger, maximal jedoch bis zum Dateiende.

```
$filenyme = "/usr/local/test.txt";
$fd = fopen ($filename, "r");
$content = fread ($fd, filesize($filename));
fclose ($fd);
```

Aber Achtung! Auf Systemen, die zwischen Binär- und Textdateien unterscheiden, wie z.B. Windows, muss die Datei mit "b" im fopen() Mode-Parameter geöffnet werden.

```
$filename = "c:\\files\\pic.gif";
$fd = fopen ($filename, "rb");
$content = fread ($fd, filesize($filename));
fclose ($fd);
```

fscanf

`mixed fscanf (int handle, string format [, string var1...])`

Die Funktion `fscanf()` ist `sscanf()` ähnlich, wobei sie ihren Input aus der mit `handle` angegebenen Datei nimmt, und entsprechend dem angegebenen `format` interpretiert.

Sind nur zwei Parameter angegeben, werden die analysierten Werte als Array zurückgegeben. Werden auch optionale Parameter übergeben, gibt die Funktion die Anzahl der ermittelten Werte zurück. Die optionalen Parameter müssen referenziert übergeben werden.

fseek

`int fseek (int fp, int offset [, int whence])`

Diese Funktion setzt den Dateizeiger einer Datei, angegeben mit `fp` auf eine neue Position. Diese neue Position, angegeben in Bytes vom Begin der Datei an, wird definiert durch Hinzufügen von `offset` zu der Position spezifiziert durch `whence`, deren Werte wie folgt definiert sind:

SEEK_SET	Setzt die Position gleich `offset bytes`
SEEK_CUR	Setzt die Position an die aktuelle Stelle plus `offset`
SEEK_END	Setzt die Position ans Ende der Datei plus `offset`

Wenn whence nicht angegeben wurde, wird als Standard SEEK_SET als Parameter angenommen.

Bei Erfolg wird 0 zurückgegeben, andernfalls -1. Achten Sie bitte darauf, dass die Überschreitung des Dateiendes (EOF) nicht als Fehler bewertet wird.

Diese Funktion sollte nicht auf Dateizeiger angewandt werden, die durch die Verwendung von "http://" oder "ftp://" bei der Funktion fopen() erhalten wurden.

fstat

```
array fstat (int fp)
```

Diese Funktion trägt die Statistiken der durch den Dateizeiger fp geöffneten Datei zusammen. Diese Funktion ist ähnlich der Funktion stat(), außer dass sie mit einem offenen Dateizeiger anstatt eines Dateinamens arbeitet.

Die Statistiken der Datei werden in Form eines Arrays mit den folgenden Elementen zurückgeliefert:

device	Gibt die Nummer des Massenspeichergeräts an. Unter Windows gibt es eine feste Zuordnung zu den Laufwerksbuchstaben: A = 0; B = 1; C = 2; ...usw.
inode	Nummer des Inode
number of links	Anzahl der mit der Datei bestehenden Verknüpfungen
number of links	User-ID des Eigentümers
group id of owner	Gruppen-ID des Eigentümers
device type of inode	Gerätetyp des Inode

size in byte	Größe der Datei in Bytes
time of last access	Zeit des letzten Zugriffs auf die Datei
time of last modification	Zeit der letzten Modifikation der Datei
time of last change	Zeit der letzten Änderung der Datei
blocksize I/O	Blockgröße für Dateisystem-I/O
numbers of blocks	Anzahl der von der Datei in Anspruch genommenen Blöcke

Die Parameter `blocksize I/O` und `device type of inode` werden nur unter Systemen, die den `st_blksize`-Typ unterstützen, verwendet, andere Systeme (z.B. Windows) geben -1 zurück.

Das Ergebnis dieses Funktionsaufrufes wird zwischengespeichert. Siehe `clearstatcache()` für weitere Einzelheiten.

ftell

```
int ftell (int fp)
```

Diese Funktion gibt die aktuelle Position des Dateizeigers `fp` zurück, z.B. seinen Offset im Dateistream.

Wenn ein Fehler auftritt, wird FALSE zurückgegeben.

Der Dateizeiger muss gültig sein und auf eine erfolgreich durch `fopen()` oder `popen()` geöffnete Datei zeigen.

ftruncate

```
int ftruncate (int fp, int size)
```

Nimmt den Dateizeiger `fp` und verkürzt die Datei auf die Länge `size`. Diese Funktion gibt bei Erfolg TRUE, ansonsten FALSE zurück.

fwrite

```
int fwrite (int fp, string string [, int length])
```

Die Funktion `fwrite()` schreibt den Inhalt einer Zeichenkette `string` in die Datei, auf die der `fp`-Dateizeiger zeigt.

Wenn der `length`-Parameter gegeben ist, wird das Schreiben nach `length` Bytes beendet oder wenn das Dateiende (EOF) erreicht ist, je nachdem, welcher Parameter eher eintritt.

> Bedenken Sie aber, wenn der `length`-Parameter gesetzt ist, wird die `magic_quotes_runtime`-Konfigurations-Option ignoriert und somit werden keine Slashes mehr von der Zeichenkette `string` entfernt.
>
> Aber Achtung! Auf Systemen, die zwischen Binär- und Textdateien unterscheiden, wie z.B. Windows, muss die Datei mit `b` im `fopen()` Mode-Parameter geöffnet werden.

is_executable

```
bool is_executable (string filename)
```

Diese Funktion prüft, ob eine Datei ausführbar ist.

Sie gibt TRUE zurück, wenn die Datei existiert und ausführbar ist.

Das Ergebnis dieses Funktionsaufrufes wird zwischengespeichert. Siehe auch `clearstatcache()` für weitere Einzelheiten.

Diese Funktion ist nicht für remote Dateien geeignet, die zu prüfende Datei muss über das Dateisystem des Servers verfügbar sein.

```
bool is_file (string filename)
```

Diese Funktion prüft, ob es sich bei `filename` um eine reguläre Datei handelt.

Sie gibt TRUE zurück, wenn die Datei existiert und eine reguläre Datei ist.

Das Ergebnis dieses Funktionsaufrufes wird zwischengespeichert. Siehe auch `clearstatcache()` für weitere Einzelheiten.

is_link

```
bool is_link (string filename)
```

Diese Funktion prüft, ob der Dateiname ein symbolischer Link ist.

Sie gibt TRUE zurück, wenn der Dateiname existiert und es sich um einen symbolischen Link handelt.

Das Ergebnis dieses Funktionsaufrufes wird zwischengespeichert. Siehe auch `clearstatcache()` für weitere Einzelheiten.

Diese Funktion ist nicht für remote Dateien geeignet, die zu prüfende Datei muss über das Dateisystem des Servers verfügbar sein.

> Unter Windows bleibt diese Funktion allerdings ohne Effekt.

is_readable

```
bool is_readable (string filename)
```

Diese Funktion prüft, ob eine Datei lesbar ist.

Sie gibt TRUE zurück, wenn die Datei existiert und sie lesbar ist.

Bedenken Sie, dass PHP mit der BenutzerID auf die Datei zugreift, unter der der Webserver läuft. Beschränkungen durch `safe_mode` werden nicht berücksichtigt.

Das Ergebnis dieses Funktionsaufrufes wird zwischengespeichert. Siehe auch `clearstatcache()` für weitere Einzelheiten.

Diese Funktion ist nicht für remote Dateien geeignet, die zu prüfende Datei muss über das Dateisystem des Servers verfügbar sein.

is_uploaded_file

`bool is_uploaded_file (string filename)`

Diese Funktion prüft, ob die Datei mittels `http POST` upgeloadet wurde.

Sie gibt TRUE zurück, falls dies so war. Das ist hilfreich, um sicherzustellen, dass kein User versucht hat, das Skript zu überlisten, indem er es Dateien bearbeiten lässt, die es gar nicht bearbeiten sollte. Zum Beispiel `/etc/passwd`.

is_writable

`bool is_writable (string filename)`

Diese Funktion prüft, ob eine Datei beschreibbar ist.

Sie gibt TRUE zurück, wenn die Datei existiert und nicht schreibgeschützt ist. Das Dateinamen-Argument `filename` kann auch ein Verzeichnisname sein. So können Sie überprüfen, ob in ein Verzeichnis geschrieben werden kann.

Bedenken Sie, dass PHP mit der Benutzer-ID auf die Datei zugreift, unter der der Webserver läuft. Beschränkungen durch `safe_mode` werden nicht berücksichtigt.

Das Ergebnis dieses Funktionsaufrufes wird zwischengespeichert. Siehe auch `clearstatcache()` für weitere Einzelheiten.

Diese Funktion ist nicht für remote Dateien geeignet, die zu prüfende Datei muss über das Dateisystem des Servers verfügbar sein.

`bool is_writeable (string filename)` ist ein Alias für `is_writable()`.

link

```
int link (string target, string link)
```

Diese Funktion erzeugt einen absoluten Link mit dem Ziel `target`.

linkinfo

```
int linkinfo (string path)
```

Die Funktion `linkinfo()` liefert Informationen über einen Link. Sie gibt das `st_dev`-Feld des UNIX C `stat structure` resultierend aus dem `lstat`-System-Call zurück.

Diese Funktion wird benutzt, um zu verifizieren, ob ein Link wirklich existiert. Sie gibt 0 oder FALSE zurück, wenn ein Fehler auftrat.

Unter Windows bleibt diese Funktion allerdings ohne Effekt.

lstat

```
array lstat (string filename)
```

Ermittelt statistische Informationen über eine Datei oder symbolischen Link, spezifiziert in `filename`. Diese Funktion ist identisch mit der Funktion `stat()`, außer dass, wenn der Parameter `filename` ein symbolischer Link ist, dessen Status zurückgegeben wird und nicht der Status der Datei, auf die der symbolische Link zeigt.

Gibt ein Array mit statistischen Informationen über die Datei als Array-Element zurück:

device	Gibt die Nummer des Massenspeichergeräts an. Unter Windows gibt es eine feste Zuordnung zu den Laufwerksbuchstaben: A = 0; B = 1; C = 2; ...usw.
inode	Nummer des Inode
number of links	Anzahl der mit der Datei bestehenden Verknüpfungen
user id of owner	User-ID des Eigentümers
group id of owner	Gruppen-ID des Eigentümers
device type of inode	Gerätetyp des Inode
size in byte	Größe der Datei in Byte
time of last access	Zeit des letzten Zugriffs auf die Datei
time of last modification	Zeit der letzten Modifikation der Datei
time of last change	Zeit der letzten Änderung der Datei
blocksize I/O	Blockgröße für Dateisystem-I/O
numbers of blocks	Anzahl der von der Datei in Anspruch genommenen Blöcke

Die Parameter `blocksize I/O` und `device type of inode` werden nur unter Systemen, die den `st_blksize`-Typ unterstützen, verwendet, andere Systeme (z.B. Windows) geben -1 zurück.

Das Ergebnis dieses Funktionsaufrufes wird zwischengespeichert. Siehe `clearstatcache()` für weitere Einzelheiten.

move_uploaded_file

`bool move_uploaded_file (string filename, string destination)`

Diese Funktion verschiebt eine upgeloadete Datei an einen neuen Ort.

Diese Funktion prüft, ob die mit `filename` bezeichnete Datei eine gültige Upload-Datei ist (d.h., dass sie mittels PHP's HTTP-POST-Upload-Mechanismus upgeloaded wurde). Ist die Datei gültig, wird sie zum in `destination` bezeichneten Dateinamen verschoben. Wenn `filename` keine gültige Datei ist, wird keine Aktion ausgeführt und FALSE zurückgegeben.

Ist `filename` eine gültige Datei, die jedoch aus irgendeinem Grund nicht verschoben werden kann, wird keine Aktion ausgeführt und FALSE zurückgegeben. Zusätzlich gibt es auch eine Warnung.

pathinfo

```
array pathinfo (string path)
```

Diese Funktion gibt ein assoziatives Array mit Informationen über den Pfad `path` zurück.

Die folgenden Array-Elemente werden zurückgegeben:

dirname	Verzeichnisnamen
basename	Dateinamen
extension	Dateinamenerweiterung

```
<?php
$path = pathinfo("/www/htdocs/test.html");
echo $path["dirname"] . "\n";
echo $path["basename"] . "\n";
echo $path["extension"] . "\n";
?>
```

Die Ausgabe sieht dann wie folgt aus:

```
/www/htdocs
index.html
html
```

pclose

```
int pclose (int fp)
```

Diese Funktion schließt einen Prozess-Dateizeiger, der durch einen Aufruf von `popen()` geöffnet wurde.

Der Dateizeiger muss gültig sein und durch einen erfolgreichen Funktionsaufruf von `popen()` zurückgegeben worden sein.

Die Funktion gibt den End-Status eines laufenden Prozesses zurück.

popen

```
int popen (string command, string mode)
```

Diese Funktion öffnet eine Verbindung zu einem Prozess, der durch die Anweisung `command` ausgeführt wurde.

Gibt einen Dateizeiger zurück, der identisch ist mit dem, der bei der Funktion `fopen()` zurückgegeben wird, außer dass dieser nur entweder lesend oder schreibend funktioniert und mit der Funktion `pclose()` geschlossen werden muss.

Dieser Zeiger kann mit den Funktionen `fgets()`, `fgetss()` und `fputs()` benutzt werden.

Wenn ein Fehler auftritt, gibt diese Funktion FALSE zurück.

```
$fp = popen ("/bin/ös", "r");
```

readfile

```
int readfile (string filename [, int use_include_path])
```

Diese Funktion liest den Inhalt einer Datei und gibt diesen an der Standardausgabe (Browser) aus.

Es werden die Anzahl der Bytes einer Datei zurückgeliefert. Wenn ein Fehler auftritt, wird FALSE zurückgegeben und eine Fehlermeldung auf der Standardausgabe ausgegeben. Die Ausgabe einer Fehlermeldung kann durch Voranstellen eines »@« verhindert werden.

Wenn `filename` mit `"http://"` beginnt, wird eine HTTP-1.0-Connection zu dem spezifizierten Server geöffnet und der Text der Antwort auf die Standardausgabe geschrieben. Da Weiterleitungen (HTTP Redirects) nicht unterstützt werden, muss die Datei vollständig mit abschließendem »/« geschrieben werden.

Wenn `filename` mit `"ftp://"` beginnt, wird eine FTP-Connection zu dem spezifiziertem Server geöffnet und die angeforderte Datei auf der Standardausgabe ausgegeben. Wenn der Server keinen passiven Mode unterstützt, schlägt diese Funktion fehl.

Wenn `filename` mit keinem dieser Zeichenketten beginnt, wird die Datei vom lokalen Dateisystem geöffnet und ihr Inhalt auf der Standardausgabe ausgegeben.

Man kann optional den zweiten Parameter benutzen und diesen auf 1 setzen, wenn auch im `include_path` nach der Datei gesucht werden soll.

readlink

```
string readlink (string path)
```

Die Funktion `readlink()` ist von der Funktionalität her identisch mit der »readlink-C-Funktion« und gibt den Inhalt des Pfades des symbolischen Links zurück oder 0, wenn der Aufruf fehlschlug.

Unter Windows bleibt diese Funktion allerdings ohne Effekt.

realpath

```
string realpath (string path)
```

Die Funktion `realpath()` expandiert alle symbolischen Links und beseitigt Verweise zu "/./", "/../" und extra "/"-Zeichen im Input `path` und gibt den absoluten Pfadnamen kanonisch zurück.

Der Pfad im Ergebnis enthält keine Komponenten eines symbolischen Links mehr, wie "/./", "/../".

```
$rp = realpath ("../../test.php");
```

rename

```
int rename (string oldname, string newname)
```

Diese Funktion versucht, eine Datei `oldname` in `newname` umzubenennen.

Es wird TRUE bei Erfolg zurückgeliefert, andernfalls FALSE.

rewind

```
int rewind (int fp)
```

Diese Funktion setzt den Dateizeiger für `fp` an den Anfang des Datei-Streams.

Wenn ein Fehler auftritt, gibt die Funktion 0 zurück.

Die Datei muss zuvor erfolgreich durch `fopen()` geöffnet worden sein und der Dateizeiger muss gültig sein.

set_file_buffer

```
int set_file_buffer (int fp, int buffer)
```

Diese Funktion setzt die Dateipufferung für einen gegebenen Dateizeiger.

Eine Ausgabe mittels `fwrite()` wird normalerweise mit 8 Kbyte gepuffert. Das heißt, dass wenn zwei Prozesse in den gleichen Output-

Stream schreiben wollen, wird jeder nach 8 KByte Daten unterbrochen, um den anderen schreiben zu lassen. set_file_buffer() setzt nun die Pufferung für Schreiboperationen des gegebenen Dateizeigers fp auf buffer Bytes. Wenn buffer gleich 0 ist, erfolgen die Schreiboperationen ungepuffert. Dies stellt sicher, dass alle Schreiboperationen mit fwrite() abgeschlossen werden, bevor andere Prozesse in diesen Output-Stream schreiben können.

Die Funktion gibt bei Erfolg 0 zurück oder EOF, wenn die Anfrage nicht erfolgreich war.

Das folgende kleine Beispiel zeigt, wie man mittels set_file_buffer() einen ungepufferten Stream generiert:

```
$fp = fopen ($file, "w");
if ($fp)
     {
      set_file_buffer ($fp,0);
      fputs ($fp,$output);
      fclose($fp);
     }
```

stat

```
array stat (string filename)
```

Diese Funktion sammelt Informationen über eine Datei spezifiziert in filename.

Es wird ein Array ausgegeben, das mit folgenden Informationen als Array-Elemente befüllt ist:

device	Gibt die Nummer des Massenspeichergeräts an. Unter Windows gibt es eine feste Zuordnung zu den Laufwerksbuchstaben. A = 0; B = 1; C = 2; ...usw.
inode	Nummer des Inode
inode protection mode	Zugriffsrechte auf Inode
number of links	Anzahl der mit der Datei bestehenden Verknüpfungen
user id of owner	User-ID des Eigentümers
group id of owner	Gruppen-ID des Eigentümers
device type of inode	Gerätetyp des Inode
size in byte	Größe der Datei in Byte
time of last access	Zeit des letzten Zugriffs auf die Datei
time of last modification	Zeit der letzten Modifikation der Datei
time of last change	Zeit der letzten Dateibewegung
blocksize I/O	Blockgröße des Massenspeichergeräts
numbers of blocks	Anzahl der von der Datei in Anspruch genommenen Blöcke

Die Parameter `blocksize I/O` und `device type of inode` werden nur unter Systemen, die den `st_blksize`-Typ unterstützen, verwendet, andere Systeme (z.B. Windows) geben -1 zurück.

Unter Unix z.B. stehen alle Parameter zur Verfügung. Unter Windows allerdings sind lediglich die Parameter `device`, `size in byte`, `time of last acess`, `time of last modification` und `time of last change` problemlos zu verwenden.

Es wird FALSE zurückgegeben, wenn ein Fehler auftrat.

Die Funktion `stat()` handhabt jedoch keinen URL wie `fopen()`.

Das Ergebnis dieses Funktionsaufrufes wird zwischengespeichert. Siehe auch `clearstatcache()` für weitere Einzelheiten.

symlink

```
int symlink (string target, string link)
```

Die Funktion `symlink()` erzeugt einen symbolischen Link von dem gegebenen Parameter `target` mit dem spezifizierten Namen `link`.

Unter Windows bleibt diese Funktion allerdings ohne Effekt.

tempnam

```
string tempnam (string dir, string prefix)
```

Diese Funktion erzeugt einen eindeutigen temporären Dateinamen in dem spezifizierten Verzeichnis. Wenn das Verzeichnis nicht existiert, wird `tempnam()` einen Dateinamen im temporären Verzeichnis des Systems erstellen.

Das Verhalten der Funktion `tempnam()` ist systemabhängig. Unter Windows wird die TMP-Umgebungsvariable den `dir`-Parameter überschreiben, unter Linux-Systemen hat die TMPDIR-Umgebungsvariable Vorrang, während SVR4 immer den spezifizierten Verzeichnisnamen benutzen wird, wenn dieses existiert.

Zurückgeliefert wird der neue temporäre Dateiname bei Erfolg oder eine NULL-Zeichenkette, wenn ein Fehler auftritt.

```
$tmpname = tempnam ("/tmp", "TEST");
```

Zu beachten ist, dass diese Funktion ihr Verhalten seit PHP 4.0.3 geändert hat. Die temporäre Datei wird ebenfalls angelegt, um eine »Hetzsituation« zu vermeiden, wenn in der Zeit nach dem Generieren des Strings – und bevor das Skript dazukommt, die Datei anzulegen – die Datei im Dateisystem erscheinen könnte.

tmpfile ()

```
int tmpfile (void)
```

Erstellt eine temporäre Datei mit einem eindeutigen Dateinamen im Schreibmodus und gibt einen Dateizeiger ähnlich wie es bei der Funktion `fopen()` erfolgt, zurück. Wird die Datei dann mit `fclose()` geschlossen oder das Skript beendet, wird diese automatisch gelöscht.

touch

```
int touch (string filename [, int time])
```

Diese Funktion versucht, das Datum der letzten Modifikation einer Datei, spezifiziert durch `filename`, auf den Wert spezifiziert durch `time` zu setzen.

Ist die Option `time` nicht angegeben, benutzt die Funktion die aktuelle Zeit.

Existiert die Datei nicht, wird sie erzeugt.

Bei Erfolg wird TRUE zurückgeliefert, andernfalls FALSE.

```
if (touch ($filename))
     {
      print "$filename Modifizierungszeit wurde auf das
```

```
   aktuelle Datum
                      und die aktuelle Uhrzeit gesetzt.";
     }
else
     {
      print "Sorry! Modifikationszeit von $filename konnte
   nicht
                      geändert werden!";
     }
```

umask

`int umask (int mask)`

Die Funktion `umask()` setzt PHP's `umask` auf `mask & 0777` und gibt die alte `umask` zurück.

Wenn PHP als Servermodul benutzt wird, wird die `umask` zurückgespeichert, wenn die jeweilige Anfrage beendet ist.

`umask()` ohne Argumente gibt einfach die aktuelle `umask` zurück.

Unter Windows bleibt diese Funktion allerdings ohne Effekt.

unlink

`int unlink (string filename)`

Diese Funktion löscht die Datei `filename`, ähnlich der UNIX-C-`unlink()`-Funktion.

Es wird 0 oder FALSE ausgegeben, sollte ein Fehler auftreten.

Siehe auch `rmdir()` bei den Verzeichnis-Funktionen, um Verzeichnisse zu löschen.

Unter Windows bleibt diese Funktion allerdings ohne Effekt.

10.2 Verzeichnis-Funktionen

chdir

```
int chdir (string directory)
```

Diese Funktion bewirkt den Wechsel des aktuellen PHP-Verzeichnisses in das durch `directory` angegebene Verzeichnis.

Wenn der Wechsel nicht möglich war, wird FALSE ausgegeben, sonst TRUE.

closedir

```
void closedir (int dir_handle)
```

Beendet den Verzeichnis-Stream. Dieser muss vorher jedoch durch `opendir()` geöffnet worden sein.

dir

```
new dir (string directory)
```

Diese Funktion stellt einen Pseudo-Objekt-orientierten Mechanismus zum Lesen eines Verzeichnisses dar.

Das per `directory` angegebene Verzeichnis wird geöffnet. Sobald dies geschehen ist, stehen zwei Eigenschaften zur Verfügung.

Die Eigenschaft `Handle` kann mit anderen Directory-Funktionen wie `readdir()`, `rewinddir()` und `closedir()` benutzt werden. Handles sind Verweise auf Einträge in einer internen Tabelle zur Verwaltung von Objekten.

Die Eigenschaft `Path` enthält die Pfadangabe des geöffneten Verzeichnisses. Hierbei sind drei Methoden verfügbar:

- read
- rewind
- close

```
$cider = dir ("/www");
echo "Handle: ".$cider->handle."<br>\n";
echo "Path: ".$cider->path."<br>\n";
while ($entree = $cider->read())
     {
      echo $entree."<br>\n";
     }
$cider->close();
```

dirname

```
string dirname (string path)
```

Diese Funktion gibt bei einer vollständigen Pfadangabe den Verzeichnispfad zurück.

Unter Windows wird sowohl der Slash (/) als auch der Backslash (\) als Trennzeichen bei Pfadangaben benutzt. Unter anderen Betriebssystemen hingegen nur der Slash (/).

```
$path = "/www/test";
$file = dirname ($path;
```

`$file` enthält nun den Wert `"/www"`.

diskfreespace

```
float diskfreespace (string directory)
```

Diese Funktion gibt den freien Speicherplatz eines Verzeichnisses in Byte zurück.

```
$free = diskfreespave (" /");
```

`$free` enthält nun die Anzahl der freien Bytes im Verzeichnis `"/"`.

disk_total_space

```
float disk_total_space (string directory)
```

Anhand des übergebenen Strings mit dem Verzeichnisnamen gibt diese Funktion die Anzahl Bytes auf dem korrespondierenden Dateisystem oder der Disk-Partition zurück.

```
$free = disk_total_space ("/");
```

`$free` enthält nun die Gesamtanzahl der verfügbaren Bytes im Verzeichnis "/".

getcwd

```
string getcwd ()
```

Diese Funktion gibt das gegenwärtige Arbeitsverzeichnis zurück.

is_dir

```
bool is_dir (string filename)
```

Diese Funktion überprüft, ob der Dateiname existiert und ob es sich hierbei um ein Verzeichnis handelt. Falls dies der Fall ist, wird TRUE zurückgegeben. Das Ergebnis dieses Funktionsaufrufes wird zwischengespeichert. Siehe auch `clearstatcache()` für weitere Einzelheiten.

mkdir

```
int mkdir (string pathname, int mode)
```

Diese Funktion versucht, ein Verzeichnis mit dem spezifizierten Namen `pathname` zu erstellen.

Zu beachten ist, dass Sie wahrscheinlich den mode als oktalen Wert spezifizieren wollen, was bedeutet, dass er eine vorangestellte NULL haben sollte.

```
mkdir (" /path/test/dir", 0700);
```

Funktioniert der Aufruf, wird TRUE zurückgeliefert, andernfalls FALSE.

opendir

```
int opendir (string path)
```

Diese Funktion gibt ein Verzeichnis-Handle zurück, das in späteren Aufrufen von closedir(), readdir() und rewinddir() gebraucht wird.

readdir

```
string readdir (int dir_handle)
```

Diese Funktion ermittelt den nächsten Dateinamen im Verzeichnis. Die Dateinamen werden ungeordnet zurückgegeben.

```
<?php
$handle = opendir (".");
echo "Das Verzeichnis-Handle lautet: $handle \n";
echo "mit folgenden Dateien: \n";
while ($file = readdir ($handle))
     {
      echo "$file \n";
     }
closedir($handle);
?>
```

Bitte beachten Sie, dass `readdir()` auch die Einträge "." und ".." zurückgibt. Falls dies nicht erwünscht ist, müsste die Funktion wie folgt aussehen:

```
<?php
$handle = opendir (".");
echo "Das Verzeichnis-Handle lautet: $handle \n";
echo "mit folgenden Dateien: \n";
while ($file = readdir ($handle))
     {
      if ($file != "." && $file != "..")
            {
             echo "$file \n";
            }
     }
closedir($handle);
?>
```

rewinddir

`void rewinddir (int dir_handle)`

Diese Funktion setzt den mit `dir_handle` angegebenen Verzeichnis-Stream auf den Anfang zurück (Reset).

11 Datenbanken

11.1 Datenbank-Grundeigenschaft und -Funktionsweise

Eine der besonderen Stärken von PHP ist die Unterstützung einer großen Zahl an Datenbanken. Somit ist es ein Leichtes, datenbankunterstützte Projekte zu realisieren, ohne Gefahr zu laufen, die gesamte Programmierung bei Änderung des Datenbankherstellers umstellen zu müssen. Und somit unterstützt PHP auch die Entwicklung und Umsetzung moderner Programmierung. Weg von hart codierten Source-Codes, hin zu dynamischen Klassen und Objekten.

Die folgenden Datenbanken werden zurzeit von PHP unterstützt:

Adabas D	InterBase
PostgreSQL	dBase
FrontBase	Solid
Empress	mSQL
Sybase	FilePro (nur Lesezugriff)
MS SQL	Velocis
IBM DB2	MySQL
Unix-dbm	Informix
ODBC	Ingres
Oracle (OCI7 und OCI8)	

PHP unterstützt eine Vielzahl von Datenbanken direkt auf Basis ihrer eigenen APIs. Deshalb kann auf diese durch ODBC, sofern geeignete ODBC-Treiber dafür verfügbar sind, zugegriffen werden.

Adabas-D, Solid, Empress, Velocis und IBM DB2 besitzen APIs, die dermaßen ähnlich sind zu ODBC API, dass es wenig sinnvoll ist, eigene Zugriffs- bzw. Anwendungs-Befehle zu generieren. Deshalb verwendet man für die oben erwähnten fünf Datenbanken die ODBC-Funktionen von PHP.

Bei diversen Funktionsaufrufen muss einer der verfügbaren Handler-Namen aus der nachfolgenden Handler-Tabelle angegeben werden, `handle`. Die tatsächlich verfügbaren Handler in Ihrer PHP-Installation können Sie mit der Funktion `phpinfo()` anzeigen lassen. Weiterhin bezeichnet `key` den Schlüssel des Eintrags.

Handler	**Beschreibung**
`dbm`	`dbm` ist der ursprüngliche und älteste Typ der »Berkeley DB«-Datenbanken. Sie sollten diesen Typ vermeiden. Die in `DB2` und `gdbm` enthaltenen `dbm`-Kompatibilitätsfunktionen werden ebenfalls nicht unterstützt, da sie nur auf Quellcode-Basis kompatibel sind, aber Dateien im originalen `dbm`-Format nicht bearbeiten können. (`--with-dbm`)
`ndbm`	`ndbm` ist neuer und flexibler als `dbm`. Da es die meisten Einschränkungen von `dbm` übernommen hat, ist es daher nicht empfehlenswert. (`--with-ndbm`)
`gdbm`	`gdbm` ist der GNU-Datenbank-Manager. (`--with-gdbm`)
`db2`	`db2` ist *Sleepycat Software's DB2*. Beschrieben als »Werkzeugsatz für eingebaute Unterstützung von Hochleistungs-Datenbanken für Standalone- & Client/Server-Applikationen«. (`--with-db2`)

Handler	Beschreibung
db3	db3 ist *Sleepycat Software's DB3.* (--with-db3)
cdb	cdb ist »ein schnelles, zuverlässiges und kompaktes Paket zum Erstellen und Auslesen konstanter Datenbanken«. Es stammt vom Autor von qmail. Da es für konstante Daten ausgelegt ist, werden nur Lese-Operationen unterstützt. (--with-cdb)

path ist ein gültiger Pfad in Ihrem Dateisystem.

Das mode-Argument beschreibt den Modus, mit dem die Datenbank geöffnet werden soll. Es gibt vier Möglichkeiten, eine DBA-Datenbank zu öffnen:

"r" (read-only)	Eine existierende Datenbank soll nur lesend geöffnet werden.
"n" (new)	Eine neue Datenbank soll angelegt werden. Diese wird automatisch als read-write geöffnet. Eine existierende Datenbank wird inhaltlich gelöscht.
"c" (create)	Eine neue Datenbank soll angelegt werden. Diese wird automatisch als read-write geöffnet. Im Gegensatz zu "n" wird eine bereits existierende Datenbank inhaltlich nicht gelöscht, sondern nur für Lese- und Schreibzugriff geöffnet.
"w" (read-write)	Eine existierende Datenbank soll lesend und schreibend geöffnet werden.

11.2 Unterschiede und Handhabung der speziellen Datenbanken

Es gibt einige Funktionen in PHP, die sich wie ein roter Faden durch alle Datenbank-Funktionen durchziehen, da sich die Anforderungen und auch die Verwendung von SQL-Standards ähneln.

Um aber für Sie, den PHP-Programmierer, die Funktionen übersichtlich aufzulisten, werden wir alle verfügbaren Datenbank-Funktionen für die jeweilige Datenbank anführen. Auch auf die Gefahr hin, dass Funktionen wie `close`, `connect` oder `result` sich wiederholen. Denn jede dieser Funktionen erwartet die Übergabe einer oder mehrerer Variablen, die im Einzelfall näher beschrieben werden sollten, um Fehler gleich im Ansatz zu vermeiden.

Wir werden aber nicht auf jede Datenbank näher eingehen, sondern nur auf die meistgebräuchlichen. Von den vernachlässigbaren Datenbanken führen wir nur die wichtigsten Funktionen auf.

Bei den Funktionsdefinitionen werden eine Reihe von Begriffen benutzt, von denen wir hier die wichtigsten kurz erläutern wollen.

- **Anfrageergebnis, Ergebnis:** Die Rückgabe auf eine Anfrage an den Datenbankserver. Anfragen können sowohl Datenbankanfragen sein, die Teile des Datenbankinhalts umfassen oder Informationen über eine Datenbank oder den Datenbankserver selbst liefern. Ist das Ergebnis eine Datenbankanfrage, kann man sich diese als eine Tabelle vorstellen, in der jede Zeile einem Datensatz entspricht und jede Spalte den einzelnen Feldern. Ein Ergebnis besteht aus 0 oder beliebig vielen Datensätzen.
- **Ergebnis-Kennung:** Eine Referenz auf ein Ergebnis. Über diese Kennung erfolgt grundsätzlich der Zugriff auf das Ergebnis.

- **Datensatz:** Eine Zeile aus einem Anfrageergebnis bestehend aus den Werten der einzelnen Felder.
- **Datensatzzeiger:** Ein interner Zeiger auf einen Datensatz in einem Anfrageergebnis. Dieser Zeiger bestimmt, auf welchen Datensatz zugegriffen wird. Der Zeiger kann sowohl implizit als auch explizit verändert werden.
- **Feld:** Entspricht einer Spalte im Anfrageergebnis.
- **Feldzeiger:** Wie Datensatzzeiger bei Zugriffen auf Felder eines Anfrageergebnisses.
- **Verbindungs-Kennung:** Eine Referenz auf eine Verbindung zum Datenbank-Server. Mit dieser Verbindung ist beispielsweise die Datenbank, der Benutzer, der Rechnername, auf dem die Datenbank läuft, und weitere verknüpft. Jeder Zugriff auf den Server nutzt diese Kennung. Wenn die Kennung beim Aufruf einer Funktion nicht angegeben wird, so wird die aktuelle Verbindungs-Kennung verwendet, die intern von PHP verwaltet wird.

11.3 DBA-Funktionen

PHP unterstützt unter anderem auch DBM-Datenbanken. Das Verhalten der `dba`-Funktionen ist teilweise abhängig von der Implementation des zugrunde liegenden Datenbanksystems.

dba_close

```
void dba_close(int handle)
```

Schließt eine Datenbank.

dba_delete

```
bool dba_delete(string key, int handle)
```

Löschen des zu `key` gehörigen Eintrages.

dba_exists

```
bool dba_exists(string key, int handle)
```

Überprüfung, ob ein Datensatz mit Schlüssel key existiert.

dba_fetch

```
string dba_fetch(string key, int handle)
```

Datensatz für Schlüssel key auslesen.

dba_firstkey

```
string dba_firstkey(int handle)
```

Bestimmt den ersten Schlüssel.

dba_insert

```
bool dba_insert(string key, string value, int handle)
```

Einen Datensatz einfügen.

dba_nextkey

```
string dba_nextkey(int handle)
```

Bestimmt den nachfolgenden Schlüssel.

dba_open

```
int dba_open(string path, string mode, string handlername[, ...])
```

Öffnet eine Verbindung zu einer Datenbank.

dba_optimize

```
bool dba_optimize(int handle)
```

Optimiert eine Datenbank.

dba_popen

```
int dba_popen(string path, string mode, string
   handlername[, ...])
```

Öffnet eine persistente Datenbank-Verbindung.

dba_replace

```
bool dba_replace(string key, string value, int handle)
```

Ersetzen oder Einfügen eines Datensatzes.

dba_sync

```
bool dba_sync(int handle)
```

Synchronisiert die Datenbank.

11.4 DBM-Funktionen

Diese Funktionen erlauben Ihnen den Zugriff auf Datensätze, die im DBM-Format vorliegen. DBM-Datenbanken werden von verschiedenen Systemfunktionen als interne Arbeitsbibliothek benutzt.

dblist

```
string dblist(void)
```

Liefert die Information, welches DBM-Format verwendet wird.

dbmclose

```
bool dbmclose(int dbm_identifier)
```

Schließen einer Datenbank.

dbmdelete

```
int dbmdelete(int dbm_identifier, string key)
```

Löscht einen Datensatz mit dem angegebenen Schlüssel aus einer DBM-Datenbank.

dbmexists

```
int dbmexists(int dbm_identifier, string key)
```

Prüft, ob ein Eintrag für den angegebenen Schlüssel in der DBM-Datenbank vorhanden ist.

dbmfetch

```
string dbmfetch(int dbm_identifier, string key)
```

Liest einen Datensatz mit dem angegebenen Schlüssel aus einer DBM-Datenbank.

dbmfirstkey

```
string dbmfirstkey(int dbm_identifier)
```

Gibt den ersten Schlüssel der DBM-Datenbank zurück.

dbminsert

```
int dbminsert(int dbm_identifier, string key, string value)
```

Schreibt einen Datensatz mit dem angegebenen Schlüssel in eine DBM-Datenbank.

dbmnextkey

```
string dbmnextkey(int dbm_identifier, string key)
```

Gibt den nächsten Schlüssel der DBM-Datenbank zurück.

dbmopen

```
int dbmopen(string filename, string mode)
```

Öffnen einer Datenbank.

dbmreplace

```
int dbmreplace(int dbm_identifier, string key, string value)
```

Ersetzt einen Datensatz mit dem angegebenen Schlüssel in einer DBM-Datenbank.

11.5 Informix-Funktionen

PHP unterstützt mit folgenden Befehlen den Zugriff auf Informix-Datenbanken.

ifx_affected_rows

```
int ifx_affected_rows(int resultid)
```

Liefert die Zahl der Datensätze, die von der ausgeführten Query betroffen waren.

ifx_close

```
int ifx_close(int connid)
```

Schließt die Informix-Datenbankverbindung.

ifx_connect

```
int ifx_connect(string database[, string userid[, string
   password]])
```

Öffnet eine Verbindung zur Informix-Datenbank mit Hilfe der `userid` und des `password` und liefert eine Connection-ID zurück.

ifx_create_blob

```
int ifx_create_blob(int type, int mode, string param)
```

Öffnet ein neues Blob-Objekt.

ifx_create_char

```
int ifx_create_char(string param)
```

Öffnet ein neues Char-Objekt.

ifx_do

```
int ifx_do(int resultid)
```

Führt ein vorbereitetes SQL-Statement aus.

ifx_error

```
string ifx_error( )
```

Liefert die Informix-Fehlercodes zurück (SQLSTATE und SQLCODE).

ifx_errormsg

```
string ifx_errormsg([int errorcode])
```

Liefert die Informix-Fehlermeldung passend zum Fehlercode.

ifx_fetch_row

```
array ifx_fetch_row(int resulted, [mixed position])
```

Liest die nächste Zeile oder die Positions-Zeile ein, falls ein Scroll-Cursor verwendet wird.

ifx_fieldproperties

```
array ifx_fieldproperties(int resultid)
```

Liefert ein Array der `resultid`-Query unter Verwendung der Feldnamen als Keys und den Feldeigenschaften als Daten.

ifx_fieldtypes

```
array ifx_fieldtypes(int resultid)
```

Liefert ein Array der `resultid`-Query unter Verwendung der Feldnamen als Keys und den Feldtypen als Daten.

ifx_free_result

```
int ifx_free_result(int resultid)
```

Gibt den durch Ergebnisse belegten Speicher frei.

ifx_get_blob

```
string ifx_get_blob(int bid)
```

Liefert den Inhalt des Blob-Objekts.

ifx_get_char

```
string ifx_get_char(int bid)
```

Liefert den Inhalt des Char-Objekts.

ifx_htmltbl_result

```
int ifx_htmltbl_result(int resulted, [string
   htmltableoptions])
```

Formatiert alle Spalten der `resultid`-Query in eine HTML-Tabelle.

ifx_num_fields

```
int ifx_num_fields(int resultid)
```

Liefert die Zahl der Spalten in der Query `resultid`.

ifx_num_rows

```
int ifx_num_rows(int resultid)
```

Liefert die Zahl der Zeilen in der Query `resultid`.

ifx_pconnect

```
int ifx_pconnect([string database[, string userid[, string
   password]]])
```

Öffnet eine persistente Datenbank-Verbindung unter Verwendung von `userid` und `password` und liefert eine Connection-ID zurück.

ifx_prepare

```
int ifx_prepare(string query, int connid, [int cursortype],
   [array idarray])
```

Bereitet eine Query auf eine vorhandene Verbindung vor.

ifx_query

```
int ifx_query(string query, int connid, [int cursortype],
   [array idarray])
```

Führt eine Query auf eine bestehende Verbindung aus.

ifx_update

```
int ifx_update_blob(int bid, string content)
```

Aktualisiert den Inhalt des Blob-Objekts.

ifx_update_char

```
int ifx_update_char(int bid, string content)
```

Aktualisiert den Inhalt des Char-Objekts.

ifxus_close_slob

```
int ifxus_close_slob(int bid)
```

Schließt ein Slob-Objekt.

ifxus_create_slob

```
int ifxus_create_slob(int mode)
```

Öffnet ein neues Slob-Objekt.

ifxus_free_slob

```
int ifxus_free_slob(int bid)
```

Löscht ein Slob-Objekt.

ifxus_read_slob

```
int ifxus_read_slob(long bid, long nbytes)
```

Liest eine gewisse Zahl (`nbytes`) an Bytes ein.

ifxus_write_slob

```
int ifxus_write_slob(long bid, string content)
```

Schreibt einen String in ein Slob-Objekt.

11.6 mSQL-Funktionen

Mini SQL, oder mSQL, ist die Light-Version einer Datenbank, gestaltet, um schnellstmöglichen Zugriff auf Daten zu erlangen, die wenig Speicherkapazität verbrauchen.

PHP gestattet sowohl Zugriff auf mSQL-1- als auch auf mSQL-2-Datenbanken. Um über die mSQL-Funktionen verfügen zu können, müssen Sie PHP mit der mSQL-Unterstützung kompilieren, indem Sie die Option `--with-msql[=dir]` angeben. Das Standardverzeichnis ist `/usr/local/Hughes`.

msql_affected_rows

```
int msql_affected_rows(int query)
```

Liefert die Zahl der betroffenen Zeilen.

msql_close

```
int msql_close([int link_identifier])
```

Schließt die mSQL-Verbindung.

msql_connect

```
int msql_connect([string hostname[:port]] [,string user-
   name] [, string password])
```

Öffnet eine Verbindung zu einem mSQL-Server.

msql_create_db

```
int msql_create_db(string database_name [, int
   link_identifier])
```

Legt eine neue mSQL-Datenbank an.

msql_data_seek

```
int msql_data_seek(int query, int row_number)
```

Bewegt den internen Datensatzzeiger.

msql_dbname

```
string msql_dbname (int query_identifier, int i)
```

Diese Funktion liefert den Namen der Datenbank, welche auf Position i innerhalb der Ergsnismenge der Funktion msql_listdbs() abgespeichert ist.

msql_drop_db

```
int msql_drop_db(string database_name [, int
   link_identifier])
```

Löscht eine mSQL-Datenbank.

msql_error

```
string msql_error([int link_identifier])
```

Gibt die letzte mSQL-Fehlermeldung zurück.

msql_fetch_array

```
array msql_fetch_array(int query)
```

Gibt einen Datensatz als assoziatives Array aus.

msql_fetch_field

```
object msql_fetch_field(int query [, int field_offset])
```

Gibt Feldinformationen in einem Objekt zurück.

msql_fetch_object

```
object msql_fetch_object(int query)
```

Gibt einen Datensatz als Objekt aus.

msql_fetch_row

```
array msql_fetch_row(int query)
```

Gibt einen Datensatz als numerisches Array aus.

msql_fieldflags

```
string msql_fieldflags(int query, int field_offset])
```

Gibt alle Flags für das angegebene Feld zurück.

msql_fieldlen

```
int msql_fieldlen(int query, int field_offset)
```

Gibt die Länge des angegebenen Feldes zurück.

msql_fieldname

```
int msql_fieldname(int query, int field_index)
```

Gibt den Feldnamen zurück.

msql_field_seek

```
int msql_field_seek(int query, int field_offset)
```

Setzt den internen Feldzeiger auf den angegebenen Feldindex.

msql_fieldtable

```
int msql_fieldtable(int query, int field_offset)
```

Gibt den Tabellennamen eines Feldes zurück.

msql_fieldtype

```
int msql_fieldtype(int query, int field_offset)
```

Gibt den Datentyp eines Feldes zurück.

msql_free_result

```
int msql_free_result(int query)
```

Gibt den durch Ergebnisse belegten Speicher frei.

msql_listdbs

```
int msql_listdbs([int link_identifier])
```

Listet alle mSQL-Datenbanken auf dem Server auf.

msql_listfields

```
int msql_listfields(string database_name, string table_name
   [, int link_identifier])
```

Listet alle Felder einer Tabelle auf.

msql_list_tables

```
int c(string database_name [, int link_identifier])
```

Listet alle Tabellen einer mSQL-Datenbank.

msql_num_fields

```
int msql_num_fields(int query)
```

Gibt die Anzahl der Felder eines Abfrageergebnisses zurück.

msql_num_rows

```
int msql_num_rows(int query)
```

Gibt die Anzahl der Zeilen eines Abfrageergebnisses zurück.

msql_pconnect

```
int msql_pconnect([string hostname[:port]] [, string
   username] [, string password]))
```

Öffnet eine persistente mSQL-Verbindung.

msql_query

```
int msql_query(string query [, int link_identifier])
```

Schickt eine mSQL-Abfrage zum Server.

msql_result

```
int msql_result(int query, int row  [, mixed field])
```

Holt den Wert eines einzelnen Feldes der übergebenen Zeile.

msql_select_db

```
int msql_select_db(string database_name [, int
   link_identifier])
```

Wählt eine mSQL-Datenbank aus.

11.7 InterBase-Funktionen

InterBase ist eine bekannte Datenbank, die von Borland stammt. Folgende InterBase-Funktionen stehen unter PHP zur Verfügung:

ibase_connect

```
int ibase_connect (string database [, string username [,
   string password [, string charset [, int buffers [, int
   dialect [, string role]]]]]])
```

Öffnet eine Verbindung zu einer InterBase-Datenbank.

ibase_execute

```
int ibase_execute (int query [, int bind_args])
```

Ausführen einer vorbereiteten Abfrage.

ibase_fetch_row

```
array ibase_fetch_row (int result_identifier)
```

Liest einen Datensatz aus einer InterBase-Datenbank.

ibase_fetch_object

```
object ibase_fetch_object (int result_id)
```

Liest einen Datensatz einer InterBase-Datenbank als Objekt.

ibase_free_query

```
int ibase_free_query (int query)
```

Gibt den Speicher einer vorbereiteten Abfrage wieder frei.

ibase_free_result

```
int ibase_free_result (int result_identifier)
```

Gibt den Speicher eines Abfrage-Ergebnisses frei.

ibase_num_fields

```
int ibase_num_fields (int result_id)
```

Ermittelt die Anzahl der Felder einer Ergebnis-Liste.

ibase_pconnect

```
int ibase_pconnect (string database [, string username [,
   string password [, string charset [, string role]]]])
```

Erzeugt eine permanente Verbindung zu einer InterBase-Datenbank.

ibase_prepare

```
int ibase_prepare ([int link_identifier, string query])
```

Vorbereitung einer Abfrage für den folgenden Gebrauch von Parameter-Platzhaltern und für die eigentliche Ausführung.

ibase_query

```
int ibase_query ([int link_identifier, string query [, int
   bind_args]])
```

Führt eine Abfrage auf eine InterBase-Datenbank aus.

ibase_timefmt

```
int ibase_timefmt (string format [, int columntype])
```

Bestimmt das Format von Zeitstempel , Datums- und Zeit-Feldern, die von einer Abfrage zurückgegeben werden.

11.8 dBase-Funktionen

Diese Funktionen erlauben Ihnen den Zugriff auf Datensätze, die im dBase-Format (also in dBase-Datenbanken) (dbf) vorliegen.

Es gibt keine Unterstützung für Indizes, Memo-Felder und Sperrfunktionen für Datensätze/-banken. Zwei gleichzeitig ablaufende Webserver-Prozesse, die auf Basis derselben dBase-Datei arbeiten, würden deshalb die Datenbank zerstören.

Anders als bei SQL-Datenbanken können in dBase-»Datenbanken« die Felddefinitionen nicht nachträglich geändert werden. Nachdem die dbf-Datei erzeugt wurde, sind die Definitionen festgelegt. Es werden, wie oben erwähnt, keine Index-Funktionen unterstützt, die Abfragen beschleunigen oder etwa ihre Datenorganisation unterstützen würden. dBase-Dateien sind einfache sequenzielle Dateien mit fester Datensatzlänge. Neue Datensätze werden am Dateiende angehängt und gelöschte Datensätze werden prinzipiell beibehalten.

Es empfiehlt sich, keine Produktions-DBF-Datenbanken zu benutzen. Man wählt zur Nutzung von Produktions-Daten mit PHP am besten nur echte SQL-Server-Datenbanken, wie z.B. MySQL oder Postgres. Als dBase-Unterstützung durch PHP dient hauptsächlich der Im- und Export von Daten zu oder aus Ihrer Web-Datenbank, wobei das DBF-Datei-Format vor allem wegen der Windows-Tabellenkalkulationen und -Organizer unterstützt wird.

dbase_add_record

```
bool dbase_add_record (int dbase_identifier, array record)
```

Fügt einen neuen Datensatz ans Ende der dBase-Datenbank an.

dbase_close

```
bool dbase_close (int dbase_identifier)
```

Schließt eine dBase-Datenbank.

dbase_create

```
int dbase_create (string filename, array fields)
```

Erzeugt eine dBase-Datenbank.

dbase_delete_record

```
int dbase_delete_record (int dbase_identifier, int record)
```

Markiert einen Datensatz als »gelöscht«.

dbase_get_record

```
int dbase_get_record (int dbase_identifier, int record)
```

Liest einen Datensatz aus einer dBase-Datenbank ein.

dbase_get_record_with_names

```
int dbase_get_record_with_names (int dbase_identifier, int
   record)
```

Gibt einen Datensatz einer dBase-Datenbank als assoziatives Array zurück.

dbase_numfields

```
int dbase_numfields (int dbase_identifier)
```

Zählt die Felder einer dBase-Datenbank.

dbase_numrecords

```
int dbase_numrecords (int dbase_identifier)
```

Weist die Anzahl der Datensätze einer dBase-Datenbank aus.

dbase_open

```
int dbase_open (string filename, int flags)
```

Öffnet eine dBase-Datenbank.

dbase_pack

```
bool dbase_pack (int dbase_identifier)
```

Entfernt die Datensätze aus der Datenbank, die als gelöscht markiert sind.

dbase_replace_record

```
int dbase_replace_record (int dbase_identifier, array
   record, int dbase_record_number)
```

Ersetzt einen Datensatz in der dBase-Datenbank.

11.9 Sybase-Funktionen

sybase_close

```
bool sybase_close (int link_identifier)
```

Schließt die Datenbankverbindung.

sybase_connect

```
int sybase_connect (string servername, string username,
   string password [, string charset])
```

Öffnet eine Verbindung zum Sybase-Server.

sybase_data_seek

```
bool sybase_data_seek (int result_identifier, int row_number)
```

Bewegt den internen Datensatzzeiger.

sybase_fetch_array

```
array sybase_fetch_array (int result)
```

Lädt einen Datensatz als Array.

sybase_fetch_field

```
object sybase_fetch_field (int result [, int field_offset])
```

Liefert ein Objekt zurück, das die Feldeigenschaften enthält.

sybase_fetch_object

```
int sybase_fetch_object (int result)
```

Lädt einen Datensatz als Objekt.

sybase_fetch_row

```
array sybase_fetch_row (int result)
```

Liefert einen Datensatz als indiziertes Array.

sybase_free_result

```
bool sybase_free_result (int result)
```

Gibt den Speicher eines Abfrage-Ergebnisses frei.

sybase_get_last_message

```
string sybase_get_last_message ()
```

Gibt die letzte Server-Nachricht zurück.

sybase_min_error_severity

```
void sybase_min_error_severity (int severity)
```

Setzt die untere Fehler-Schwelle.

sybase_min_message_severity

```
void sybase_min_message_severity (int severity)
```

Setzt die untere Schwelle für Nachrichten.

sybase_num_fields

```
int sybase_num_fields (int result)
```

Gibt die Anzahl der Felder eines Abfrageergebnisses zurück.

sybase_num_rows

```
int sybase_num_rows (int result)
```

Gibt die Anzahl der Zeilen eines Abfrageergebnisses zurück.

sybase_pconnect

```
int sybase_pconnect (string servername, string username,
   string password [, string charset])
```

Öffnet eine persistente Sybase-Datenbankverbindung.

sybase_query

```
int sybase_query (string query, int link_identifier)
```

Sendet ein Sybase-Query an die Datenbank.

sybase_result

```
string sybase_result (int result, int row, mixed field)
```

Gibt die Ergebnis-Daten zurück.

sybase_select_db

```
bool sybase_select_db (string database_name, int
    link_identifier)
```

Wählt eine bestimmte Sybase-Datenbank aus.

11.10 PostgreSQL-Funktionen

Postgres wurde ursprünglich im UC Berkeley Computer Science Department entwickelt und hat in diesem Zuge Pionierarbeit bei objektrelationalen Datenbankkonzepten geleistet, die jetzt Einzug in kommerzielle Datenbanken halten.

Postgres bietet SQL92/SQL3-Sprachunterstützung, Transaktionen und erweiterbare Typenklassen. PostgreSQL ist eine Public-Domain- und Open-Source-Weiterentwicklung des ursprünglichen Berkeley-Codes.

Seit Version 6.3 benutzt PostgreSQL UNIX-Domain-Sockets. Der Socket ist in `/tmp/.s.PGSQL.5432` zu finden. Der Schalter `-i`, der dem `postmaster` mitgegeben werden kann, weist diesen an, sowohl über TCP/IP als auch über UNIX-Domain-Sockets eine Verbindung bereitzustellen.

Postmaster	PHP	Status
`postmaster &`	`pg_connect ("dbname=MyDbName");`	OK
`postmaster -i &`	`pg_connect ("dbname=MyDbName");`	OK

Postmaster	PHP	Status
`postmaster &`	`pg_connect("host= localhost db- name=MyDbName");`	`Unable to connect to PostgreSQL server: con- nectDB() failed: Is the postmaster running and accepting TCP/IP (with - i) connection at 'local- host' on port '5432'? in /path/to/file.php3 on line 20.`
`postmaster -i &`	`pg_connect("host= localhost db- name=MyDbName");`	`OK`

pg_close

```
bool pg_close (int connection)
```

Schließt eine PostgreSQL-Verbindung.

pg_cmdtuples

```
int pg_cmdtuples (int result_id)
```

Gibt die Anzahl der betroffenen Tupel (Instanzen) zurück.

pg_connect

```
int pg_connect (string conn_string)
```

Öffnet eine PostgreSQL-Verbindung.

pg_dbname

```
string pg_dbname (int connection)
```

Gibt den Namen der Datenbank aus.

pg_end_copy

```
bool pg_end_copy ([resource connection])
```

Synchronisiert das PostgreSQL-Frontend mit dem Backend nach einer Kopier-Operation.

pg_errormessage

```
string pg_errormessage (int connection)
```

Liefert einen String, der die Fehlermeldung enthält.

pg_exec

```
string pg_exec (int connection, string query)
```

Führt eine Abfrage aus.

pg_fetch_array

```
array pg_fetch_array (int result, int row [, int
   result_type])
```

Gibt ein Array aus, das mit der eingelesenen Reihe identisch ist.

pg_fetch_object

```
object pg_fetch_object (int result, int row [, int
   result_type])
```

Liefert ein Objekt, dessen Eigenschaften mit denen der Felder des erhaltenen Datensatzes übereinstimmen.

pg_fetch_row

```
array pg_fetch_row (int result, int row)
```

Liefert einen Datensatz als numerisches Array.

pg_fieldisnull

```
int pg_fieldisnull (int result_id, int row, mixed field)
```

Prüft, ob ein Feld NULL ist.

pg_fieldname

```
string pg_fieldname (int result_id, int field_number)
```

Gibt den Feldnamen aus.

pg_fieldnum

```
int pg_fieldnum (int result_id, string field_name)
```

Liefert die Feldnummer eines Feldes.

pg_fieldprtlen

```
int pg_fieldprtlen (int result_id, int row_number, string
   field_name)
```

Gibt die aktuelle Länge eines bestimmten Wertes aus.

pg_fieldsize

```
int pg_fieldsize (int result_id, int field_number)
```

Liefert die interne Speichergröße des Feldes.

pg_fieldtype

```
string pg_fieldtype (int result_id, int field_number)
```

Liefert den Feldtyp eines Feldes.

pg_freeresult

```
int pg_freeresult (int result_id)
```

Gibt den durch Ergebnisse belegten Speicher frei.

pg_getlastoid

```
int pg_getlastoid (int result_id)
```

Gibt die letzte Objektkennung aus.

pg_host

```
string pg_host (int connection_id)
```

Liefert den Hostnamen des Datenbank-Servers.

pg_numfields

```
int pg_numfields (int result_id)
```

Liefert die Anzahl der Felder eines PostgreSQL-Ergebnisses.

pg_numrows

```
int pg_numrows (int result_id)
```

Liefert die Anzahl der Zeilen eines PostgreSQL-Ergebnisses.

pg_options

```
string pg_options (int connection_id)
```

Liefert einen String, der die Verbindungsoptionen enthält.

pg_pconnect

```
int pg_pconnect (string conn_string)
```

Stellt eine persistente PostgreSQL-Verbindung her.

pg_port

```
int pg_port (int connection_id)
```

Liefert die Portnummer.

pg_put_line

```
bool pg_put_line ([resource connection_id, string Daten])
```

Sendet eine NULL-terminierte Zeichenkette zum PostgreSQL-Backend.

pg_result

```
mixed pg_result (int result_id, int row_number, mixed
   fieldname)
```

Gibt die Werte eines bezeichneten Ergebnisses aus.

pg_trace

```
bool pg_trace (string filename [, string mode [, int con-
   nection]])
```

Liefert die Anzahl der Felder eines PostgreSQL-Ergebnisses.

pg_tty

```
string pg_tty (int connection_id)
```

Gibt den tty-Namen aus.

11.11 MSSQL-Funktionen

mssql_close

```
int mssql_close ([int link_identifier])
```

Schließt die Verbindung zum MSSQL-Server.

Die Funktion gibt TRUE zurück, wenn der Vorgang erfolgreich war, sonst FALSE. Wird der `link_identifier` nicht angegeben, wird die zuletzt geöffnete Verbindung geschlossen. Wenn nicht-persistente Verbindungen genutzt werden, werden alle Datenbankverbindungen am Ende des Skripts automatisch geschlossen. Der Aufruf von `mssql_close` ist dann nicht notwendig,

mssql_connect

```
int mssql_connect ([string servername [, string username [,
   string password]]])
```

Öffnet eine Verbindung zum MSSQL-Server.

Die Funktion gibt ein Datenbank-Handle zurück (`link_identifier`) oder FALSE, wenn der Vorgang nicht beendet werden konnte. Wenn die Funktion mehrfach aufgerufen wird, wird erneut das Datenbank-Handle zurückgegeben, aber keine weitere Verbindung geöffnet. Nicht-persistente Verbindungen werden automatisch am Ende des Skripts geschlossen.

mssql_data_seek

```
int mssql_data_seek (int result_identifier, int row_number)
```

Bewegt den internen Datensatz-Zeiger.

Die Funktion gibt im Erfolgsfall TRUE zurück, sonst FALSE. Nachdem der Datensatzcursor gesetzt wurde, gibt die Funktion `mssql_fetch_row` diesen Datensatz zurück.

mssql_fetch_array

```
int mssql_fetch_array (int result)
```

Liefert einen Datensatz als Array.

Wenn keine Datensätze mehr gelesen werden können, wird FALSE zurückgegeben. Die Funktion liefert sowohl ein indiziertes Array mit den Feldnummern als auch ein assoziatives Array mit den Feldnamen als Schlüssel zurück.

mssql_fetch_field

`object mssql_fetch_field (int result [, int field_offset])`

Gibt ein Objekt zurück mit Informationen über ein Feld.

Diese Funktion ermittelt Daten aus einzelnen Feldern. Wenn der Offset `field_offset` nicht angegeben wurde, wird das nächste ungelesene Feld ermittelt.

Die Eigenschaften des Objekts sind:

`name`	Spaltenname; basiert die Spalte auf einer Funktion, wird der Spaltenname als `computed#N` angegeben, wobei N eine fortlaufende Nummer ist.
`column_source`	Datenquelle; normalerweise stellt dies den Tabellen-Namen dar, aus der die Daten stammen.
`max_length`	Maximale Länge der Spalte
`Numeric`	Wenn die Spalte numerisch ist, liefert diese Eigenschaft den Wert 1.

mssql_fetch_object

`int mssql_fetch_object (int result)`

Gibt ein Objekt zurück, mit den Eigenschaften des gelieferten Datensatzes.

mssql_fetch_row

```
array mssql_fetch_row (int result)
```

Liefert einen Datensatz als indiziertes Array.

Die Funktion gibt FALSE zurück, wenn keine Daten mehr gelesen werden können. Jede Spalte ist ein Element des Arrays, beginnend mit dem Index 0. Aufeinander folgende Aufrufe der Funktion lesen jeweils den darauf folgenden Datensatz, der Datensatzcursor wird automatisch weiter bewegt.

mssql_field_length

```
int mssql_field_length (int result [, int offset])
```

Liefert die Länge eines Feldes.

mssql_field_name

```
int mssql_field_name (int result [, int offset])
```

Liefert den Namen eines Feldes.

mssql_field_seek

```
int mssql_field_seek (int result, int field_offset)
```

Setzt einen Feld-Offset.

mssql_field_type

```
string mssql_field_type (int result [, int offset])
```

Liefert den Typ eines Feldes.

mssql_free_result

```
int mssql_free_result (int result)
```

Gibt den Ergebnisspeicher frei.

Der Speicher wird am Ende eines Skripts automatisch gelöscht. Der Aufruf ist nur notwendig, wenn es bei sehr großen Skripts zu Speicherproblemen kommt.

mssql_get_last_message

```
string mssql_get_last_message (void )
```

Liefert die letzte Meldung des Servers.

mssql_min_error_severity

```
void mssql_min_error_severity (int severity)
```

Setzt die untere Fehlerschwelle.

mssql_min_message_severity

```
void mssql_min_message_severity (int severity)
```

Setzt die untere Schwelle für Meldungen.

mssql_num_fields

```
int mssql_num_fields (int result)
```

Liefert die Anzahl der Felder eines Ergebnisses.

mssql_num_rows

```
int mssql_num_rows (string result)
```

Liefert die Anzahl der Datensätze eines Ergebnisses.

mssql_pconnect

```
int mssql_pconnect ([string servername [, string username
   [, string password]]])
```

Stellt eine persistente MSSQL-Serververbindung her.

Diese Funktion gibt FALSE zurück, wenn die Anforderung nicht erfolgreich war, sonst wird das Datenbank-Handle zurückgegeben. Die Funktion arbeitet wie `mssql_connect`, mit zwei kleinen Unterschieden. Wenn eine Verbindung zu einer Datenbank erfolgt, wird zuerst eine passende persistente Verbindung ermittelt. Ist eine solche vorhanden, wird sie auch verwendet. Schlägt dieser Versuch fehl, wird eine normale Verbindung geöffnet.

mssql_query

```
int mssql_query (string query [, int link_identifier])
```

Sendet eine Ab-/Anfrage an den MSSQL-Server.

Die Funktion gibt ein Handle für die Ergebnisliste zurück. Wenn die Ausführung misslingt, wird FALSE zurückgeliefert. Wird der Parameter `link_identifier` nicht angegeben, wird die zuletzt geöffnete Verbindung genutzt.

mssql_result

```
int mssql_result (int result, int i, mixed field)
```

Liefert die bei einer Ab-/Anfrage gefundenen Daten.

Der Parameter `field` kann der Feldindex, der Feldname oder die komplette Bezeichnung `tabelle.name` sein. Wenn in einer Abfrage ein Alias genutzt wird, muss hier der Alias auch verwendet werden. Es ist schneller, den gesamten Datensatz zu lesen, wenn mehr als ein Feld benötigt wird. Außerdem ist die Verwendung eines numerischen Index schneller als die eines Feldnamens.

mssql_select_db

```
int mssql_select_db (string database_name [, int
   link_identifier])
```

Wählt eine MSSQL-Datenbank aus.

Im Erfolgsfall wird TRUE zurückgegeben. Wird der Parameter `link_identifier` nicht angegeben, wird die zuletzt geöffnete Verbindung genutzt. Die Verwendung entspricht dem SQL-Befehl USE.

11.12 MySQL-Funktionen

mysql_affected_rows

```
int mysql_affected_rows ([int Verbindungs-Kennung])
```

Liefert die Anzahl der betroffenen Zeilen in einer durchgeführten MySQL-Operation. Diese Funktion arbeitet nur für INSERT, UPDATE und DELETE. Bei DELETE wird die WHERE-Bedingung zwar ausgeführt, die Funktion gibt aber 0 zurück.

mysql_change_user

```
int mysql_change_user (string user, string password [,
   string database [, resource link_identifier]])
```

Ändert den momentan angemeldeten User.

mysql_close

```
bool mysql_close ([resource link_identifier])
```

Schließt eine Verbindung zum Datenbank-Server.

Die Verbindung wird am Ende eines Skripts automatisch geschlossen.

mysql_connect

```
resource mysql_connect ([string hostname [:port] [:/path/
    to/socket] [, string username [, string password]]])
```

Öffnet eine Verbindung zum MySQL-Datenbank-Server.

mysql_create_db

```
int mysql_create_db (string database name [, resource
    link_identifier])
```

Erzeugt eine neue MySQL-Datenbank.

mysql_data_seek

```
bool mysql_data_seek (resource result_identifier, int
    row_number)
```

Bewegt den internen Datensatz-Zeiger auf die Ergebnisliste.

mysql_db_query

```
int mysql_db_query (string Datenbank, string Anfrage [, int
    Verbindungs-Kennung])
```

Schickt eine Ab-/Anfrage an die MySQL-Datenbank.

Die Funktion gibt einen von anderen Funktionen verwendeten Zeiger auf die Ergebnisliste der Abfrage zurück.

mysql_drop_db

```
bool mysql_drop_db (string database_name [, resource
    link_identifier])
```

Löscht eine MySQL-Datenbank.

Die Funktion löscht die Datenbank ohne Rücksicht darauf, ob Daten enthalten sind oder nicht.

mysql_errno

`int mysql_errno ([resource link_identifier])`

Liefert die Fehlernummer einer zuvor ausgeführten Operation.

In PHP selbst werden im Fehlerfall keine Warnungen erzeugt. Ein typischer Einsatz ist die folgende Abfragefunktion:

```
<?php
   function myquery ($query, $ conn, $debug = FALSE)
        {
        if ($debug) echo "<b>SQL: </b>$query<p>";
        $result = @mysql_query($query, $conn) or
        die("<b>Fehler-Nr.     : </b>: " .
   mysql_errno($conn) .
        "<br><b>Meldung: </b>: " .
   mysql_error($conn));
        return $result;
        }
   ?>
```

mysql_error

`string mysql_error ([resource link_identifier])`

Liefert den Fehlertext der ausgeführten MySQL-Operation.

mysql_fetch_array

```
array mysql_fetch_array (resource result [, int
   result_type])
```

Liefert einen Datensatz als assoziatives Array.

Diese Funktion ist eine Erweiterung von `mysql_fetch_row`.

Haben Spalten keine eindeutigen Namen, müssen Aliasse benutzt werden.

Der Parameter `result_type` kann folgende Definitionen haben:

- MYSQL_ASSOC: Erzeugt ein assoziatives Array
- MYSQL_NUM: Erzeugt ein numerisches Array
- MYSQL_BOTH: Erzeugt beides

```
<?php
   mysql_connect ($host, $user, $password);
   $result = mysql_db_query("mydbase", "SELECT * FROM cus-
   tomers");
   while ($cider = mysql_fetch_array($result))
      {
      echo $cider["customerID"];
      echo $cider["name"];
      }
   mysql_free_result($result);
   ?>
```

mysql_fetch_field

```
object mysql_fetch_field (resource result [, int
   field_offset])
```

Liefert ein Objekt mit Feldinformationen aus einem Ergebnis.

Die Eigenschaften des Objekts sind:

`name`	Spaltenname
`table`	Tabellenname, zu dem das Feld gehört
`max_length`	Maximale Länge
`not_null`	1, wenn NULL nicht erlaubt ist

primary_key	1, wenn die Spalte einen Primärschlüssel hat
unique_key	1, wenn die Spalte UNIQUE ist
multiple_key	1, wenn die Spalte nicht UNIQUE ist
numeric	1, wenn die Spalte einen numerischen Datentyp hat
blob	1, wenn die Spalte vom Typ BLOB ist
type	der Datentyp
unsigned	1, wenn die Spalte keine Vorzeichen haben darf
zerofill	1, wenn standardmäßig 0 eingetragen wird

mysql_fetch_lengths

```
array mysql_fetch_lengths (resource result)
```

Liefert die Feldlänge jeden Feldes in einem Datensatz.

mysql_fetch_object

```
object mysql_fetch_object (resource result [, int
   result_type])
```

Gibt einen Datensatz als Objekt zurück.

```
<?php
   mysql_connect($host, $user, $password);
   $result = mysql_db_query("mydbase","SELECT * FROM custo-
   mers");
   while ($cider = mysql_fetch_object($result))
      {
      echo $cider->customerID;
      echo $cider->name;
      }
   mysql_free_result($result);
   ?>
```

mysql_fetch_row

`array mysql_fetch_row (resource result)`

Liefert einen Datensatz als indiziertes Array.

mysql_field_flags

`string mysql_field_flags (resource result, int field_offset)`

Liefert die Flags eines Feldes in einem Ergebnis.

Der Rückgabewert kann eine oder mehrere der folgenden Zeichenketten beinhalten:

- "not_null"
- "primary_key"
- "unique_key"
- "multiple_key"
- "blob"
- "unsigned"
- "zerofill"
- "binary"
- "enum"
- "auto_increment"
- "timestamp"

mysql_field_len

`int mysql_field_len (resource result, int field_offset)`

Gibt die Länge eines Feldes aus.

mysql_field_name

`string mysql_field_name (resource result, int field_index)`

Liefert den Namen eines Feldes in einem Ergebnis.

mysql_field_seek

```
int mysql_field_seek (resource result, int field_offset)
```

Setzt den Feldzeiger auf ein bestimmtes Feld.

mysql_field_table

```
string mysql_field_table (resource result, int
   field_offset)
```

Liefert den Namen der Tabelle, die das genannte Feld enthält.

mysql_field_type

```
string mysql_field_type (iresource result, int
   field_offset)
```

Liefert den Typ eines Feldes in einem Ergebnis.

Die Rückgabewerte können eine der folgenden Zeichenketten sein:

- "int"
- "real"
- "string"
- "blob"

```
<?php
   mysql_connect("localhost:8860");
   mysql_select_db("enterprises");
   $result = mysql_query("SELECT * FROM customers");
   $fields = mysql_num_fields($result);
   $rows = mysql_num_rows($result);
   $i = 0;
   $table = mysql_field_table($result, $i);
   echo "Die Tabelle ' ".$table. " ' hat ".$fields. "
   Felder und ".$rows. " Datensätze <br>";
   echo "Es folgt eine Liste der Felder:<br>";
   while ($i < $fields)
```

```
    {
    $strType = mysql_field_type($result, $i);
    $strName = mysql_field_name($result, $i);
    $intLen = mysql_field_len($result, $i);
    $strFlags = mysql_field_flags($result, $i);
    echo "$strType - $strName;";
    echo "$intLen - $strFlags; <br>";
    $i++;
   }
mysql_close();
?>
```

mysql_free_result

`int mysql_free_result (resource result)`

Gibt den durch Ergebnisse belegten Speicher wieder frei.

mysql_insert_id

`int mysql_insert_id ([resource link_identifier])`

Liefert die Kennung einer vorangegangenen Insert-Operation.

Der Wert kann nur ermittelt werden, wenn eine Spalte mit der Eigenschaft AUTO_INCREMENT vorhanden ist.

mysql_list_dbs

`resource mysql_list_dbs ([resource link_identifier])`

Gibt eine Liste mit allen verfügbaren Datenbanken auf dem MySQL-Server aus.

Die Funktion gibt nur einen Zeiger auf die Ergebnisse der Abfrage zurück. Die Auswertung kann mit der Funktion `mysql_tablename` erfolgen.

mysql_list_fields

```
resource mysql_list_fields (string database_name, string
   table_name [, resource link_identifier])
```

Listet die Felder einer Tabelle auf.

Die Funktion gibt nur einen Zeiger auf die Ergebnisse der Abfrage zurück. Die Auswertung selber kann man mit den Funktionen `mysql_field_flags`, `mysql_field_len`, `mysql_field_name` und `mysql_field_type` durchführen.

Fehler werden als -1 zurückgeliefert und Fehlermeldungen in `$phperrmsg` platziert und ausgegeben. Die Ausgabe kann mit dem @-Operator vor der Funktion unterdrückt werden.

mysql_list_tables

```
resource mysql_list_tables (string database [, resource
   link_identifier])
```

Liefert die Liste aller Tabellen einer Datenbank.

Die Funktion gibt nur einen Zeiger auf die Ergebnisse der Abfrage zurück. Die Auswertung kann mit der Funktion `mysql_tablename` erfolgen.

mysql_num_fields

```
int mysql_num_fields (resource result)
```

Gibt die Anzahl der Felder eines Ergebnisses aus.

mysql_num_rows

```
int mysql_num_rows (resource result)
```

Gibt die Anzahl der Datensätze eines Ergebnisses aus.

mysql_pconnect

```
resource mysql_pconnect ([string hostname [:port] [:/path/
   to/socket] [, string username [, string password]]])
```

Öffnet eine persistente Verbindung zu einem MySQL-Server.

Persistente Verbindungen sind nur dann möglich, wenn PHP als Modul im Webserver arbeitet. Die erneute Nutzung einer Verbindung erfolgt automatisch durch die Angabe identischer Parameter.

mysql_query

```
resource mysql_query (string query [, resource
   link_identifier])
```

Sendet eine Anfrage zum MySQL-Datenbank-Server.

INSERT, UPDATE und DELETE geben TRUE zurück, wenn die Anweisung erfolgreich war. SELECT gibt einen Zeiger auf die Ergebnisliste zurück.

mysql_result

```
mixed mysql_result (resource result, int row [, mixed
   field])
```

Liefert das Ergebnis einer Anfrage.

Schnellere Alternativen sind die Funktionen `mysql_fetch_row`, `mysql_fetch_array` und `mysql_fetch_object`.

mysql_select_db

```
bool mysql_select_db (string database_name [, resource
   link_identifier])
```

Wählt eine entsprechende Datenbank aus.

mysql_tablename

```
string mysql_tablename (resource result, int i)
```

Liefert den Namen einer Tabelle.

Diese Funktion benötigt als Parameter den Ergebniszeiger, den die Funktion `mysql_list_tables` zurückgibt. `mysql_num_rows` zeigt die Anzahl der Tabellen an.

```
<?php
   mysql_connect ("localhost");
   $result = mysql_list_tables ("mydbase");
   $i = 0;
   while ($i < mysql_num_rows ($result))
        {
         $names[$i] = mysql_tablename($result, $i);
         echo $names[$i] . "<br>";
         $i++;
        }
   ?>
```

mysql_unbuffered_query

```
resource mysql_unbuffered_query (string query [, resource
   link_identifier [, int result_mode]])
```

Sendet eine Anfrage zum MySQL-Datenbank-Server, ohne dass die Ergebniszeilen gepuffert werden.

11.13 ODBC-Funktionen

ODBC ist im eigentlichen Sinne ein Standard, also kein kaufbares Produkt und auch keine Anwendung. Normalerweise liefern die Hersteller von Datenbanken für alle erdenklichen Betriebssysteme passende ODBC-Treiber.

Wenn Sie nun zugleich Skripts in ASP, Perl und PHP schreiben, kann eine wechselnde Anbindung der Datenbank aufwändig werden. Mit ODBC ist es einfacher, damit umzugehen.

In PHP wird ODBC durch eine Vielzahl von Funktionen unterstützt. Sie können somit Skripts schreiben, deren einzige Schnittstelle zur Datenbank ODBC ist. Der Vorteil daran ist, dass Sie auf einem Entwicklungssystem mit einer preiswerten Datenbank wie Access entwickeln, die Produktionsserver aber dann mit Oracle ausstatten können. Änderungen an den Skripts und insbesondere an den Datenbankabfragen sind kaum nötig. Unabhängig davon werden natürlich einige Befehle direkt an die Datenbank weitergeleitet. ODBC verhindert also nicht automatisch, dass Programmierer systemunabhängige Befehle nutzen.

odbc_autocommit

```
int odbc_autocommit (int connection_id [, int OnOff])
```

Schaltet die Behandlung der automatischen Bestätigung von Transaktionen um.

Ohne den Parameter `OnOff` wird der aktuelle Auto-Commit-Status zurückgegeben (TRUE wenn `On`, FALSE wenn `Off`). Der Standardwert ist `On`. Das Abschalten entspricht dem Start einer neuen Transaktion. Normalerweise wird jede Anweisung als eine Transaktion angesehen und nach der erfolgreichen Abarbeitung bestätigt (`commit`).

odbc_binmode

```
int odbc_binmode (int result_id, int mode)
```

Behandelt Spalten mit binären Daten.

Der Parameter mode bestimmt die betroffenen Datentypen (BINARY, VARBINARY, LONGVARBINARY).

ODBC_BINMODE_PASSTHRU	BINARY-Daten unverändert weitergeben
ODBC_BINMODE_RETURN	Alles unverändert zurückgeben
ODBC_BINMODE_CONVERT	In Zeichenkette umwandeln

Bei der Umwandlung in Zeichenketten wird jedes Byte in zwei Bytes ASCII-Code verwandelt. Diese Zeichen sind die ASCII-Hex-Darstellung des Binärwertes der Nibble: 00000001 entspricht »01« und 11111111 entspricht »FF«.

Binmode	**Longreadlen**	**Resultat**
ODBC_BINMODE_PASSTHRU	0	Direkte Ausgabe
ODBC_BINMODE_RETURN	0	Direkte Ausgabe
ODBC_BINMODE_CONVERT	0	Direkte Ausgabe
ODBC_BINMODE_PASSTHRU	0	Direkte Ausgabe
ODBC_BINMODE_PASSTHRU	>0	Direkte Ausgabe
ODBC_BINMODE_RETURN	>0	Unverändert
ODBC_BINMODE_CONVERT	>0	Zeichen

Verwendet man odbc_fetch_into, bedeutet »Direkte Ausgabe«, dass für leere Spalten eine leere Zeichenkette zurückgegeben wird. Wenn der Parameter result_id gleich 0 ist, gelten die Einstellungen ab sofort als Standardwerte.

Der Defaultwert für longreadlen ist 4096, für odbc_binmode() ODBC_BINMODE_RETURN, also die unveränderte Rückgabe.

Das Verhalten von LONGVARBINARY wird ebenfalls durch die Funktion odbc_longreadlen() bestimmt.

odbc_close

```
void odbc_close (int connection_id)
```

Beendet eine ODBC-Verbindung.

Diese Funktion kann nicht durchgeführt werden, wenn noch offene Transaktionen auf dieser Datenbankverbindung ausstehen.

odbc_close_all

```
void odbc_close_all ()
```

Beendet alle ODBC-Verbindungen.

Diese Funktion kann nicht durchgeführt werden, wenn noch offene Transaktionen auf dieser Datenbankverbindung ausstehen.

odbc_commit

```
int odbc_commit (int connection_id)
```

Führt eine ODBC-Transaktion durch.

Wenn mehrere Transaktionen für die angegebene Verbindung offen waren, werden alle bestätigt. Die Funktion gibt im Erfolgsfall TRUE zurück, sonst FALSE.

odbc_connect

```
int odbc_connect (string dsn, string user, string password
   [, int cursor_type])
```

Baut die Verbindung zu einer ODBC-Datenquelle auf.

Liefert eine ODBC-Verbindungskennung `connection_id` oder 0 (FALSE) bei Fehlfunktion zurück.

Die Verbindungskennung `connection_id` wird von den anderen ODBC-Funktionen benötigt. Es können mehrere ODBC-Verbindungen nebeneinander bestehen. Der optionale vierte Parameter `cursor_type` setzt die Art des Cursors, der für diese Verbindung genutzt werden soll. Normalerweise wird dieser nicht benötigt, bei manchen ODBC-Treiberproblemen kann er aber sehr nützlich sein.

Es können etwa Probleme bei der Ausführung von komplexen Prozeduren auftreten. Die Fehlermeldung lautet dann zum Beispiel »Cannot open a cursor on a stored procedure that has anything other than a single select statement in it«. Dieser Fehler kann durch die Verwendung von SQL_CUR_USE_ODBC als `cursor_type` vermieden werden.

Einige ODBC-Treiber unterstützen den optionalen Parameter `row_number` in der Funktion `odbc_fetch_row()` nicht. Auch in diesem Fall kann SQL_CUR_USE_ODBC helfen.

Folgende Angaben sind als Cursortyp möglich:

- SQL_CUR_USE_IF_NEEDED
- SQL_CUR_USE_ODBC
- SQL_CUR_USE_DRIVER
- SQL_CUR_DEFAULT

odbc_cursor

```
string odbc_cursor (int result_id)
```

Liefert einen Cursornamen für die Ergebniskennung `result_id`.

odbc_do

```
int odbc_do (int conn_id, string query)
```

Ist eigentlich ein Synonym für die Funktion `odbc_exec`.
Führt eine Anfrage auf die gegebene Verbindung durch.

odbc_exec

```
int odbc_exec (int connection_id, string query_string)
```

Verarbeitet eine SQL-Anweisung und schickt diese an den SQL-Server.

Im Fehlerfall wird FALSE zurückgegeben, sonst die von anderen Funktionen benötigte `result_id` für die empfangene Ergebnisliste.

odbc_execute

```
int odbc_execute (int result_id [, array parameters_array])
```

Führt einen vorbereiteten SQL-Befehl aus.

Der Befehl führt eine mit `odbc_prepare` vorbereitete Anweisung aus. Im Fehlerfall wird FALSE zurückgegeben, sonst TRUE. Wurde die Anweisung mit Parametern vorbereitet, kann optional das Array `parameters_array` mit den gewünschten Werten angegeben werden.

odbc_fetch_into

```
int odbc_fetch_into (int result_id [, int rownumber, array
   result_array])
```

Stellt eine Ergebniszeile in ein numerisches Array.

Die Funktion gibt die Anzahl der Spalten der Ergebnisliste zurück, das Array `result_array` selbst muss als Referenz übergeben werden (mit dem &-Operator). Der Index des Arrays beginnt immer mit 0.

odbc_fetch_row

```
int odbc_fetch_row (int result_id [, int row_number])
```

Liefert eine Datenzeile zurück.

Die Funktion gibt TRUE zurück, wenn noch Datensätze vorhanden sind, sonst FALSE. Sie wird unmittelbar nach `odbc_do` oder `odbc_exec` ausgeführt und bestimmt, welche Daten von einem anschließenden Aufruf von `odbc_fetch_row` übernommen werden. Die Angabe der Reiche `row_number` ist optional. Jeder Aufruf setzt den Datensatzzeiger eine Reihe weiter. Um alle Datensätze einzulesen, wird der Startwert für `row_number` auf 1 gesetzt.

odbc_field_len

```
int odbc_field_len (int result_id, int field_number)
```

Bestimmt die Länge eines Feldes.

Die Feldindizes beginnen bei dieser Funktion mit 1. Bei einem Fehler wird FALSE zurückgegeben.

odbc_field_name

```
string odbc_field_name (int result_id, int field_number)
```

Gibt die Spaltenbezeichnung zurück.

Die Feldindizes beginnen bei dieser Funktion mit 1. Bei einem Fehler wird FALSE zurückgegeben.

odbc_field_type

```
string odbc_field_type (int result_id, int field_number)
```

Liefert den Datentyp eines Feldes.

Die Feldindizes beginnen bei dieser Funktion mit 1. Bei einem Fehler wird FALSE zurückgegeben.

odbc_free_result

```
int odbc_free_result (int result_id)
```

Gibt den durch ein Abfrageergebnis belegten Speicherplatz wieder frei.

Die Funktion gibt immer TRUE zurück. Am Ende eines Skripts wird der Speicher immer geleert. Der Aufruf ist also nur notwendig, wenn Speicher während der Laufzeit des Skripts benötigt wird.

Wenn Auto-Commit ausgeschaltet ist und eine offene Transaktion vorhanden ist, wird diese zurückgesetzt (rollback), wenn Sie die Funktion `odbc_free_result` aufrufen.

odbc_longreadlen

```
int odbc_longreadln(int result_id, int length)
```

Steuert die Nutzung von LONG-Spalten.

Der Parameter `length` gibt an, wie viele Bytes behandelt werden sollen. Wenn er auf 0 gesetzt wird, werden die Daten unverändert in voller Länge weitergegeben.

odbc_num_fields

```
int odbc_num_fields (int result_id)
```

Liefert die Anzahl der Ergebnisspalten.

Fehler werden als -1 zurückgegeben.

odbc_num_rows

```
int odbc_num_rows (int result_id)
```

Weist die Zeilenzahl des Abfrageergebnisses aus.

Die Funktion gibt die Anzahl der Reihen einer mit SELECT erzeugten Ergebnisliste zurück oder die Anzahl der bearbeiteten Reihen der letzten INSERT-, UPDATE- oder DELETE-Anweisungen.

odbc_pconnect

```
int odbc_pconnect (string dsn, string user, string password
   [, int cursor_type])
```

Öffnet eine persistente Datenbankverbindung.

Die Funktion entspricht `odbc_connect`; eine Verbindung wird am Ende eines Skripts nicht geschlossen. Dies funktioniert nur, wenn PHP als Modul im Webserver arbeitet, nicht als CGI. Die Funktion erkennt die Verbindung in einem anderen Skript anhand der identischen Parameter.

odbc_prepare

```
int odbc_prepare (int connection_id, string query_string)
```

Stellt einen SQL-Befehl zur Ausführung bereit.

Im Fehlerfall wird FALSE zurückgegeben.

odbc_result

```
string odbc_result (int result_id, mixed field)
```

Erlaubt den Zugriff auf die Ergebnisdaten.

`field` kann die Nummer oder der Name eines Feldes sein.

```
$cider _2 = odbc_result($Query_ID,2);
   $cider_val = odbc_result($Query_ID, "val");
```

Im Fehlerfall wird -1 zurückgegeben, beispielsweise, wenn ein Feld nicht vorhanden ist. Die Feldindizes beginnen bei 1.

odbc_result_all

```
int odbc_result_all (int result_id [, string format])
```

Gibt das aktuelle Abfrageergebnis als HTML-Tabelle aus.

Der Rückgabewert gibt die Anzahl der erzeugten Reihen an. Im Fehlerfall wird FALSE zurückgegeben. Die Ausgabe erfolgt direkt an den Browser und kann nicht in PHP-Variablen umgeleitet werden. Die Tabelle kann global mit dem optionalen Parameter `format` beeinflusst werden.

odbc_rollback

```
int odbc_rollback (int connection_id)
```

Hebt eine Transaktion wieder auf.

Im Fehlerfall wird FALSE zurückgegeben, sonst TRUE.

odbc_setoption

```
int odbc_setoption (int id, int function, int option, int
   param)
```

Verändert die ODBC-Einstellungen.

Diese Funktion erlaubt das Einstellen der ODBC-Optionen für eine einzelne Verbindung. Sie soll beim Auffinden und Beheben von Problemen mit ODBC-Treibern helfen. Es empfiehlt sich, diese Funktionen nur zu nutzen, wenn man einige Erfahrung mit ODBC-Programmierung gesammelt hat und die Wirkungen der einzelnen Parameter kennt.

Einige Optionen stehen nicht zur Verfügung, weil sie vor dem Aufbau einer ODBC-Verbindung eingestellt sein müssen.

id	die Verbindungs- oder Ergebniskennung, deren Optionen geändert werden sollen. Bei SQLSetConnectOption()ist es eine Verbindungskennung, bei SQLSetStmtOption()eine Ergebniskennung.
function	die ODBC-Funktion, die genutzt werden soll. Die Werte sind 1 für SQLSetConnectOption() und 2 für SQLSetStnt-Option().
option	die Option, die gesetzt werden soll.
param	der Wert für die gegebene option.

```
// 1. Option 102 von SQLSetConnectOption() ist
   SQL_AUTOCOMMIT.
   //    Wert 1 für SQL_AUTOCOMMIT entspricht
   SQL_AUTOCOMMIT_ON.
   //    Dieses Beispiel hat denselben Effekt wie
   odbc_autocommit($conn, true);
   odbc_setoption ($conn, 1, 102, 1);
   // 2. Option 0 von SQLSetStmtOption() ist
   SQL_QUERY_TIMEOUT.
   //    Dieses Beispiel setzt den Timeout auf 30 Sekunden.
   $result = odbc_prepare ($conn, $sql);
   odbc_setoption ($result, 2, 0, 30);
   odbc_execute ($result);
```

11.14 Oracle-Funktionen

ora_bind

```
int ora_bind (int cursor, string PHP-Variablenname, string
   SQL-Parametername, int Länge [, int Typ])
```

Bindet eine PHP-Variable an einen Oracle-Parameter.

Im Erfolgsfall wird TRUE zurückgegeben. Die Funktionen ora_error und ora_errorcode enthalten mögliche Fehlermeldungen. Der Platzhalter wird in der SQL-Anweisung in der Form :name angegeben. Der optionale Parameter type gibt an, in welcher Richtung Werte übernommen werden.

0, ORA_BIND_INOUT	Beide Richtungen (Standard)
1, ORA_BIND_IN	Eingabeparameter
2, ORA_BIND_OUT	Ausgabeparameter

Die Funktion muss nach ora_parse und vor ora_exec aufgerufen werden.

```
<?php
   ora_parse($curs, "declare tmp INTEGER;
      begin tmp := :in; :out := tmp; :x :=7.77;
      end;");
   ora_bind($curs, "result", ":x", $len, 2);
   ora_bind($curs, "input", ":in", 5, 1);
   ora_bind($curs, "output", ":out", 5, 2);
   $input = 333;
   ora_exec($curs);
   echo "Ergebnis: $result<br>OUT: $output<br>IN: $input";
   ?>
```

ora_close

`int ora_close (int Cursor)`

Schließt einen Oracle-Cursor.

ora_columnname

`string ora_columnname (int Cursor, int Feld)`

Liefert den Namen eines Oracle-Ergebnisfeldes.

ora_columnsize

```
int ora_columnsize (int Cursor, int Feld)
```

Liefert die Größe eines Oracle-Ergebnisfeldes.

ora_columntype

```
string ora_columntype (int cursor, int column)
```

Liefert den Typ eines Oracle-Ergebnisfeldes.

Der Typ wird als Zeichenkette zurückgegeben und kann folgende Werte annehmen:

- VARCHAR2
- VARCHAR
- CHAR
- NUMBER
- LONG
- LONG RAW
- ROWID
- DATE
- CURSOR

ora_commit

```
int ora_commit (int conn)
```

Bestätigt eine Oracle-Transaktion.

Gibt bei Erfolg TRUE und sonst FALSE zurück. Einzelheiten über den Fehler bekommen Sie mit den Funktionen `ora_error()` und `ora_errorcode()`.

Diese Funktion bestätigt eine Oracle-Transaktion. Eine Transaktion ist die Gesamtheit aller Änderungen seit der letzten Bestätigung, also dem letzten Rollback, seit die automatische Bestätigung abgeschaltet wurde oder seit die Verbindung besteht.

ora_commitoff

```
int ora_commitoff (int conn)
```

Schaltet die automatische Bestätigung ab.

ora_commiton

```
int ora_commiton (int conn)
```

Schaltet die automatische Bestätigung ein.

ora_do

```
int ora_do (int conn, string query)
```

Kombiniert die Funktionen `ora_parse`, `ora_exec` und `ora_fetch`.

ora_error

```
string ora_error (int cursor_or_connection)
```

Liefert eine Oracle-Fehlermeldung.

Gibt eine Fehlermeldung der Form XXX-NNNNN zurück, wobei XXX die Fehlerquelle angibt und NNNNN die Meldung identifiziert.

ora_errorcode

```
int ora_errorcode (int cursor_or_connection)
```

Liefert den numerischen Oracle-Fehlercode.

ora_exec

```
int ora_exec (int cursor)
```

Führt eine analysierte Anweisung an einem Oracle-Cursor durch.

ora_fetch

```
int ora_fetch (int cursor)
```

Ruft einen Datensatz an einem Cursor ab und lädt diesen in den Ergebnispuffer.

ora_fetch_into

```
int ora_fetch_into (int cursor, array result [, int flags])
```

Ruft einen Datensatz in ein Ergebnisarray ab.

ora_getcolumn

```
mixed ora_getcolumn (int cursor, mixed field)
```

Liefert die Daten eines abgerufenen Feldes.

Fehlerzustände sollten mit `ora_errorcode` erkannt werden, da sich bestimmte legale Werte als FALSE darstellen (NULL, leere Zeichenketten, die Zahl 0, die Zeichenkette 0).

ora_logoff

```
int ora_logoff (int connection)
```

Beendet eine Oracle-Verbindung.

ora_logon

```
int ora_logon (string username, string password)
```

Baut eine Oracle-Verbindung auf.

ora_plogon

```
int ora_plogon (string username, string password)
```

Baut eine persistente Oracle-Datenbankverbindung auf.

ora_numcols

```
int ora_numcols (int cursor_ind)
```

Liefert die Anzahl der Felder.

ora_numrows

```
int ora_numrows (int cursor_ind)
```

Liefert die Anzahl der Datensätze.

ora_open

```
int ora_open (int Verbindung)
```

Öffnet einen Oracle-Cursor.

ora_parse

```
int ora_parse (int cursor_ind, string sql_statement, int
   defer)
```

Analysiert eine SQL-Anweisung.

Diese Funktion analysiert eine SQL-Anweisung oder einen PL/SQL-Block und verknüpft dies mit dem angegebenen Cursor.

ora_rollback

```
int ora_rollback (int connection)
```

Macht eine Transaktion rückgängig.

11.15 Oracle-8-Funktionen

Diese Funktionen gestatten den Zugriff auf Oracle-7- und Oracle-8-Datenbanken. Diese Schnittstelle hat den Vorteil, dass sie flexibler ist als die Standard-Oracle-Funktionen. Es wird hierbei das Oracle-8-Call-Interface (OCI8) verwendet, das installierte Oracle-8-Client-Bibliotheken (Libraries) benötigt.

Es unterstützt Binding von lokalen und globalen PHP-Variablen an Oracle-Platzhalter, hat vollständige LOB-, FILE- und ROWID-Unterstützung und gestattet dem Benutzer die Verwendung von Variablendefinitionen.

Vor der Benutzung dieser Erweiterung sollten Sie allerdings sicherstellen, dass die folgenden Umgebungsvariablen für den Webserver-User vor dessen Start gesetzt sind.

- ORACLE_HOME
- ORACLE_SID
- LD_PRELOAD
- LD_LIBRARY_PATH
- NLS_LANG
- ORA_NLS33

OCIBindByName

```
int OCIBindByName (int stmt, string ph_name, mixed &variable, int length [, int type])
```

Bindet eine PHP-Variable an einen Platzhalter.

Die Funktion bindet die Variable `variable` an den Platzhalter `ph_name`. Die maximale Länge kann mit `length` beschränkt werden; wenn -1 angegeben ist, wird die aktuelle Länge der Variablen übernommen.

Der optionale Parameter type gibt den Datentyp an:

OCI_B_FILE	Binärdatei
OCI_B_CLOB	Textobjekt LOB
OCI_B_BLOB	Binärobjekt LOB
OCI_B_ROWID	ROWID

Das nachfolgende Beispiel fügt drei Datensätze ein und nutzt die ROWID für den nächsten Vorgang:

```
<?php
   $conn = OCILogon("oracleserver","mydbase");
   $cider = OCIParse($conn,"INSERT INTO customers (custome-
   rID, name)" .
      "VALUES (:customerID, :name) " .
      "returning ROWID into :rowid");
   $data = array (4711 => "MySQL", 4712 =>
   "MSSQL",4713=>"Oracle");
   $rowid = OCINewDescriptor($conn,OCI_D_ROWID);
   ocibindbyname($cider,":customerID",&$customerID);
   ocibindbyname($cider,":name",&$name);
   $update = OCIParse($conn,"UPDATE customers SET ort =
   :ort
      WHERE ROWID = :rowid");
   ocibindbyname($update,":rowid",&$rowid,-1,OCI_B_ROWID);
   ocibindbyname($update,":ort",&$eire);
   $eire = "Anywhere";
   while (list($customerID,$name) = each ($data))
        {
        ociexecute($cider);
        ociexecute($udpate);
        }
   $rowid->free();
   ocifreestatement($update);
   ocifreestatement($cider);
```

OCIColumnIsNULL

```
int OCIColumnIsNULL (int stmt, mixed column)
```

Testet eine Spalte, ob der Inhalt NULL ist.

OCIColumnName

```
string OCIColumnName (int stmt, int col)
```

Liefert den Namen der Spalte zurück.

OCIColumnSize

```
int OCIColumnSize (int stmt, mixed column)
```

Gibt die Größe einer Spalte zurück.

OCIColumnType

```
mixed OCIColumnType (int stmt, int col)
```

Liefert den Datentyp einer Spalte zurück.

OCICommit

```
int OCICommit (int connection_id)
```

Bestätigt offene, aber bereits abgearbeitete Transaktionen.

OCIDefineByName

```
int OCIDefineByName (int stmt, string column-name, mixed
   variable [, int type])
```

Definiert eine PHP-Variable als Platzhalter für die Werte eines SELECT-Statements.

Zu erwähnen ist, dass Oracle die Spaltennamen in Großbuchstaben erwartet. Bei allen anderen Oracle-Funktionen werden die Werte automatisch umgewandelt, bei dieser jedoch muss man diesen Standard einhalten.

```
<?php
   $conn = ocilogon("oraclehost","mydbase");
   $cider = ociparse($conn,"SELECT customerID, name FROM
   customers");
   ocidefinebyname($cider,"EMPNO",&$customerID);
   ocidefinebyname($cider,"ENAME",&$name);
   ociexecute($cider);
   while (ocifetch($cider)) {
        echo "Kundennummer:" . $customerID . " -  Name:" .
   $name . "<br>"; }
   ecifreestatement($cider);
   ocilogoff($conn);
   ?>
```

OCIError

`mixed OCIError ([array stmt|conn])`

Gibt den letzten Fehler von `stmt|conn|global` zurück oder FALSE, wenn kein Fehler aufgetreten ist.

OCIExecute

`int OCIExecute (int statement [, int mode])`

Führt ein Statement aus.

Die Funktion führt ein bereits vorbereitetes Statement aus. Bei der Vorbereitung wird die Anweisungszeichenfolge vorverarbeitet, so dass die spätere Ausführung schneller vonstatten gehen kann.

Der optionale Parameter mode kann folgendermaßen definiert werden:

OCI_COMMIT_ON_SUCCESS (Standardwert)	bestätigt Transaktionen automatisch am Ende des Befehls.
OCI_DEFAULT	wird gesetzt, wenn Transaktionen explizit bestätigt werden müssen.

OCIFetch

```
int OCIFetch (int statement)
```

Fetcht die nächste Ergebniszeile.

OCIFetchInto

```
int OCIFetchInto (int stmt, array &result [, int mode])
```

Fetcht den nächsten Datensatz in ein Array.

Das Array wird als referenzierte Variable übergeben. Es werden nur Spalten übergeben, deren Werte nicht NULL sind. Das Array ist numerisch indiziert und beginnt mit dem Index 1.

Der Parameter mode kann folgende Werte annehmen.

OCI_ASSOC	gibt ein assoziatives Array mit Feldnamen als Indizes zurück.
OCI_NUM	gibt ein numerisches Array mit dem Startindex 1 zurück, dies ist der Standardwert.
OCI_RETURN_NULLS	gibt auch Spalten mit NULL zurück.
OCI_RETURN_LOBS	gibt bei Binärwerten die Werte und nicht nur den Zeiger zurück.

Es können mehrere Konstanten kombiniert werden, indem man sie addiert.

OCIFetchStatement

```
int OCIFetchStatement (int stmt, array &variable)
```

Fetcht die Ergebnisse in ein Array.

OCIFreeCursor

```
int OCIFreeCursor (int stmt)
```

Gibt alle Ressourcen frei, die durch den Cursor gebunden waren.

OCIFreeStatement

```
int OCIFreeStatement (int stmt)
```

Gibt alle Ressourcen frei, die durch das Statement gebunden waren.

OCIInternalDebug

```
void OCIInternalDebug (int onoff)
```

Aktiviert oder deaktiviert die interne Debug-Ausgabe.

Die Standardeinstellung ist deaktiviert.

OCILogOff

```
int OCILogOff (int connection_id)
```

Schließt eine Datenbankverbindung zu Oracle.

OCILogon

```
int OCILogon (string username, string password [, string
   databasename])
```

Baut eine OCI-Verbindung auf.

OCINewCursor

`int OCINewCursor (int conn)`

Liefert einen neuen Cursor (Statement-Handle).

OCINLogon

`int OCINLogon (string username, string password [, string db])`

Loggt sich in Oracle ein und erzeugt eine neue Oracle-Session.

OCINumCols

`int OCINumCols (int stmt)`

Gibt die Anzahl der Spalten in einem Statement zurück.

OCIParse

`int OCIParse (int conn, strint query)`

Analysiert eine Abfrage und gibt eine Anweisung zurück.

OCIPLogon

```
int OCIPLogon (string username, string password [, string
   databasename])
```

Loggt sich persistent in Oracle ein und erzeugt eine neue Oracle-Session.

OCIResult

`mixed OCIResult (int statement, mixed column_name)`

Gibt einen Spaltenwert für das gefetchte Statement zurück.

OCIRollback

```
int OCIRollback (int connection_id)
```

Macht ausstehende Transaktionen rückgängig.

OCIRowCount

```
int OCIRowCount (int statement)
```

Gibt die Anzahl der betroffenen Zeilen zurück.

OCIServerVersion

```
string OCIServerVersion (int conn)
```

Liefert Informationen zurück über die Server-Version.

OCIStatementType

```
string OCIStatementType (int stmt)
```

Gibt den Typ eines Statements zurück.

Es können folgende Typen auftreten:

- SELECT
- UPDATE
- DELETE
- INSERT
- CREATE
- DROP
- ALTER
- BEGIN
- DECLARE
- UNKNOWN

12 Grafische Funktionen

12.1 Image-Funktionen

Diese Kapitel ist unterteilt in Image-Funktionen uns Shockwave Flash-Funktionen

Da es zu den Image-Funktionen eigentlich keine Einleitung gibt, ohne gleich auf die Funktionen eingehen zu müssen, gehen wir gleich in medias res und liefern allfällige Informationen und Erklärungen bei den Funktionen selbst.

Nur so viel vorab, Sie brauchen eine installierte GD-Version, und zwar enabled. Und je nach GD-Version können Sie bestimmte Grafik-Arten erzeugen bzw. verändern. Um JPEG-Grafiken lesen und schreiben zu können, benötigen Sie jpeg-6b. Nach der Installation müssen Sie sowohl GD neu kompilieren, mit `--with-jpeg-dir=/path/to/jpeg-6b`, als auch PHP, mit `--with-jpeg-dir=/path/to/jpeg-6b nue`.

getimagesize

```
array getimagesize (string filename [, array imageinfo])
```

Mit der Funktion `getimagesize()` ermitteln Sie die Daten jeder GIF-, JPG-, PNG- oder SWF-Datei.

Es werden die Ausmaße in Abhängigkeit vom Grafik-Typ sowie die Höhe und Breite als ein String zurückgegeben. Dieser kann innerhalb eines regulären HTML-IMG-Tags verwendet werden.

Die Funktion liefert ein Array aus vier Elementen zurück.

0	Breite
1	Höhe
2	Flag je nach Grafik-Typ (1=GIF, 2=JPG, 3=PNG, 4=SWF)
3	Zeichenkette im Format "height=xxx width=xxx" zur Verwendung im IMG-Tag von HTML

Im nachfolgenden Beispiel ermitteln wir die Grafik-Ausmaße mit Hilfe der Funktion getimagesize().

```
<?php
$size = getimagesize ("images/pic.jpg");
?>
<IMG SRC = "images/pic.jpg"
<?php
echo $size[3];
?>
```

Mit dem optionalen imageinfo-Parameter können Sie noch weitere Informationen der Grafik-Datei auslesen.

Zurzeit unterstützt dies die verschiedenen JPG-APP-Markierungen mittels einem assoziativen Array. Einige Programme nutzen diese Markierungen, um Text in eine Grafik einzubinden. Weit verbreitet ist die Einbettung von IPTC-Informationen in die APP13-Marke. Man kann die Funktion iptcparse() verwenden, um die binäre APP13-Marke in ein lesbares Format zu übertragen.

imagearc

```
int imagearc (int im, int cx, int cy, int w, int h, int s,
   int e, int col)
```

Die Funktion imagearc() zeichnet den Teil einer Ellipse mit dem Mittelpunkt (cx, cy), wobei oben links im, durch den im-Handle definiertem, Bild, das durch den im-Handle definiert wird, (0, 0) den Koordinatenpunkt darstellt.

`w` und `h` bezeichnen die Breite und Höhe der Ellipse, `s` und `e` den Start- bzw. Endwinkel des Bogens in Grad.

Mit `col` können Sie die Farbe der Ellipse bestimmen.

imagechar

```
int imagechar (int im, int font, int x, int y, string c, int
    col)
```

Die Funktion `imagechar()` zeichnet das erste Zeichen des Strings `c` in das Bild, auf das per `id` gezeigt wird.

Die linke obere Ecke des Zeichens wird durch die Koordinaten (`x, y`) bestimmt. Dabei wird von den Koordinaten (`0/0`) als Zeichnungsanfang links oben ausgegangen.

Die Farbe des Zeichens wird mit `col` bestimmt.

Ist `font` als 1, 2, 3, 4 oder 5 definiert, wird ein eingebauter GD-Font genutzt:

- `gdFontTiny (8x5)`
- `gdFontSmall (13x6)`
- `gdFontMediumBold (13x7)`
- `gdFontLarge (15x8)`
- `gdFontGiant (15x9)`

imagecharup

```
int imagecharup (int im, int font, int x, int y, string c,
    int col)
```

Die Funktion `imagecharup()` zeichnet das erste Zeichen des Strings `c` in das Bild, auf das per `id` gezeigt wird.

Die Koordinaten des Zeichens werden durch (x, y) bestimmt. Dabei wird von den Koordinaten (0,0) als Zeichnungsanfang links oben ausgegangen.

Die Farbe des Zeichens kann mit col bestimmt werden.

Ist font als 1, 2, 3, 4 oder 5 definiert, wird ein eingebauter Font genutzt. Die Auflistung siehe Funktion imagechar().

imagecolorallocate

```
int imagecolorallocate (int im, int red, int green, int
    blue)
```

Die Funktion imagecolorallocate() liefert eine Farb-ID, die durch die angegebenen RGB-Werte bestimmt wird.

Nur zur Erinnerung: Im Web werden Farben durch das RGB-Modell dargestellt, dabei kann jede der Farben *R*ot, *G*rün und *B*lau einen Wert zwischen 0 und 255 annehmen (im Hexadezimalsystem also einen Wert zwischen 00 und FF). Insgesamt sind somit im RGB-Modell 256^3 = 16.777.216 Farben darstellbar.

Computer haben aber unter Umständen nicht diese gesamte Farbpalette verfügbar. Webbrowser sind daher dafür optimiert, manche Farben mehr oder weniger garantiert darstellen zu können – das sind die Farben, die sich aus den Farbanteilen 00, 33, 66, 99, CC und FF mischen lassen (6^3 = 216 Farben).

Der Parameter im wird von der imagecreate()-Funktion zurückgeliefert.

imagecolorallocate() muss für jede Farbe aufgerufen werden, die innerhalb der Grafik im verwendet werden soll.

```
$weiss = imagecolorallocate ($im,255,255,255);
$schwarz = imagecolorallocate ($im,0,0,0);
```

imagecolorat

```
int imagecolorat (int im, int x, int y)
```

Diese Funktion ermittelt den Farb-Wert eines Pixels an den Koordinaten (x, y) der mit im bestimmten Grafik.

imagecolorclosest

```
int imagecolorclosest (int im, int red, int green, int
   blue)
```

Diese Funktion gibt den Index der Farbwert-Palette des Bildes im zurück, der den angegebenen RGB-Werten am nächsten kommt.

Die Nähe zwischen der angeforderten Farbe und jedem Farb-Paletten-Wert wird berechnet, als ob die angegebenen RGB-Werte Punkte in einem dreidimensionalen Raum darstellen.

imagecolordeallocate

```
int imagecolordeallocate (int im, int index)
```

Die Funktion imagecolordeallocate() löscht eine vorher über die Funktion imagecolorallocate() ermittelte Farbe.

```
$weiss = imagecolorallocate ($image, 255, 255, 255);
Imagecolordeallocate ($image, $weiss);
```

imagecolorexact

```
int imagecolorexact (int im, int red, int green, int blue)
```

Diese Funktion gibt den Index der angegebenen Farbe in der Farb-Palette des Bildes im zurück.

Existiert die Farbe in der Bild-Farb-Palette nicht, so wird -1 zurückgegeben.

imagecolorresolve

```
int imagecolorresolve (int im, int red, int green, int
   blue)
```

Diese Funktion ermittelt den Index-Wert der angegebenen Farbe oder die nächstmögliche Alternative dazu.

imagecolorset

```
bool imagecolorset (int im, int index, int red, int green,
   int blue)
```

Durch diese Funktion setzen Sie den Farbwert der Palette auf die angegebene Farbe.

Dies ist vor allem bei Aktionen wie »Fülle Farbe X mit Farbe Y« nützlich, ohne den sonst notwendigen Aufwand für solche Aktionen betreiben zu müssen.

imagecolorsforindex

```
array imagecolorsforindex (int im, int index)
```

Diese Funktion gibt ein assoziatives Array mit Rot-, Grün- und Blau-Werten zurück, die die Werte des Farb-Paletten-Index von `im` darstellen.

imagecolorstotal

```
int imagecolorstotal (int im)
```

Diese Funktion ergibt die Anzahl der Farben der Palette des angegebenen Bildes `im`.

imagecolortransparent

```
int imagecolortransparent (int im [, int col])
```

Die Funktion imagecolortransparent() setzt die transparente Farbe des Bildes im auf die Farbe col.

im ist der Bild-Pointer, der von Funktion imagecreate() zurückgegeben wird und col ist ein Zeiger auf die Farbe, die von imagecolorallocate() ermittelt wird.

Es wird ein Zeiger auf die neue Farbe zurückgegeben, die jetzt transparent ist, oder die aktuelle, falls keine Farbe angegeben wurde.

imagecopy

```
int imagecopy (int dst_im, int src_im, int dst_x, int
   dst_y, int src_x, int src_y, int src_w, int src_h)
```

Diese Funktion kopiert einen Teil des Quellbildes src_im nach dst_im.

Der zu kopierende Teil wird angegeben über die (x, y)-Koordinaten src_x und src_y. Die Breite wird in src_w und die Höhe in src_h angegeben.

Der Ausschnitt wird an die (x, y)-Koordinaten dst_x und dst_y kopiert.

imagecopyresized

```
int imagecopyresized (int dst_im, int src_im, int dstX, int
   dstY, int srcX, int srcY, int dstW, int dstH, int srcW,
   int srcH)
```

Die Funktion imagecopyresized() kopiert einen rechteckigen Ausschnitt eines Bildes in ein anderes.

Der Parameter dst_im gibt das Zielbild und src_im die Bildquelle an. Unterscheiden sich die Angaben der Quelle und des Ziels bezogen auf die Koordinaten, Höhe oder Breite, wird das Teilbild entsprechend gedehnt oder geschrumpft.

Die Koordinaten beziehen sich auf die linke obere Ecke. Man kann mit dieser Funktion auch Teilbilder innerhalb eines Bildes kopieren, sofern dst_im und src_im gleich sind.

```
function resizeimage($name)
    {
     $srcimg=imagecreatefromjpeg($name);
     $breitesrc=imagesx($srcimg);
     $hoehesrc=imagesy($srcimg);
     $breitedest = round($breitesrc/2.5);
     $hoehedest = round($hoehesrc/2.5);
     $destimg=imagecreatetruecolor($breitedest-1,$hoehedest-1);
     imagecopyresized ($destimg,$srcimg,0,0,0,0, $breitedest,
                                         $hoehedest, $breitesrc,
   $hoehesrc);
     imagejpeg($destimg,"detail/".$name);
     }
```

Die obige Funktion greift auf ein Bild im JPEG-Format zu, kopiert dieses und verändert die Größe.

imagecreate

```
int imagecreate (int x_size, int y_size)
```

Die Funktion imagecreate() gibt den Zeiger auf ein neues Bild zurück. Dieser Zeiger stellt ein leeres Bild mit der Größe x_size und y_size dar.

```
<?php
header ("Content-type: image/png");
$image = @imagecreate (50,100)
                or die ("Erzeugung eines neuen GD-Bild-
   Streams unmöglich!");
$b_color = imagecolorallocate ($image,255,255,255);
$t_color = imagecolorallocate ($image,233,14,91);
imagestring ($image,1,5,5, "Dies ist ein Test!",$t_color);
imagepng ($image);
?>
```

imagecreatefromgif

```
int imagecreatefromgif (string filename)
```

Die Funktion `imagecreatefromgif()` gibt den Bezeichner auf ein Bild zurück, der das aus der angegebenen Datei eingelesene Bild darstellt.

Im Fehlerfall gibt die Funktion eine leere Zeichenkette zurück. Zudem wird eine Fehlermeldung erzeugt, die im Browser als Verbindungsabbruch dargestellt wird.

imagecreatefromjpeg

```
int imagecreatefromjpeg (string filename)
```

Die Funktion `imagecreatefromjpeg()` gibt den Bezeichner auf ein Bild zurück, der das aus der angegebenen Datei eingelesene Bild darstellt.

Im Fehlerfall gibt die Funktion eine leere Zeichenkette zurück. Zudem wird eine Fehlermeldung erzeugt, die im Browser als Verbindungsabbruch dargestellt wird.

imagecreatefrompng

```
int imagecreatefrompng (string filename)
```

Die Funktion `imagecreatefrompng()` gibt den Bezeichner auf ein Bild zurück, der das aus der angegebenen Datei eingelesene Bild darstellt.

Im Fehlerfall gibt die Funktion eine leere Zeichenkette zurück. Zudem wird eine Fehlermeldung erzeugt, die im Browser als Verbindungsabbruch dargestellt wird.

imagedashedline

```
int imagedashedline (int im, int x1, int y1, int x2, int y2,
   int col)
```

Diese Funktion zeichnet eine gestrichelte Linie. Sie beginnt am Punkt `(x1, y1)` und reicht bis zum Punkt `(x2, y2)`. Der Punkt links oben wird als Nullpunkt `(0, 0)` angenommen.

Die Farbe der Linie wird mit `col` definiert.

imagedestroy

```
int imagedestroy (int im)
```

Die Funktion gibt den durch das Bild `im` belegten Speicher wieder frei.

`im` ist der Bezeichner, der beim Aufruf der Funktion `imagecreate()` zurückgeliefert worden ist.

imagefill

```
int imagefill (int im, int x, int y, int col)
```

Diese Funktion bewirkt das Füllen eines Bildes `im` mit der Farbe `col`. Begonnen wird hierbei bei der Koordinate `(x, y)`, wobei die linke obere Ecke wiederum der Nullpunkt ist.

imagefilledpolygon

```
int imagefilledpolygon (int im, array points, int
    num_points, int col)
```

Die Funktion imagefilledpolygon() erzeugt ein Vieleck im Bild im, gefüllt mit der Farbe col.

Der Parameter points ist ein PHP-Array, das die Eckpunkte des Vielecks enthält. points[0] ist die X-Koordinate (x0), points[1] die Y-Koordinate (y0) des ersten Eckpunktes. points[2] ist x1, points[3] = y1 usw.

num_points enthält die Anzahl der Punkte.

imagefilledrectangle

```
int imagefilledrectangle (int im, int x1, int y1, int x2,
    int y2, int col)
```

Die Funktion imagefilledrectangle() erzeugt ein mit der Farbe col() gefülltes Rechteck innerhalb des Bildes im. Die obere linke Eck-Koordinate wird mittels x1 und y1, die untere rechte Eck-Koordinate mittels x2 und y2 definiert. 0, 0 ist dabei die linke obere Ecke des Bildes im.

imagefilltoborder

```
int imagefilltoborder (int im, int x, int y, int border, int
    col)
```

imagefilltoborder() bewirkt eine Farbfüllung in einem Bereich, dessen Grenze durch die Farbe in border definiert wird. Der Startpunkt wird durch x und y angegeben.

Der Parameter col stellt die Farbe der Füllung dar.

imagefontheight

```
int imagefontheight (int font)
```

Diese Funktion ermittelt die Höhe eines Zeichens in Pixel, im angegebenen Font `font`.

imagefontwidth

```
int imagefontwidth (int font)
```

Diese Funktion ermittelt die Breite eines Zeichens in Pixel, im angegebenen Font `font`.

imagegammacorrect

```
int imagegammacorrect (int im, double inputgamma, double
    outputgamma)
```

Die Funktion `imagegammacorrect()` erzwingt die Anwendung einer Gamma-Korrektur auf das mittels Bezeichner `im` angegebene GD-Bild.

Anzugeben ist der Eingabe-Gammawert `inputgamma` und der Ausgabe-Gammawert `outputgamma`.

imagegif

```
int imagegif (int im [, string filename])
```

Diese Funktion erzeugt eine Datei im Format GIF aus `im`. Falls der Parameter `filename` angegeben ist, wird die Ausgabe in diese Datei geschrieben, ansonsten wird die Ausgabe direkt an den Browser geleitet. `im` ist das Ergebnis der `imagecreate()`-Funktion.

Das Format der neuen Datei wird GIF87a sein, außer Sie haben das Bild mit Hilfe der Funktion `imagecolortransparent()` als transparent formatiert. In diesem Fall wird das Bild im GIF89a-Format ausgegeben.

Die Angabe des Dateinamens ist optional. Falls er fehlt, werden die Bilddaten, wie bereits oben erwähnt, direkt ausgegeben. Durch Verwendung der Funktion `header()` mit der `"content-type"`-Angabe `"image/gif"` können Sie PHP-Skripts erstellen, in denen die GIF-Ausgabe direkt vorgenommen wird.

> Aber Achtung! Ab Version 1.6 der GD-Bibliothek wurde die GIF-Unterstützung komplett entfernt.

Um trotzdem portable PHP-Anwendungen schreiben zu können, kann mit folgendem Code-Stück automatisch geprüft werden, welches Bildformat in der mitgebundenen GD-Bibliothek nutzbar ist:

```
<?php
if (function_exists("imagegif"))
     {
      header("Content-type: image/gif");
      imagegif($image);
     }
elseif (function_exists("imagejpeg"))
     {
      header(„Content-type: image/jpeg");
      imagejpeg($image, "", 0.5);
     }
elseif (function_exists("imagepng"))
     {
      header("Content-type: image/png");
      imagepng($image);
     }
else
      die("Es ist keine Grafikunterstützung auffindbar");
?>
```

Des Weiteren gibt es ab der PHP-Version 4.0.2 alternativ auch die Möglichkeit, mit der imagetypes()-Funktion die unterstützten Bildformate zu testen.

```
if (imagetypes() & IMG_GIF)
     {
      header("Content-type: image/gif");
      imagegif($image);
     }
elseif (imagetypes() & IMG_JPG)
     {
      header("Content-type: image/jpeg");
      imagejpeg($image);
     }
elseif (imagetypes() & IMG_PNG)
     {
      header("Content-type: image/png");
      imagepng($image);
     }
else
      die("Es ist keine Grafikunterstützung auffindbar");
?>
```

imageinterlace

`int imageinterlace (int im [, int interlace])`

Mit der Funktion imageInterlace() setzen Sic das Bil für dle Interlaced-Darstellung eines Bildes auf AN (1) oder AUS (0).

Als Rückgabewert erhalten Sie die aktuelle Einstellung des Interlaced-Modus.

imagejpeg

```
int imagejpeg (int im [, string filename [, int quality]])
```

Die Funktion `imagejpeg()` erzeugt die Datei `filename` im JPEG-Format aus dem Zeiger auf `im`. Das Argument `im` wurde vorher durch den Aufruf der Funktion `imagecreate()` mitgeteilt.

Die Angabe des Dateinamens `filename` ist wiederum optional. Ist er nicht angegeben, werden die erzeugten Bilddaten direkt ausgegeben. Um die Angabe des Dateinamen zu umgehen, dennoch aber den Parameter als solchen zu nutzen, können Sie einen Leerstring ('') benutzen.

Durch Verwendung der Funktion `header()` mit der `"content-type"`-Angabe `"image/jpeg"` können Sie PHP-Skripts erstellen, in denen die JPEG-Ausgabe direkt vorgenommen werden.

> Doch Achtung! Die JPEG-Unterstützung kann man nur dann verwenden, wenn PHP mit einer GD-Bibliothek ab Version 1.8 kompiliert wurde.

imageline

```
int imageline (int im, int x1, int y1, int x2, int y2, int
    col)
```

`imageline()` zeichnet eine Linie von der `(x1, y1)`-Koordinate bis zur Koordinate `(x2, y2)`.

Die Linienfarbe wird durch den Parameter `col` festgelegt.

imageloadfont

```
int imageloadfont (string file)
```

Diese Funktion lädt einen vom Benutzer definierten Bitmap-Font und gibt einen Zeiger darauf zurück. Der Wert des Zeigers ist immer größer als 5, um Konflikte mit den eingebauten Fonts zu vermeiden.

Das Font-Datei-Format unterliegt binären Abhängigkeiten und ist von Rechner-Typ zu Rechner-Typ unterschiedlich. Das bedeutet, dass Sie die Font-Dateien immer auf dem Rechner-Typ erzeugen müssen, auf dem diese Verwendung finden.

Nachstehend listen wir die Byte-Positionen, den C-Datentyp und die dazugehörigen Beschreibungen auf:

Byte-Position	**C-Datentyp**	**Beschreibung**
0 - 3	`int`	Anzahl der Zeichen des Fonts
4 - 7	`int`	Wert des ersten Zeichens des Fonts; meistens 32 für Leerzeichen
8 - 11	`int`	Pixel-Breite jedes Zeichens
12 - 15	`int`	Pixel-Höhe jedes Zeichens
16	`int`	Zeichen-Daten als Array; ein Byte je Pixel für jedes Zeichen

imagepng

```
int imagepng (int im [, string filename [, int quality]])
```

Die Funktion `imagepng()` erzeugt die Datei `filename` im PNG-Format aus dem Zeiger auf `im`. Das Argument `im` wurde vorher durch den Aufruf der Funktion `imagecreate()` mitgeteilt.

Die Angabe des Dateinamens `filename` ist wiederum optional. Ist er nicht angegeben, werden die erzeugten Bilddaten direkt ausgegeben.

Durch Verwendung der Funktion header() mit der "content-type"-Angabe "image/png" können Sie PHP-Skripts erstellen, in denen die JPEG-Ausgabe direkt vorgenommen wird.

Doch Achtung! Die JPEG-Unterstützung kann man nur dann verwenden, wenn PHP mit einer GD-Bibliothek ab Version 1.6 kompiliert wurde.

imagepolygon

```
int imagepolygon (int im, array points, int num_points, int col)
```

Die Funktion imagepolygon() erzeugt ein Vieleck innerhalb von im.

Der Parameter points ist ein PHP-Array, das die Werte für die Eckpunkte des Polygons enthält, z.B. Points[0] = x0, Points[1] = y0, Points[2] = x1, Points[3] = y1 usw.

Der Parameter num_points enthält die Gesamtzahl an Punkten.

imagepsbbox

```
array imagepsbbox (string text, int font, int size [, int
   space [, int tightness [, float angle]]])
```

Diese Funktion ermittelt die Ausmaße des Rechtecks, das für die Ausgabe eines Textes unter Verwendung eines PostScript-Fonts (Typ 1) notwendig ist.

- Der Parameter size gibt die Größe in Pixel an.
- Der Parameter space ermöglicht es Ihnen, den vorgegebenen Wert für den Zeichen-Zwischenraum eines Fonts anzugeben. Dieser Wert wird zum Normal-Wert hinzu gezählt; er kann auch negativ sein.

- Die Kontrolle über die Breite eines Leerzeichens gestattet Ihnen der Parameter `tightness`. Der angegebene Wert wird zur normalen Zeichenbreite hinzu gezählt; er kann auch negativ sein.
- `angle` ist der Drehungswinkel des auszugebenden Textes; dieser wird natürlich in Grad angegeben.
- Die Parameter `space` und `tightness` haben als Einheit die Zeichenbreite, wobei der Wert 1 gleich 1/1000stel der Breite des Zeichens »m« entspricht.
- Die Parameter `space`, `tightness` und `angle` sind optional.

Berechnet wird das umgebende Rechteck unter Verwendung der für die Zeichen-Abmessungen verfügbaren Informationen. Es unterscheidet sich immer etwas von den aktuellen Raster-Werten des Textes. Ist der Winkel `angle` mit 0 angegeben, muss man davon ausgehen, dass der Text in jede Richtung immer 1 Pixel mehr braucht als sonst.

Diese Funktion liefert ein Array zurück, das die folgenden Elemente enthält:

0	untere linke x-Koordinate
1	untere linke y-Koordinate
2	obere rechte x-Koordinate
3	obere rechte y-Koordinate

imagepsencodefont

```
int imagepsencodefont (string encodingfile)
```

Die Funktion `imagepsencodefont()` lädt einen Zeichen-Beschreibungs-Vektor aus einer Datei und verändert die Vektor-Beschreibung des Fonts.

Da ein PS-Font meist Lücken oberhalb des 127. Zeichens aufweist, werden Sie dies oft anpassen wollen, sofern Sie eine andere Sprache als Englisch benutzen.

imagepsextendfont

```
bool imagepsextendfont (int font_index, double extend)
```

Diese Funktion komprimiert oder vergrößert einen Font.

Der mit `font_index` angegebene Font wird gedehnt, wenn `extend` größer ist als der Font, oder verkleinert, wenn `extend` kleiner ist als der Font.

imagepsfreefont

```
void imagepsfreefont (int fontindex)
```

Diese Funktion gibt den durch einen Typ-1-PostScript-Font belegten Speicher wieder frei.

imagepsloadfont

```
int imagepsloadfont (string filename)
```

Diese Funktion lädt einen Typ-1-PostScript-Font aus einer Datei. Geht dies ohne Fehler vonstatten, wird ein gültiger Zeiger zurückgegeben, auf den Sie immer wieder zurückgreifen können, andernfalls wird FALSE zurückgeliefert und eine Fehlermeldung ausgegeben.

imagepsslantfont

```
bool imagepsslantfont (int font_index, double slant)
```

Durch diese Funktion wird der mit `font_index` angegebene Font um den Faktor `slant` »verschrägt«, also eine kursive Darstellung ausgewiesen.

imagepstext

```
array imagepstext (int image, string text, int font, int
    size, int foreground, int background, int x, int y [,
    int space [, int tightness [, float angle [, int
    antialias_steps]]]])
```

Diese Funktion ermöglicht die Ausgabe eines Textes auf einem Bild unter Verwendung von Typ-1-PostScript-Fonts.

- Der Parameter `size` wird in Pixel ausgedrückt.
- Der Parameter `foreground` ist die Text-Ausgabefarbe, der Vordergrund.
- Der Parameter `background` ist die Farbe, zu der ein Farbübergang versucht werden soll. Hierbei wird kein Pixel mit der Farbe `background` ausgegeben, so dass das Bild im Hintergrund keine festen Farben benötigt.
- Die Koordinaten `x` und `y` definieren den Ursprung, den Referenzpunkt des ersten Zeichens.
- `space` ermöglicht es, die Vorgabe des Wertes für den Zeichen-Zwischenraum zu verändern. Der angegebene Wert wird addiert; er kann auch negativ sein.
- `tightness` ermöglicht die Kontrolle über die Breite des Leerzeichens. Der Wert wird addiert; er kann auch negativ sein.
- `angle` hat die Drehung des Ausgabetextes zur Folge. Dieser Parameter wird in Grad angegeben.
- Der Parameter `antialias_steps` ermöglicht die Kontrolle über die Anzahl der Farben, mit der der Farbübergang vom Text zum Hintergrundbild vorgenommen werden soll. Möglich sind Werte von 4 bis 16. Bei Textgrößen, die kleiner als 20 sind, wird der höhere Wert empfohlen. Bei Werten größer als 20 werden vier Farben empfohlen.

- Die Parameter `space` und `tightness` werden in 1/1000stel der Breite des Buchstabens »m« angegeben.
- Die Parameter `space`, `tightness`, `angle` und `antialias` sind optional.

Diese Funktion liefert ein Array zurück, das folgende Werte enthält:

0	untere linke x-Koordinate
1	untere linke y-Koordinate
2	obere rechte x-Koordinate
3	obere rechte y-Koordinate

imagerectangle

```
int imagerectangle (int im, int x1, int y1, int x2, int y2,
   int col)
```

Die Funktion `imagerectangle()` erzeugt ein Rechteck mit der Linienfarbe `col`, beginnend bei der oberen linken Koordinate `(x1, y1)`. Das Ende liegt bei der unteren rechten Koordinate `(x2, y2)`. Dabei ist (0, 0), wie schon des Öfteren in diesem Kapitel erwähnt, die linke obere Ecke des Bildes `im`.

imagesetpixel

```
int imagesetpixel (int im, int x, int y, int col)
```

Diese Funktion zeichnet ein Pixel an der Koordinate `(x, y)`. Dabei ist die Koordinate (0, 0) die linke obere Ecke des Bildes `im`.

Die Pixelfarbe wird durch den Parameter `col` bestimmt.

imagestring

```
int imagestring (int im, int font, int x, int y, string s,
   int col)
```

`imagestring()` gibt den String `s` in dem durch den Parameter `im` bezeichneten Bild an den Koordinaten `(x, y)` aus. Die Koordinaten (0, 0) geben die linke obere Ecke des Bildes `im` an.

Der Font erscheint in der Farbe `col`.

Ist `font` als 1, 2, 3, 4 oder 5 definiert, wird ein eingebauter GD-Font genutzt:

- `gdFontTiny (8x5)`
- `gdFontSmall (13x6)`
- `gdFontMediumBold (13x7)`
- `gdFontLarge (15x8)`
- `gdFontGiant (15x9)`

imagestringup

```
int imagestringup (int im, int font, int x, int y, string s,
   int col)
```

Diese Funktion gibt den String `s` vertikal innerhalb des Bildes `im` an den Koordinaten `(x, y)` aus. Die linke obere Ecke von `im` ist dabei (0, 0), der Nullpunkt.

Der Parameter `col` definiert die Farbe des Textes.

Ist `font` als 1, 2, 3, 4 oder 5 definiert, wird ein eingebauter GD-Font genutzt:

- `gdFontTiny (8x5)`
- `gdFontSmall (13x6)`
- `gdFontMediumBold (13x7)`

- `gdFontLarge (15x8)`
- `gdFontGiant (15x9)`

imagesx

```
int imagesx (int im)
```

Die Funktion `imagesx()` ermittelt die Breite des Bildes, das durch `im` referenziert wird.

imagesy

```
int imagesy (int im)
```

Die Funktion `imagesy()` ermittelt die Höhe des Bildes, das durch `im` referenziert wird.

imagettfbbox

```
array imagettfbbox (int size, int angle, string fontfile,
   string text)
```

Diese Funktion ermittelt die Rahmenmaße für die Ausgabe eines Textes im True-Type-Format. Es wird die Größe des Bereichs für eine True-Type-Textausgabe errechnet.

- Der Parameter `text` stellt den zu messenden Text dar.
- Der Parameter `size` definiert die Font-Größe.
- Der Parameter `fontfile` ist der Name der TTF-Datei. Diese kann auch ein URL sein.
- Der Parameter `angle` ist der Winkel, in dem `text` ausgegeben wird.

`imagettfbbox()` gibt ein Array mit acht Werten zurück, die die vier Punkte, durch die der Ausgabebereich markiert wird, darstellen:

0	untere linke x-Koordinate
1	untere linke y-Koordinate
2	untere rechte x-Koordinate
3	untere rechte y-Koordinate
4	obere rechte x-Koordinate
5	obere rechte y-Koordinate
6	obere linke x-Koordinate
7	obere linke y-Koordinate

Die Punkte sind relativ zum `text`. Ohne Rücksicht auf den Winkel ist »oben links« also die obere linke Ecke, wobei die Textausgabe horizontal gesehen wird.

Aber Achtung, diese Funktion erfordert sowohl die GD- als auch die FreeType-Bibliothek.

imagettftext

```
array imagettftext (int im, int size, int angle, int x, int
   y, int col, string fontfile, string text)
```

Diese Funktion zeichnet den Text `text` in das per `im` angegebene Bild, beginnend bei den Koordinaten `(x, y)`, wobei oben links der Nullpunkt mit den Koordinaten (0, 0) ist, mit einem Ausgabewinkel von `angle` in der Farbe `col` unter Verwendung der TTF-Datei, die mittels `fontfile` benannt wurde.

- Die per `x` und `y` angegebenen Koordinaten definieren den Startpunkt des ersten Zeichens.

- Der Parameter `angle` muss in Grad angegeben werden. 0 ist eine normale Ausrichtung von links nach rechts. Höhere Werte entsprechen einer immer weiteren Drehung entgegen dem Uhrzeiger-Sinn. Eine Drehung von 90 Grad entspricht also einer Text-Ausrichtung von unten nach oben.
- Der Parameter `fontfile` ist der Pfad zur TTF-Datei, die Sie verwenden wollen.
- `text`, der auszugebende String, darf unter anderem auch UTF-8-Zeichenfolgen, wie z.B. »ǈ« enthalten.
- Der Parameter `col` ist der Farbindex. Das Aufheben des Farbüberlaufs, des Antialiasing, erreichen Sie durch die Verwendung eines negativen Index-Wertes.

Die Funktion `imagettftext()` liefert ein Array zurück, das aus acht Elementen besteht, die die vier Ecken des Textausgabe-Bereichs enthalten, also genau wie die Funktion `imagettfbbox()`. Die Reihenfolge ist dabei wie folgt: oben links, oben rechts, unten rechts und unten links. Die Punkte sind relativ zum Text. Deshalb gibt oben links die linke Ecke bei horizontaler Sichtweise an.

Das folgende Skript erzeugt eine GIF-Grafik mit 400 x 30 Pixel, mit einem schwarzen Hintergrund und dem weißen Text »Test läuft ...« im TT-Font `Arial`.

```
<?php
header ("Content-type: image/gif");
$image = imagecreate (400, 30);
$black = imagecolorallocate ($image, 0, 0, 0);
$white = imagecolorallocate ($image, 255, 255, 255);
imagettftext ($image, 20, 0, 10, 20, $white, "/fonts/
   arial.ttf",
                     "Test läuft ..... ASCRIBO: &#937;");
```

```
imagegif ($image);
imagedestroy ($image);
?>
```

Aber Achtung! Die Anwendung dieser Funktion erfordert sowohl die GD- als auch die FreeType-Bibliothek.

imagetypes

```
int imagetypes ()
```

Die Funktion `imagetypes()` gibt die von der aktuell verwendeten PHP-Version unterstützten Grafik-Formate zurück.

Der von dieser Funktion zurückgegebene Bit-Wert repräsentiert die Grafik-Formate, die von der in der aktuellen PHP-Kompilation enthaltenen GD-Version unterstützt werden. Die folgenden Bit-Werte sind möglich:

- IMG_GIF
- IMG_JPG
- IMG_PNG
- IMG_WBMP

Wenn Sie sich nicht sicher sind, ob Sie mit GD-Unterstützung arbeiten, können Sie dies ganz leicht folgendermaßen testen:

```
<?php
if (imagetypes() & IMG_PNG)
    {
     echo "PNG-Unterstützung ist vorhanden.";
    }
?>
```

iptcparse

```
array iptcparse (string iptcblock)
```

Mit dieser Funktion überträgt man einen binären IPTC-Block in seine einzelnen Tags. Zurückgegeben wird ein Array, in dem die Tag-Markierungen den Index bilden und die Werte den Inhalt darstellen.

Kommt es zu einem Fehler oder wurden keine IPTC-Daten gefunden, wird FALSE zurückgegeben.

Dieser Befehl funktioniert übrigens auch ohne GD-Bibliothek.

```
<?php
$size = getimagesize ("testing.jpg",&$info);
if (isset ($info["APP13"]))
     {
      $iptc = iptcparse ($info["APP13"]);
      var_dump($iptc);
     }
?>
```

read_exif_data

```
array read_exif_data (string filename)
```

Die Funktion `read_exif_data()` liest die EXIF Datei-Kopf-Informationen aus einer JPEG-Grafik-Datei.

Es wird ein assoziatives Array zurückgeliefert, in dem die Indizes die EXIF-Kopf-Bezeichnungen und die Werte die Inhalte dieser Kopf-Infos darstellen.

EXIF-Infos kommen häufig in JPEG-Grafiken vor, die mit einer Digital-Kamera aufgenommen wurden. Jeder Kamera-Nutzer hat aber andere Vorstellungen über die Daten einer JPEG-Grafik. Diese Unterschiede können Sie mit der folgenden Funktion ermitteln:

```
<?php
$exif = read_exif_data ("p0000801.jpg");
while(list($cider,$eire) = each($exif))
     {
      echo "$cider: $eire <br> \n";
     }
?>
```

Die Ausgabe kann nun wie folgt aussehen:

```
FileName: p0000801.jpg
   FileDateTime: 939353056
   FileSize: 375989
   CameraMake: Eastman Kodak Company
   CameraModel: KODAK DC290 ZOOM DIGITAL CAMERA
   DateTime: 2001:07:17 23:30:47
   Height: 4.2
   Width: 4.6
   IsColor: 1
   FlashUsed: 1
   FocalLength:  8.0mm
   RawFocalLength: 8
   ExposureTime:  0.004 s (1/250)
   RawExposureTime: 0.0040000001899898
   ApertureFNumber: f/ 9.5
   RawApertureFNumber: 9.5100002288818
   FocusDistance: 16.66m
   RawFocusDistance: 16.659999847412
   Orientation: 1
   ExifVersion: 0200
```

Aber Achtung! Diese Funktion ist in PHP 4 nur dann verfügbar, wenn Sie es mit `--enable-exif` kompiliert haben.

Diese Funktion erfordert allerdings nicht die GD-Library.

12.2 Shockwave Flash-Funktionen

Die Shockwave-Flash-Funktionen sind ab PHP4 verfügbar und dienen zur Erzeugung von SWF-Dateien. SWF-Dateien können mit einem Flash Player abgespielt werden, der für jeden unter *www.macromedia.com* frei verfügbar ist.

Im Folgenden eine kurze Beschreibung aller Befehle:

swf_actiongeturl

`void swf_actiongeturl (string url, string target)`

Die Funktion ermittelt den URL aus einem Shockwave-Film mit der Adresse `url` und dem Ziel `target`.

swf_actiongotoframe

`void swf_actiongotoframe (int framenumber)`

Mit dieser Funktion spielen Sie den Frame ab, der mit `framenumber` angegeben wird, starten ihn und dann wird er gestoppt.

swf_actiongotolabel

void swf_actiongotolabel (string label)

Diese Funktion zeigt einen mit der angegebenen Marke `label` markierten Frame an und stoppt dann.

swf_actionnextframe

`void swf_actionnextframe ()`

Durch diese Funktion wird der Film um einen Frame weitergeschaltet.

swf_actionplay

`void swf_actionplay ()`

Diese Funktion spielt den Film aus dem aktuellen Frame ab.

swf_actionprevframe

`void swf_actionprevframe ()`

Durch diese Funktion wird der Film um einen Frame zurückgeschaltet.

swf_actionsettarget

`void swf_actionsettarget (string target)`

Mit dieser Funktion setzen Sie das Ziel für Aktionen. Damit können Sie mehrere Flash-Filme kontrollieren.

swf_actionstop

`void swf_actionstop ()`

Der Film wird im aktuellen Frame gestoppt.

swf_actiontogglequality

`void swf_actiontogglequality ()`

Diese Funktion schaltet zwischen »High Quality« und »Low Quality« im aktuellen Film um.

swf_actionwaitforframe

`void swf_actionwaitforframe (int framenumber, int skipcount)`

Die Funktion überspringt Aktionen, wenn ein Frame nicht geladen wurde. Zuerst wird überprüft, ob der angegeben Frame geladen ist. Wenn nicht, wird die Anzahl `skipcount` Aktionen übersprungen.

swf_addbuttonrecord

```
void swf_addbuttonrecord (int states, int shapeid, int
   depth)
```

Damit kann man die Eigenschaften der aktuellen Schaltfläche steuern.

Der Parameter `state` bestimmt, welche Zustände die Schaltfläche haben darf.

BSHitTest	Gedrückt, während Maustaste gedrückt wird, aber ohne Aktion, wenn die Maustaste außerhalb der Schaltzone ausgelassen wird.
BSDown	Gedrückt
BSOver	Maus schwebt über der Schaltfläche.
BSUp	Oben

Die Funktion definiert eine Aktion, die ausgelöst wird, wenn das spezifische Ereignis eintritt.

Der Parameter `transition` kann je nach Einstellung des Parameters `type` folgende Werte annehmen:

TYPE_MENUBUTTON

- IdletoOverUp
- OverUptoIdle
- OverUptoOverDown
- OverDowntoOverUp
- IdletoOverDown
- OutDowntoIdle
- MenuEnter (IdletoOverUp|IdletoOverDown)
- MenuExit (OverUptoIdle|OverDowntoIdle

TYPE_PUSHBUTTON

- IdletoOverUp
- OverUptoIdle
- OverUptoOverDown
- OverDowntoOverUp
- OverDowntoOutDown
- OutDowntoOverDown
- OutDowntoIdle
- ButtonEnter (IdletoOverUp|OutDowntoOverDown)
- ButtonExit (OverUptoIdle|OverDowntoOutDown)

swf_addcolor

```
void swf_addcolor (float r, float g, float b, float a)
```

Setzt die »global-add«-Farbe auf den angegebenen Farbwert. Die Funktion wird implizit durch `swf_placeobject`, `swf_modifyobject` und `swf_addbuttonrecord` aufgerufen.

swf_closefile

```
void swf_closefile ()
```

Diese Funktion schließt die zuletzt geöffnete SWF-Datei.

swf_definebitmap

```
void swf_definebitmap (int objid, string image_name)
```

Mit dieser Funktion wird eine Bitmap definiert. Gültig sind GIF, JPEG, RGB oder FI.

swf_definefont

```
void swf_definefont (int fontid, string fontname)
```

Die Funktion definiert für einen angegebenen Font eine Font-ID und setzt diesen Font als aktuellen Font.

swf_defineline

```
void swf_defineline (int objid, float x1, float y1, float
   x2, float y2, float width)
```

Zeichnet ein Linie mit Anfangs- und Endpunkt-Koordinaten sowie unter Angabe der Breite.

swf_definepoly

void swf_definepoly (int objid, array coords, int npoints, float width)

Diese Funktionen zeichnet ein Polygon, dessen Koordinaten in einem Array übergeben werden.

swf_definerect

```
void swf_definerect (int objid, float x1, float y1, float
   x2, float y2, float width)
```

Zeichnet ein Rechteck mit Anfangs- und Endpunkt-Koordinaten sowie unter Angabe der Breite.

swf_definetext

void swf_definetext (int objid, string str, int docenter)

Schreibt einen Text in das aktuelle Objekt. Wenn `docenter` gleich TRUE ist, wird der Text zentriert.

swf_endbutton

```
void swf_endbutton ()
```

Schließt die Definition einer Schaltfläche ab.

swf_enddoaction

```
void swf_enddoaction ()
```

Diese Funktion beendet den aktuell laufenden Film im aktuellen Frame.

swf_endshape

```
void swf_endshape ()
```

Die Funktion schließt die Definition der aktuell erstellten Form ab.

swf_endsymbol

```
void swf_endsymbol ()
```

Mit dieser Funktion wird die Definition eines Symbols beendet.

swf_fontsize

```
void swf_fontsize (float size)
```

Setzt die Größe des aktuellen Fonts.

swf_fontslant

```
void swf_fontslant (float slant)
```

Setzt die Schräge des aktuellen Fonts im angegebenen Winkel. Positive Werte stellen die Schrift nach rechts (kursiv), negative nach links.

swf_fonttracking

```
void swf_fonttracking (float tracking)
```

Diese Funktion bestimmt den Abstand der Buchstaben im Fließtext. Der aktuelle Wert wird nicht absolut gesetzt, sondern vergrößert oder verringert.

swf_getbitmapinfo

```
array swf_getbitmapinfo (int bitmapid)
```

Die Funktion ermittelt die Attribute der angegebenen Bitmap. Zurückgegeben wird ein assoziatives Array, aus dem Sie folgende Werte auslesen können:

size	Größe in Bytes
width	Breite in Pixel
height	Höhe in Pixel

swf_getframe

```
int swf_getframe ()
```

Diese Funktion ermittelt die Nummer des aktuellen Frames.

swf_labelframe

```
void swf_labelframe (string name)
```

Beschriftet den aktuellen Frame mit der Bezeichnung, die durch den Parameter name angegeben wurde.

swf_lookat

```
void swf_lookat (double view_x, double view_y, double
    view_z, double reference_x, double reference_y, double
    reference_z, double twist)
```

Mit dieser Funktion definieren Sie den Sichtwinkel zwischen zwei Betrachtungspunkten.

swf_modifyobject

```
void swf_modifyobject (int depth, int how)
```

Diese Funktion modifiziert die aktuelle Position oder Farbe des aktuellen Objektes. Dabei gibt how an, wie depth interpretiert wird.

- MOD_MATRIX: Position
- MOD_COLOR: Farbe

swf_mulcolor

```
void swf_mulcolor (float r, float g, float b, float a)
```

Setzt die »global-multiply«-Farbe auf den angegebenen Farbwert. Die Funktion wird implizit durch swf_placeobject, swf_modifyobject und swf_addbuttonrecord aufgerufen.

swf_nextid

```
int swf_nextid ()
```

Die Funktion gibt die nächste freie Objekt-ID zurück.

swf_openfile

```
void swf_openfile (string filename, float width, float
   height, float framerate, float r, float g, float b)
```

Diese Funktion öffnet eine bestehende Shockwave-Datei. Diese Funktion muss immer als Erstes aufgerufen werden, da sonst mit den anderen Befehlen nicht gearbeitet werden kann.

filename	Name der Shockwave-Datei (kein Handle)
width und height	Größe des Objektes in Pixel
framerate	Wiederholrate
r und g und b	Parameter für die Hintergrundfarbe

Sie können immer nur eine Datei gleichzeitig geöffnet haben und alle Funktionen schreiben automatisch in die zuletzt geöffnete Datei.

swf_ortho

```
void swf_ortho (double xmin, double xmax, double ymin,
   double ymax, double zmin, double zmax)
```

Diese Funktion definiert eine orthografische Sicht auf den aktuellen Sichtbereich.

swf_ortho2

```
void swf_ortho2 (double xmin, double xmax, double ymin,
   double ymax)
```

Dabei wird eine 2D-Sicht auf den Sichtbereich definiert.

swf_perspective

```
void swf_perspective (double fovy, double aspect, double
   near, double far)
```

Diese Funktion transformiert Koordinaten perspektivisch.

swf_placeobject

```
void swf_placeobject (int objid, int depth)
```

Die Funktion platziert ein swf-Objekt auf dem Bildschirm. Die Parameter für die Objekt-ID und die Tiefe müssen zwischen 1 und 65.535 liegen.

swf_polarview

```
void swf_polarview (double dist, double azimuth, double
   incidence, double twist)
```

Diese Funktion definiert die Position des Betrachters in Polarkoordinaten.

swf_popmatrix

```
void swf_popmatrix ()
```

Holt die aktuelle Transformationsmatrix vom Stapel ab.

swf_posround

```
void swf_posround (int round)
```

Diese Funktion schaltet die interne Rundungsfunktion ein oder aus.

swf_pushmatrix

```
void swf_pushmatrix ()
```

Legt die aktuelle Transformationsmatrix auf dem Stapel ab.

swf_removeobject

```
void swf_removeobject (int depth)
```

Bei dieser Funktion wird das Objekt auf der angegebenen Ebene `depth` entfernt.

swf_rotate

```
void swf_rotate (double angle, string axis)
```

Mit dieser Funktion rotiert die aktuelle Transformation um den angegebenen Winkel `angle` und die Achse `axis`.

swf_scale

```
void swf_scale (double x, double y, double z)
```

Skaliert die aktuelle Transformation.

swf_setfont

```
void swf_setfont (int fontid)
```

Diese Funktion wählt einen zuvor mit `swf_definefont` definierten Font anhand der Font-ID aus und benutzt diesen dann für spätere Aktionen.

swf_setframe

```
void swf_setframe (int framenumber)
```

Diese Funktion setzt den aktuellen Frame auf den im Parameter übergebenen Wert.

swf_shapearc

```
void swf_shapearc (float x, float y, float r, float ang1,
   float ang2)
```

Die Funktion zeichnet einen Kreisbogen. Die Koordinaten `x` und `y` geben den Mittelpunkt an. `ang1` den Beginn und `ang2` das Ende des Kreisbogens.

swf_shapecurveto

```
void swf_shapecurveto (float x1, float y1, float x2, float
   y2)
```

Zeichnet eine Bézier-Kurve von den aktuellen Koordinaten zu dem angegebenen Wert und setzt den Zeiger auf den Endpunkt.

swf_shapecurveto3

```
void swf_shapecurveto3 (float x1, float y1, float x2, float
   y2, float x3, float y3)
```

Zeichnet eine kubische Bézier-Kurve von den aktuellen Koordinaten zu dem angegebenen Wert und setzt den Zeiger auf den Endpunkt.

swf_shapefillbitmapclip

```
void swf_shapefillbitmapclip (int bitmapid)
```

Mit dieser Funktion bestimmen Sie eine Bitmap, mit dem leere Flächen im Kachelmode gefüllt werden.

swf_shapefilloff

```
void swf_shapefilloff ()
```

Schaltet das Füllen von Formen ab.

swf_shapefillsolid

```
void swf_shapefillsolid (float r, float g, float b,
   float a)
```

Mit dieser Funktion können Sie bestimmen, in welcher Farbe Formen gefüllt werden sollen.

swf_shapelinesolid

```
void swf_shapelinesolid (float r, float g, float b, float
   a, float width)
```

Diese Funktion bestimmt den Stil einer Linie. Die Änderungen werden erst bei der nächsten gezeichneten Linie sichtbar. Angegeben wird die Farbe im RGBA-Format und die Breite.

swf_shapelineto

```
void swf_shapelineto (float x, float y)
```

Zeichnet eine Linie von der aktuellen Position bis zu dem angegebenen Wert. Dieser Punkt ist dann zugleich der aktuelle Wert.

swf_shapemoveto

```
void swf_shapemoveto (float x, float y)
```

Die Funktion verschiebt die Koordinaten des Zeichenwerkzeugs auf den angegebenen Wert.

swf_showframe

```
void swf_showframe ()
```

Die `swf_showframe()`-Funktion gibt den aktuellen Frame aus.

swf_startbutton

```
void swf_startbutton (int objid, int type)
```

Damit wird die Definition eines Buttons gestartet. Möglich sind folgende Parameter

TYPE_MENUBUTTON	Wenn die Maustaste gedrückt ist, kann der Fokus entfernt werden.
TYPE_PUSHBUTTON	Wenn die Maustaste gedrückt ist, bleibt der Fokus auf der Schaltfläche.

swf_startdoaction

```
void swf_startdoaction ()
```

Diese Funktion startet eine Beschreibung einer Aktion im aktuellen Frame. Sie müssen diese Funktion zuerst aufrufen, bevor irgendwelche Aktionen im Frame vordefiniert werden.

swf_startshape

```
void swf_startshape (int objid)
```

Diese Funktion startet eine komplexe Form im angegebenen Objekt.

swf_startsymbol

```
void swf_startsymbol (int objid)
```

Diese Funktion startet die Definition eines Symbols.

swf_textwidth

```
float swf_textwidth (string str)
```

Mit dieser Funktion wird die Breite des in `str` angegebenen Textes ermittelt. Der Text wird aber nicht geschrieben.

swf_translate

```
void swf_translate (double x, double y, double z)
```

Diese Funktion übersetzt die aktuelle Transformation auf die angegebenen Koordinaten.

swf_viewport

```
void swf_viewport (double xmin, double xmax, double ymin,
   double ymax)
```

Mit dieser Funktion wird ein Bereich auf der Zeichenfläche definiert, auf die sich die künftigen Angaben beziehen.

13 PDF-Dokumente

Das Adobe Portable Document Format, kurz *PDF*, ist ein offener Standard für die elektronische Dokumentenverteilung. PDF ist ein universelles Dateiformat für alle Schriften, Formatierungen, Farben und Grafiken eines beliebigen Quelldokuments, unabhängig von dem Programm und dem Betriebssystem, mit dem es erstellt wurde.

PDF-Dateien sind kompakt und können von jedermann gemeinsam genutzt, betrachtet und exakt ausgedruckt werden. Dies erfordert lediglich den Acrobat Reader, den man kostenlos von der Adobe-Homepage downloaden kann.

`http://www.adobe.com/products/`

13.1 Einführung in PDF

PDF ist das Format für elektronische Dokumentenverteilung schlechthin, weil es, wie oben bereits erwähnt, die üblichen Probleme der gemeinsamen Arbeit mit Dateien überwindet.

Allgegenwärtige Probleme ohne PDF:

- Empfänger können Dateien nicht öffnen, weil sie nicht die Programme haben, mit denen diese Dokumente erstellt wurden.
- Formatierungen, Schriften und Grafiken verschwinden aufgrund von nicht kompatiblen Betriebssystemen, Programmen und Versionen.
- Dokumente werden aufgrund von Software- und Druckerbeschränkungen falsch oder nur teilweise ausgedruckt.

- Jeder kann überall eine PDF-Datei öffnen. Alles, was man dazu benötigt, ist lediglich der Acrobat Reader.

Vorteile von PDF:

- PDF-Dateien werden immer in derselben Art und Weise angezeigt, wie sie ursprünglich erstellt wurden, unabhängig von Schriften, Software oder Betriebssystemen.
- PDF-Dateien lassen sich jederzeit auf allen Druckern korrekt ausdrucken.
- PDF-Dateien können beliebig publiziert und verteilt werden. Im Druck, als E-Mail-Anlage, auf Servern, auf Webseiten oder auf CD-Rom.
- Die kompakten PDF-Dateien sind kleiner als ihre Quelldateien und lassen sich Seite für Seite herunterladen. Damit sind sie für die Anzeige im Internet schnell und problemlos.

Mit der Generierung von PDF-Dokumenten durch PHP ist man unabhängig von der Adobe-Software, die man sonst für die Erstellung brauchen würde und die nicht kostenlos ist.

13.2 pdflib

Mit Hilfe der PDF-Bibliothek von Thomas Merz können mit PHP PDF-Dateien erzeugt werden. Die Bibliothek ist unter `http://www.pdflib.com/pdflib/index.html` verfügbar.

Zudem sind noch zwei weitere Bibliotheken notwendig, um PHP zu übersetzen, die *JPEG-Bibliothek* und die *TIFF-Bibliothek*. Diese beiden Bibliotheken bereiten häufig Probleme bei der Konfiguration von PHP. Sie sollten unbedingt die Meldungen des Konfigurations-Skripts befolgen, um aufkommende Probleme zu lösen.

Beachten Sie zudem die Dokumentation, die mit `pdflib` ausgeliefert wird. Sie gibt einen sehr guten Überblick über die Möglichkeiten von `pdflib`.

Die meisten Funktionen in `pdflib` sind in ähnlicher Form auch in PHP vorhanden. Selbst die Parameter sind in der Regel identisch. Sie sollten zudem die Grundkonzepte von PDF und Postscript verstanden haben, um das PDF-Modul effizient nutzen zu können.

Alle Längen und Koordinatenangaben sind in PostScript-Punkten gemessen. Für gewöhnlich entsprechen 72 PostScript-Punkte 1 Inch, was jedoch von der Auflösung des Ausgabegeräts abhängt.

Das PDF-Modul von PHP verwendet einen neuen Typ von Variablen. Dieser wird `pdfdoc` genannt. `pdfdoc` ist ein Zeiger auf das PDF-Dokument und wird bei fast allen Funktionen als erster Parameter erwartet.

Doch bevor wir mit den einzelnen Funktionen und einigen Beispielen anfangen, sei noch erwähnt, dass Sie die Lizenz der `pdflib` beachten sollten. Nur der Einsatz fertiger Skripts in nicht kommerziellen Versionen und der Vertrieb als Open Source berechtigt die Nutzung der *Aladdin Free Public License*. Mehr Informationen dazu finden Sie unter der Internetadresse `http://www.pdflib.com/pdflib/business.html`.

Nachfolgend finden Sie die wichtigsten PDF-Funktionen:

pdf_add_note

```
int pdf_add_note (int pdf object, double llx, double lly,
   double urx, double ury, string contents, string title,
   string icon, int open)
```

Diese Funktion fügt eine Anmerkung in das Dokument ein.

pdf_arc

```
void pdf_arc (int pdf object, double x, double y, double r,
    double alpha, double beta)
```

Diese Funktion zeichnet einen Kreisbogen um den Mittelpunkt x und y und dem Radius r vom Startwinkel alpha bis zum Endwinkel beta.

pdf_begin_page

```
void pdf_begin_page (int pdf object, double width, double
    height)
```

Die Funktion pdf_begin_page() beginnt eine neue Seite mit Höhe height und mit der Breite width. Um ein gültiges Dokument zu erzeugen muss mindestens eine Seite erzeugt werden, die mit pdf_end_page() beendet wird.

pdf_circle

```
void pdf_circle (int pdf-object, double x, double y, double
    radius)
```

Diese Funktion zeichnet einen Kreis mit dem Mittelpunkt (x,y) und dem Radius radius.

pdf_clip

```
void pdf_clip (int pdf-object)
```

Diese Funktion begrenzt alle Zeichenoperationen auf das Innere des aktuellen Pfads.

pdf_close

```
void pdf_close (int pdf-object)
```

Diese Funktion schließt ein PDF-Dokument und gibt alle dokumentbezogenen Ressourcen frei.

pdf_close_image

`void pdf_close_image (int image)`

Diese Funktion schließt ein Bild, das durch eine der `pdf_open_`-Funktionen geöffnet wurde.

pdf_closepath

`void pdf_closepath (int pdf-object)`

Diese Funktion zeichnet eine Linie an einem Pfad entlang, der sich aus allen Linienzeichenbefehlen ergibt. Ohne `pdf_stroke` würde keine Linie erscheinen.

pdf_closepath_fill_stroke

`void pdf_closepath_fill_stroke (int pdf-object)`

Diese Funktion füllt und zeichnet den aktuellen Pfad und schließt ihn dann.

pdf_closepath_stroke

`void pdf_closepath_stroke (int pdf-object)`

Diese Funktion schließt den Pfad und zeichnet die zuvor bereits generierte Linie.

pdf_continue_text

`void pdf_continue_text (int pdf-object, string text)`

Diese Funktion gibt Text in die nächste Zeile aus. Der Abstand der Zeilen wird mit der Funktion `pdf_set_leading` gesetzt.

pdf_curveto

```
void pdf_curveto (int pdf-object, double x1, double y1,
   double x2, double y2, double x3, double y3)
```

Diese Funktion zeichnet eine Bézier-Kurve vom aktuellen Punkt zu `(x3,y3)` mit `(x1,y1)` und `(x2,y2)` als Kontrollpunkte.

pdf_end_page

```
void pdf_end_page (int pdf-object)
```

Diese Funktion beendet eine Seite. Sobald die Seite beendet wurde, kann diese nicht mehr verändert werden.

pdf_endpath

```
void pdf_endpath (int pdf-object)
```

Diese Funktion beendet den aktuellen offenen Pfad.

pdf_execute_image

```
void pdf_execute_image (int pdf-object, int image, double
   x, double y, double scale)
```

Diese Funktion platziert ein Bild an den Koordinaten `(x,y)`. Das Bild kann gleichzeitig um den Faktor `scale` skaliert werden.

Bei einer Skalierung von 1,0 bleibt das Bild in Originalgröße.

pdf_fill

```
void pdf_fill (int pdf-object)
```

Diese Funktion füllt den aktuellen Pfad. Es wird die aktuelle Füllfarbe verwendet.

Der Pfad muss geschlossen sein, sonst wird die ganze Seite gefüllt.

pdf_fill_stroke

```
void pdf_fill_stroke (int pdf-object)
```

Diese Funktion füllt und zeichnet den aktuellen Pfad.

pdf_get_info

```
info pdf_get_info (string filename)
```

Diese Funktion gibt die Standardstruktur eines PDF-Dokuments aus.

pdf_lineto

```
void pdf_lineto (int pdf-object, double x, double y)
```

Diese Funktion zeichnet eine Linie vom aktuellen Punkt zu den Koordinaten (x,y).

pdf_moveto

```
void pdf_moveto (int pdf-object, double x, double y)
```

Diese Funktion setzt die aktuelle Position auf einen Punkt (x,y).

pdf_open

```
int pdf_open (int Datei-Deskriptor)
```

Die Funktion pdf_open() öffnet ein neues PDF-Dokument. Die korrespondierende Datei muss zuvor mit fopen() geöffnet worden sein und der Dateizeiger als Parameter Datei-Deskriptor übergeben werden. Wenn kein Parameter übergeben wird, erfolgt die Erstellung des Dokuments im Speicher, und die Ausgabe geschieht seitenweise nach stdout bzw. zum Webbrowser.

pdf_open_gif

```
int pdf_open_gif (int pdf-object, string file_name)
```

Diese Funktion öffnet ein Bild im GIF-Format, das in der Datei `file_name` gespeichert ist. Die Funktion liefert ein PDF-Bild zurück.

pdf_open_jpeg

```
int pdf_open_jpeg (int pdf-object, string file_name)
```

Diese Funktion öffnet ein Bild im JPEG-Format, das in der Datei `file_name` gespeichert ist. Die Funktion liefert ein PDF-Bild zurück.

pdf_open_memory_image

```
int pdf_open_memory_image (int pdf-object, int image)
```

Diese Funktion öffnet ein Bild, das von PHP erzeugt wurde, und stellt es dem PDF-Dokument zur Verfügung.

pdf_open_tiff

```
int pdf_open_tiff (int pdf-object, string file_name)
```

Diese Funktion öffnet ein Bild im TIFF-Format, das in der Datei `file_name` gespeichert ist. Die Funktion liefert ein PDF-Bild zurück.

pdf_place_image

```
void pdf_place_image (int pdf-object, int image, double x,
   double y, double scale)
```

Diese Funktion platziert ein Bild auf einer Seite, an den Koordinaten `(x,y)`. Das Bild kann gleichzeitig um den Faktor `scale` skaliert werden.

Bei einer Skalierung von 1,0 bleibt das Bild in Originalgröße.

pdf_put_image

```
void pdf_put_image (int pdf-object, int image)
```

Diese Funktion speichert ein Bild im Dokument für die spätere Verwendung.

Gespeicherte Bilder können mit der Funktion `pdf_execute_image` wieder sichtbar gemacht werden.

Die Funktion ist dann sinnvoll, wenn ein und dasselbe Bild im Dokument mehrfach platziert werden soll, um damit die Größe des PDF-Dokuments klein zu halten.

pdf_rect

```
void pdf_rect (int pdf-object, double x, double y, double
   width, double height)
```

Diese Funktion zeichnet ein Rechteck beginnend bei den Koordinaten `(x,y)` mit der Breite `width` und der Höhe `height`.

pdf_restore

```
void pdf_restore (int PDF-Dokument)
```

Diese Funktion holt die ursprüngliche Entwicklungsumgebung wieder zurück, ähnlich dem Postscript-Kommando `grestore`.

pdf_rotate

```
void pdf_rotate (int pdf-object, double angle)
```

Diese Funktion setzt einen Winkel, um den nachfolgende Objekte rotieren.

pdf_save

```
void pdf_save (int PDF-Dokument)
```

Diese Funktion sichert die aktuelle Entwicklungsumgebung. Damit werden Änderungen an zuvor platzierten Objekten verhindert. Auf diese Funktion sollte immer pdf_restore() folgen, um die ursprüngliche Umgebung wieder herzustellen.

pdf_scale

```
void pdf_scale (int pdf-object, double x, double y)
```

Diese Funktion setzt die Skalierung der internen Einheit. Die interne Einheit ist 1/72 Zoll. Das folgende Beispiel setzt die Skalierung auf 1 Zoll und zeichnet eine Linie mit der Länge 1 Zoll.

```
<?php
   pdf_scale ($pdf, 72.0, 72.0);
   pdf_lineto($pdf,1 ,1);
   pdf_stroke($pdf);
   ?>
```

pdf_setdash

```
void pdf_setdash (int pdf-object, double white, double black)
```

Diese Funktion setzt das Muster für gestrichelte Linien auf white (weiße) Punkte und black (schwarze) Punkte. Wenn beide Werte 0 sind, wird die Linie durchgezogen.

pdf_setflat

```
void pdf_setflat (int pdf-object, double value)
```

Diese Funktion setzt die Abgeflachtheit auf einen Wert zwischen 0 und 100.

pdf_setgray

```
void pdf_setgray (int pdf-object, double gray_value)
```

Diese Funktion setzt die Zeichen- und Füllfarbe auf die Graustufe `gray_value`.

pdf_setgray_fill

```
void pdf_setgray_fill (int pdf-object, double value)
```

Diese Funktion setzt die Füllfarbe auf eine Graustufe, mit der dann ein Pfad gefüllt wird.

pdf_setgray_stroke

```
void pdf_setgray_stroke (int pdf-object, double gray_value)
```

Diese Funktion setzt die Zeichenfarbe für Linien auf den Grauwert `gray_value`.

pdf_setlinecap

```
void pdf_setlinecap (int pdf-object, int value)
```

Diese Funktion setzt den Wert für die Bestimmung der Form der Linien-Enden. Der Wert kann 0, 1 oder 2 sein.

pdf_setlinejoin

```
void pdf_setlinejoin (int pdf-object, long value)
```

Diese Funktion setzt einen Wert, der bestimmt, wie Linien miteinander verbunden werden. Der Wert kann 0, 1 oder 2 sein.

pdf_setlinewidth

```
void pdf_setlinewidth (int pdf-object, double width)
```

Diese Funktion setzt die Breite einer Linie auf den Wert `width` fest.

pdf_setmiterlimit

```
void pdf_setmiterlimit (int pdf-object, double value)
```

Diese Funktion setzt den Parameter `value` auf einen Wert größer oder gleich 1.

pdf_setrgbcolor

```
void pdf_setrgbcolor (int pdf-object, double red_value,
   double green_value, double blue_value)
```

Diese Funktion setzt Füll- und Zeichenfarbe auf einen bestimmten RGB-Wert.

pdf_setrgbcolor_fill

```
void pdf_setrgbcolor_fill (int pdf-object, double
   red_value, double green_value, double blue_value)
```

Diese Funktion setzt die Füllfarbe auf eine RGB-Farbe, wobei jeder Farbwert einzeln angegeben werden muss.

pdf_setrgbcolor_stroke

```
void pdf_setrgbcolor_stroke (int pdf-object, double
   red_value, double green_value, double blue_value)
```

Diese Funktion setzt die Zeichenfarbe auf einen RGB-Wert, wobei jeder Farbwert einzeln angegeben werden muss.

pdf_set_char_spacing

```
void pdf_set_char_spacing (int pdf-object, double space)
```

Diese Funktion setzt den Abstand von Zeichen auf den Wert `space`.

pdf_set_duration

```
void pdf_set_duration (int pdf-object, double duration)
```

Diese Funktion setzt eine Verzögerung zwischen den Seiten.

pdf_set_info

```
void pdf_set_info (int pdf-object, string key, string
    value)
```

Die Funktion `pdf_set_info()` setzt ein Feld der Dokumenteninformation.

Mögliche Informationsfelder, die gesetzt werden können, sind:

- Subject
- Title
- Creator
- Author
- Keywords
- sowie ein Feld mit einem beliebigen Namen

Die Funktion kann vor dem Beginnen einer Seite aufgerufen werden.

pdf_set_font

```
void pdf_set_font (int pdf-object, string font_name, double
    size, int encoding)
```

Diese Funktion setzt den für die nächste Ausgabe verwendeten Font und die Größe ein.

Als Font müssen Adobe-Font-Metrics-Dateien vorhanden sein. Geben Sie bitte unbedingt einen vollständigen Pfad an.

Der Parameter encoding gibt die Codierung des Zeichensatzes an und kann sich folgendermaßen darstellen:

- 0: builtin
- 1: pdfdoc
- 2: macroman
- 3: macexpert
- 4: winansi

Alle anderen Werte werden ebenfalls als winansi interpretiert.

pdf_set_horiz_scaling

```
void pdf_set_horiz_scaling (int pdf-object, double scale)
```

Diese Funktion setzt das horizontale Skalieren des Textes in Prozent.

pdf_set_leading

```
void pdf_set_leading (int pdf-object, double distance)
```

Diese Funktion setzt den Zeilenabstand im Zusammenhang mit der Funktion pdf_continue_text.

pdf_set_text_matrix

```
void pdf_set_text_matrix (int pdf-object, array matrix)
```

Diese Funktion setzt eine Matrix, mit deren Hilfe der aktuelle Font gewechselt werden kann. Die Matrix ist ein Array mit sechs Elementen.

pdf_set_text_pos

```
void pdf_set_text_pos (int pdf-object, double x, double y)
```

Diese Funktion setzt die Textposition für den nächsten Aufruf der Funktion pdf_show.

pdf_set_text_rendering

```
void pdf_set_text_rendering (int pdf-object, int mode)
```

Diese Funktion setzt die Textbehandlung für das PDF-Dokument.

Der Parameter `mode` kann sich folgendermaßen präsentieren:

0	fill text (gefüllt)
1	stroke text (geglättet)
2	fill and stroke text (gefüllt und geglättet)
3	invisible (unsichtbar)
4	fill text and add it to clipping path (gefüllt am Zeichenpfad)
5	stroke text and add it to clipping path (geglättet und gefüllt am Zeichenpfad)
6	fill and stroke text and add it to clipping path (gefüllt, geglättet und am Zeichenpfad)
7	add it to clipping path (nur am Zeichenpfad)

pdf_set_text_rise

```
void pdf_set_text_rise (int pdf-object, double value),
```

Diese Funktion setzt die Höhe, um die der Text angehoben werden soll.

pdf_set_transition

```
void pdf_set_transition (int pdf-object, int transition)
```

Diese Funktion setzt einen Wert für den Übergang zwischen Seiten.

Verschiedene Effekte bestimmen, wie der Seitenwechsel vonstatten geht. Der Parameter `transition` kann sich hier wie folgt präsentieren:

0	keinen sichtbaren Übergang
1	Zwei Linien laufen über die Seite
2	Mehrere Linien laufen über die Seite
3	Ein Rechteck bringt die neue Seite hervor
4	Eine Linie wandert über den Bildschirm, um die neue Seite zum Vorschein zu bringen
5	Die alte Seite verschwindet, um die neue zum Vorschein zu bringen
6	Der Übergangseffekt bewegt sich von einer Ecke zur anderen
7	Die alte Seite wird durch die neue ersetzt (Standard)

pdf_set_word_spacing

```
void pdf_set_word_spacing (int pdf-object, double space)
```

Diese Funktion setzt den Wortabstand im PDF-Dokument auf den Wert `space` fest.

pdf_show

```
void pdf_show (int pdf-object, string text)
```

Die Funktion `pdf_show()` gibt den Text `text` an der aktuellen Textposition in dem aktuellen Zeichensatz aus.

pdf_show_boxed

```
void pdf_show_boxed (int pdf-object, string text, double x,
   double y, double width, double height, string mode [,
   string feature])
```

Die Funktion `pdf_show_boxed()` gibt den Text `text` in einer Box aus, dessen linke untere Ecke an der Position `(x,y)` ist. Die Größe der Box ist `height` mal `width`. Der Parameter `mode` gibt an, wie der Text gesetzt wird. Wenn `heigth` und `width` NULL sind, darf `mode` auf `left`, `right` oder center gesetzt werden. Sind sie jedoch ungleich NULL, sind zusätzlich die Werte justify und fulljustify erlaubt.

Wird im Parameter feature der Wert blind übergeben, wird der Text nicht ausgegeben.

Die Funktion liefert die Zahl der Zeichen, die nicht mehr berücksichtigt wurden.

pdf_show_xy

```
void pdf_show_xy (int pdf-object, string Text, double x-
   Koor, double y-Koor)
```

Diese Funktion gibt Text an einer bezeichneten Stelle in das PDF-Dokument aus.

pdf_skew

```
void pdf_skew (int pdf object, double alpha, double beta)
```

Diese Funktion schert das Koordinatensystem um alpha (x) und beta (y) Grad. alpha und beta dürfen weder 90 noch 270 Grad sein.

pdf_stringwidth

```
double pdf_stringwidth (int pdf-object, string text)
```

Diese Funktion setzt die Textbreite für den aktuellen Font. Dieser muss zuvor bestimmt worden sein.

pdf_translate

```
void pdf_translate (int pdf-object, double x, double y)
```

Diese Funktion legt die Ursprungskoordinaten fest, relativ zum aktuellen Koordinatenpunkt.

Das folgende Beispiel zeigt, wie eine Linie mit Hilfe dieser Funktion erzeugt werden kann.

```
<?php
   pdf_moveto ($pdf, 0, 0);
   pdf_lineto ($pdf, 100, 100);
   pdf_stroke ($pdf);
   pdf_translate($pdf, 100, 100);
   pdf_moveto ($pdf, 0, 0);
   pdf_lineto ($pdf, 100, 100);
   pdf_stroke ($pdf);
   ?>
```

Die meisten Funktionen sind sehr einfach zu bedienen. Schwieriger ist es hingegen, überhaupt ein PDF-Dokument zu erstellen. Und deshalb zum Abschluss dieses Kapitels über PDF-Dokumente das folgende Beispiel, geschrieben von *Uwe Steinmann*, um diesen ersten Schritt etwas erleichtern.

```
<?php
   $fp = fopen("test.pdf", "w");
   $pdf = pdf_open($fp);
   pdf_set_info_author($pdf, "Uwe Steinmann");
   pdf_set_info_title($pdf, "Test for PHP wrapper of PDFlib
   2.0");
   pdf_set_info_author($pdf, "Name of Author");
   pdf_set_info_creator($pdf, "See Author");
   pdf_set_info_subject($pdf, "Testing");
   pdf_begin_page($pdf, 595, 842);
   pdf_add_outline($pdf, "Page 1");
   pdf_set_font($pdf, "Times-Roman", 30, 4);
   pdf_set_text_rendering($pdf, 1);
   pdf_show_xy($pdf, "Times Roman outlined", 50, 750);
```

```
    pdf_moveto($pdf, 50, 740);
    pdf_lineto($pdf, 330, 740);
    pdf_stroke($pdf);
    pdf_end_page($pdf);
    pdf_close($pdf);
    fclose($fp);
    echo "<A HREF=getpdf.php>finished</A>";
    ?>
```

Das folgende Skript gibt diese PDF-Datei aus:

```
<?php
    $fp = fopen("test.pdf", "r");
    header("Content-type: application/pdf");
    fpassthru($fp);
    fclose($fp);
    ?>
```

14 Reguläre Ausdrucksbehandlung

Da die *Reguläre Ausdrucksbehandlung* ziemlich umfassend ist und sich damit ganze Bücher füllen lassen, konzentrieren wir uns hier auf die in PHP zur Verfügung stehenden Funktionen mit näheren Erläuterungen, sofern dies notwendig ist.

14.1 Perl-Compatibel

Für Programmierer, die schon in der Perl-Programmiersprache gelernt haben, mit regulären Ausdrücken umzugehen, wurde ein Set von Funktionen geschaffen, die ein Umlernen auf den POSIX-Standard ersparen.

preg_grep

`array preg_grep (string pattern, array input)`

Es werden aus einem übergebenen Array (zweites Argument) alle Einträge herausgefiltert, die dem Muster `pattern` entsprechen.

Im Folgenden eine Übersicht über die PCRE-Regel-Eigenschaften:

i	PCRE_CASELESS	Es wird keine Rücksicht auf Groß- und Kleinschreibung genommen
m	PCRE_MULTILINE	Die »^« und »$« werden auf alle Zeilen angewandt
s	PCRE-DOTALL	Ein Zeilenumbruch wird auch durch ».« abgedeckt, sonst ist der Zeilenumbruch von ».« ausgenommen

x	PCRE_EXTENDED	Leerzeichen werden ignoriert, es sei denn, sie befinden sich innerhalb einer Zeichen-Klasse
e		Führt den übergebenen Code nach den Berechnungen aus
A	PCRE_ANCHORED	Es wird nur am Anfang eines Strings gesucht
D	PCRE_DOLLAR_ ENDONLY	Das Dollar-Zeichen steht nur für das letzte Zeichen im String, auch wenn das vorletzte Zeichen ein Zeilenumbruch ist
S		Es werden intensivere Analysen gestartet, um wiederholte Muster schneller zu finden
U	PCRE_UNGREEDY	Setzt die Gewichtung der Quantifikatoren herab
X	PCRE_EXTRA	Jeder Backslash, der von einem Zeichen ohne spezielle Bedeutung gefolgt ist, gibt einen Fehler aus

preg_match

```
int preg_match (string pattern, string subject [, array
   matches ])
```

Diese Funktion durchsucht den String `subject` nach dem Ausdruck, der in `pattern` angegeben ist. Falls das dritte Argument angegeben ist, werden die einzelnen gefundenen Teile an das angegebene Array übergeben. Als Rückgabe erhält man TRUE, falls der Ausdruck im `subject` gefunden worden ist, ansonsten FALSE.

preg_match_all

```
int preg_match_all (string pattern, string subject, array
   matches [, int order ])
```

Funktioniert ähnlich wie `preg_match`, mit dem Unterschied, dass ein Ziel-Array für die Ergebnisse angegeben werden muss. Als optionales Flag kann noch eine Sortierreihenfolge für die gefundenen Teile festgelegt werden. Folgende Typen stehen dabei zur Auswahl:

- PREG_PATTERN_ORDER – (Standard)
- PREG_SET_ORDER

Der Unterschied liegt darin, dass im ersten Fall ein Array erzeugt wird, wo im Index 0 die vollständigen Ergebnisse enthalten sind, im Index 1 alle Sub-Teile der Ergebnisse usw. Im zweiten Fall wird hingegen ein Array erstellt, in dem die einzelnen gefundenen Teile mit Index `0` bis `n` gelistet werden, und die Subteile jeweils als weitere Array-Ebene angehängt werden.

preg_quote

```
string preg_quote (string str [, string delimiter ])
```

Setzt vor jedes Zeichen, das für reguläre Ausdrücke reserviert ist, ein »\«. Falls das zweite Argument angegeben wird, so wird auch dieses Zeichen mit einem Backslash versehen. Als zweites Argument übergibt man häufig »/«, da dies das Abschlusszeichen ist.

preg_replace

```
mixed preg_replace (mixed pattern, mixed replacement, mixed
   subject [, int limit ])
```

Durchsucht den String `subject` nach dem Vorkommen von `pattern`. Falls entsprechende Teile gefunden werden, so werden diese mit `re-`

placement ausgetauscht. Der daraus resultierende String wird zurückgeliefert. Wenn das vierte Argument limit angegeben wird, so tauscht er nur die Anzahl aus, die durch limit angegeben wird.

Falls bei pattern am Ende noch ein /e angegeben wird, so ersetzt er den Teil und führt dann den neu erhaltenen Teil als PHP-Code aus.

preg_replace

```
string preg_replace("/\=([0-9A-Za-z]{2})/e", "''.chr
   (hexdec('\\1')).''", $str);
```

Das Beispiel konvertiert einen quoted-printable Text zu einem plaintext um. Diese Art des Aufrufes wird mittlerweile durch eine eigene Funktion (preg_replace_callback) ermöglicht.

preg_replace_callback

```
mixed preg_replace_callback (mixed pattern, mixed callback,
   mixed subject [, int limit ])
```

Das Verhalten ist größtenteils identisch mit preg_replace, bis auf den Unterschied, dass eine unter callback angegebene Funktion aufgerufen wird, die die zu ersetzenden Teile als Array übergeben bekommt.

preg_split

```
array preg_split (string pattern, string subject [, int
   limit [, int flags ]])
```

Liefert ein Array zurück, das Teile von subject enthält, die an den durch pattern angegebenen Stellen aufgeteilt worden sind. Wenn limit angegeben wird, dann liefert er nur die in limit angegebene Anzahl von Teilen. Als Flag können noch optional folgende Eigenschaften gesetzt werden (bitweise):

PREG_SPLIT_NO_EMPTY	nur Teile, die nicht leer sind, werden zurückgeliefert
PREG_SPLIT_DELIM_CAPTURE	Subteile werden ebenfalls zurückgeliefert

14.2 POSIX erweitert

array split

```
array split (string Suchmuster, string Zeichenkette [, int
   Beschraenkung ])
```

Teilt den übergebenen String anhand des Suchmusters in mehrere Teile auf und liefert diese in einem Array zurück. Falls das dritte Argument (»Beschraenkung«) angegeben wird, so wird diese Zerlegung auf »Beschraenkung« Teile limitiert. Die Funktion arbeitet Case-sensitiv.

array spliti

```
array spliti (string Suchmuster, string Zeichenkette [, int
   Beschraenkung ])
```

Diese Funktion ist nahezu identisch mit `ereg_replace`, bis auf den Unterschied, dass die Groß- und Kleinschreibung nicht berücksichtigt wird.

int ereg

```
int ereg (string Suchmuster, string Zeichenkette [, array
   regs ])
```

Überprüft, ob »Suchmuster« in »Zeichenkette« vorhanden ist. Falls dies der Fall ist, wird TRUE zurückgeliefert, andernfalls FALSE. Über das dritte Argument kann ein Array übergeben werden, in dem dann die gefundenen Einträge enthalten sind. Dieses Array ist auf genau zehn Elemente beschränkt. Werden mehrere Einträge gefunden, so werden diese nicht mehr in das Array aufgenommen. An der Index-Stelle 0 im Array wird die gesamte Zeichenkette zurückgeliefert. Die Suche erfolgt Case-sensitiv.

int eregi

```
int eregi (string Suchmuster, string Zeichenkette [, array
   regs ])
```

Diese Funktion ist nahezu identisch mit `ereg`, bis auf den Unterschied, dass die Groß- und Kleinschreibung nicht berücksichtigt wird.

int eregi_replace

```
int eregi_replace (string Suchmuster, string Ersatz, string
   Zeichenkette)
```

Diese Funktion ist nahezu identisch mit `ereg_replace`, bis auf den Unterschied, dass die Groß- und Kleinschreibung nicht berücksichtigt wird.

string ereg_replace

```
string ereg_replace (string Suchmuster, string Ersatz,
   string Zeichenkette)
```

Die Funktion tauscht bei jedem Vorkommen von »Suchmuster« im Argument »Zeichenkette« den passenden Teil gegen »Ersatz« aus. Der neu entstandene String wird anschließend zurückgegeben. Falls keine Übereinstimmungen gefunden werden, so wird der gesamte

String »Zeichenkette« unverändert zurückgegeben. Diese Funktion arbeitet Case-sensitiv.

string sql_regcase

```
string sql_regcase (string Zeichenkette)
```

Diese Funktion erstellt einen regulären Ausdruck aus der übergebenen Zeichenkette.

15 Verschlüsselungs- und Hash-Funktionen

15.1 Mcrypt-Funktionen

In den folgenden Funktionsbeschreibungen wird von dem Modul `libmcrypt 2.4.x` ausgegangen.

Folgende Erweiterungen werden zurzeit unterstützt:

- MCRYPT_3DES
- MCRYPT_ARCFOUR_IV
- MCRYPT_ARCFOUR
- MCRYPT_BLOWFISH
- MCRYPT_CAST_128
- MCRYPT_CAST_256
- MCRYPT_CRYPT
- MCRYPT_DES
- MCRYPT_ENIGMA
- MCRYPT_GOST
- MCRYPT_IDEA
- MCRYPT_LOKI97
- MCRYPT_MARS
- MCRYPT_PANAMA
- MCRYPT_RIJNDAEL_128
- MCRYPT_RIJNDAEL_192
- MCRYPT_RIJNDAEL_256
- MCRYPT_RC2

- MCRYPT_RC6
- MCRYPT_SAFER64
- MCRYPT_SAFER128
- MCRYPT_SAFERPLUS
- MCRYPT_SERPENT
- MCRYPT_SKIPJACK
- MCRYPT_THREEWAY
- MCRYPT_TRIPLEDES
- MCRYPT_TWOFISH
- MCRYPT_TWOFISH192
- MCRYPT_TWOFISH256
- MCRYPT_WAKE
- MCRYPT_XTEA

Der beste Verschlüsselungsmodus (für zeichenweise Verschlüsselung) ist CFB. CBC eignet sich am besten für blockweise Verschlüsselung.

mcrypt_cbc

```
string mcrypt_cbc (mixed cipher, string key, string data,
   int mode [, string iv])
```

Verschlüsselt bzw. entschlüsselt Daten mittels des CBC-Modus. Als erstes Argument wird die MCRYPT_xx-Konstante angegeben. Das zweite Argument ist der geheime Schlüssel. Danach kommt der Daten-String, der verschlüsselt oder entschlüsselt werden soll, als letztes Argument wird die Richtung angegeben:

- MCRYPT_ENCRYPT
- MCRYPT_DECRYPT

mcrypt_cfb

```
int mcrypt_cfb (mixed cipher, string key, string data, int
   mode [, string iv])
```

Funktioniert genauso wie `mcrypt_cbc`, mit dem Unterschied, dass der CFB-Modus verwendet wird.

mcrypt_create_iv

```
string mcrypt_create_iv (int size, int source)
```

Erzeugt einen Initialisierungs-Vektor (IV) aus einer zufälligen Quelle. Die Quelle (zweites Argument) kann eine der folgenden sein:

MCRYPT_RAND	System-Zufallsgenerator
MCRYPT_DEV_RANDOM	Daten vom Verzeichnis `/dev/random`
MCRYPT_DEV_URANDOM	Datum vom Verzeichnis `/dev/urandom`

Bei der Verwendung von MCRYPT_RAND sollte darauf geachtet werden, dass zuvor die Funktion `srand()` aufgerufen wird, um den Zufallsgenerator neu zu initialisieren.

mcrypt_ecb

```
int mcrypt_ecb (mixed cipher, string key, string data, int
   mode [, string iv])
```

Funktioniert genauso wie `mcrypt_cbc`, mit dem Unterschied, dass der ECB-Modus verwendet wird.

mcrypt_enc_get_algorithms_name

```
string mcrypt_enc_get_algorithms_name (resource td)
```

Diese Funktion ermittelt den Namen des verwendeten Algorithmus.

mcrypt_enc_get_block_size

```
int mcrypt_enc_get_block_size (resource td)
```

Berechnet die Block-Größe des Algorithmus anhand der übergebenen Verschlüsselungs-Beschreibung.

mcrypt_enc_get_iv_size

```
int mcrypt_enc_get_iv_size (resource td)
```

Diese Funktion liefert die Größe vom IV zurück. Wenn 0 zurückgegeben wird, dann wird IV für die auf TD zutreffenden Einstellungen ignoriert.

mcrypt_enc_get_key_size

```
int mcrypt_enc_get_key_size (resource td)
```

Diese Funktion liefert die maximal unterstützte Key-Länge für den definierten Algorithmus in Bytes.

mcrypt_enc_get_modes_name

```
string mcrypt_enc_get_modes_name (resource td)
```

Diese Funktion ermittelt den Namen des Modus.

mcrypt_enc_get_supported_key_sizes

```
array mcrypt_enc_get_supported_key_sizes (resource td)
```

Ermittelt alle erlaubten Key-Größen für den verwendeten Algorithmus. Falls ein leeres Array zurückgeliefert wird, so sind alle Key-Längen von 1 bis `mcrypt_enc_get_key_size ()` erlaubt.

mcrypt_enc_is_block_algorithm

```
int mcrypt_enc_is_block_algorithm (resource td)
```

Testet, ob der Algorithmus ein Block-Algorithmus ist, oder ein Stream-Algorithmus. Liefert 1 für Block zurück und 0 für Stream.

mcrypt_enc_is_block_algorithm_mode

```
int mcrypt_enc_is_block_algorithm_mode (resource td)
```

Testet, ob die verwendeten Einstellungen auch auf Blöcke anzuwenden sind.

mcrypt_enc_is_block_mode

```
int mcrypt_enc_is_block_mode (resource td)
```

Liefert 0 für Byte-Ausgabe und 1 für Block-Ausgabe bei Verschlüsselungen.

mcrypt_enc_self_test

```
int mcrypt_enc_self_test (resource td)
```

Führt anhand der Einstellungen einen Testlauf durch, ob alle Angaben funktionieren.

Diese Funktion liefert 0 für einen erfolgreichen Test zurück und 1 für einen Fehler.

mcrypt_decrypt

```
string mcrypt_decrypt (string cipher, string key, string
   data, string mode [, string iv])
```

Entschlüsselt den übergebenen String. Die Argumente sind jedoch identisch zu verwenden wie in `mcrypt_encrypt`.

mcrypt_encrypt

`string mcrypt_encrypt (string cipher, string key, string data, string mode [, string iv])`

Verschlüsselt den übergebenen Datenstring `data` anhand des angegebenen Verfahrens und Schlüssels. Über das vierte Argument `mode` muss einer der folgenden Modi angegeben werden:

- `ecb`
- `cbc`
- `cfb`
- `ofb`
- `nofb`
- `stream`

Falls der IV-Parameter bei `cbc`, `cfb` bzw. `ofb` nicht angegeben wird, gibt PHP eine Warnung aus, da der IV-Paramter für diese Modi angegeben werden muss.

mcrypt_generic

`string mcrypt_generic (resource td, string data)`

Verschlüsselt den übergebenen Daten-String. Dazu werden die Einstellungen von `mcrypt_generic_init` herangezogen.

mcrypt_generic_end

`bool mcrypt_generic_end (resource td)`

Diese Funktion löst den reservierten Speicher wieder auf und setzt die durch `mcrypt_generic_init` hinterlegten Einstellungen zurück.

mcrypt_generic_init

`int mcrypt_generic_init (resource td, string key, string iv)`

Diese Funktion initialisiert alle Buffer, die für die Verschlüsselung notwendig sind. IV wird für den Modus ECB ignoriert, muss aber in den anderen Modi mit einem gültigen Wert versehen werden.

mcrypt_get_block_size

```
int mcrypt_get_block_size (mixed cipher, string module)
```

Liefert die Block-Größe des angegebenen Verfahrens.

mcrypt_get_cipher_name

```
string mcrypt_get_cipher_name (mixed cipher)
```

Um den Namen des angegebenen Algorithmus zu ermitteln, wird diese Funktion verwendet. Da der Standard-Modus »Blowfish« ist, wird bei ungültigen Eingaben »BLOWFISH-448« ausgegeben.

mcrypt_get_iv_size

```
int mcrypt_get_iv_size (resource td)
```

Liefert die Größe des Initialisierungs-Vektors. Das übergebene Argument bezeichnet den verwendeten Algorithmus. Falls ein Fehler auftritt, wird FALSE zurückgegeben.

mcrypt_get_key_size

```
int mcrypt_get_key_size (mixed cipher, string module)
```

Liefert die Block-Größe des angegebenen Verfahrens.

mcrypt_list_algorithms

```
array mcrypt_list_algorithms ([string lib_dir])
```

Liefert ein Array mit allen unterstützten Verfahren. Optional kann ein Verzeichnis angegeben werden, in dem die Verfahren gespeichert sind, falls dies nicht getan wird, wird auf den Parameter der php.ini zugegriffen.

mcrypt_list_modes

```
array mcrypt_list_modes ([string lib_dir])
```

Liefert ein Array mit allen unterstützten Modi. Optional kann ein Verzeichnis angegeben werden, in dem die Modi gespeichert sind, falls dies nicht getan wird, wird auf den Parameter der php.ini zugegriffen.

mcrypt_module_get_algo_key_size

```
int mcrypt_module_get_algo_key_size (string algorithm [,
   string lib_dir])
```

Berechnet die maximal verwendbare Größe des Algorithmus in Bytes.

mcrypt_module_get_algo_supported_key_sizes

```
array mcrypt_module_get_algo_supported_key_sizes (string
   algorithm [, string lib_dir])
```

Generiert ein Array, das mögliche Key-Längen für einen offenen Algorithmus wiedergibt. Falls das Array leer ist, dann sind alle Längen von 1 bis mcrypt_module_get_algo_key_size() erlaubt.

mcrypt_module_is_block_algorithm

```
bool mcrypt_module_is_block_algorithm (string algorithm [,
   string lib_dir])
```

Zeigt, ob der angegebene Algorithmus einen Block-Algorithmus verwendet oder nicht. TRUE für Block, andernfalls FALSE.

mcrypt_module_is_block_algorithm_mode

```
bool mcrypt_module_is_block_algorithm_mode (string mode [,
    string lib_dir])
```

Zeigt, ob das verwendete Modul einen Block-Algorithmus verwendet oder nicht. TRUE für Block, andernfalls FALSE.

mcrypt_module_open

```
resource mcrypt_module_open (string algorithm, string
    algorithm_directory, string mode, string mode_directory)
```

Öffnet ein zum angegebenen Algorithmus gehörendes Modul im verwendeten Modus. Folgende Werte können für mode angegeben werden:

- MCRYPT_MODE_ECB
- MCRYPT_MODE_CBC
- MCRYPT_MODE_CFB
- MCRYPT_MODE_OFB
- MCRYPT_MODE_NOFB
- MCRYPT_MODE_STREAM

mcrypt_module_self_test

```
bool mcrypt_module_self_test (string algorithm [, string
    lib_dir])
```

Führt einen Selbsttest anhand des angegebenen Algorithmus durch. Ist dieser erfolgreich, wird TRUE zurückgegeben, andernfalls FALSE.

mcrypt_ofb

```
int mcrypt_ofb (mixed cipher, string key, string data, int
    mode [, string iv])
```

Funktioniert genauso wie mcrypt_cbc, mit dem Unterschied, dass der OFB-Modus verwendet wird.

mdecrypt_generic

```
string mdecrypt_generic (resource td, string data)
```

Entschlüsselt den übergebenen Daten-String. Dazu werden die Einstellungen von mcrypt_generic_init herangezogen.

15.2 HASH-Funktionen

Um Hash-Werte aus Strings zu bilden, gibt es zwei Arten:

- die Anwendung der Funktion md5()
- die Benutzung der mhash-Library

Die Anwendung von md5() ist einfach, hier ein Beispiel:

```
$hash = md5('irgend ein Text');
```

Es braucht kein Modul integriert zu werden, noch sonst etwas vorgesehen werden.

Die 2. Variante ist die Benutzung der mhash-Library. Sie unterstützt folgende Algorithmen:

- MD5
- SHA1
- HAVAL
- RIPEMD160
- RIPEMD128
- SNEFRU
- TIGER

- GOST
- CRC32
- CRC32B

Um auf die Konstanten des jeweiligen Algorithmus zu kommen, braucht man nur ein »MHASH_« vor den Algorithmus zu stellen. z.B.: MHASH_MD5

mhash

```
string mhash (int hash, string data)
```

Bildet einen Hash-Key anhand der Daten, die übergeben werden. Das erste Argument bezeichnet den Algorithmus, das zweite den Datenstring.

Es wird empfohlen, den resultierenden Hash-Key mittels der bin2hex()-Funktion in einem Hexadezimal-String umzuwandeln. Dadurch ist gewährleistet, dass Zeichen, die im ASCII-Format nicht sichtbar sind, nicht verloren gehen.

mhash_count

```
string mhash_count (void)
```

Gibt die Anzahl der Algorithmen zurück. Dies kann verwendet werden, wenn man alle Algorithmen iterativ durchlaufen möchte, um anschließend Attribute auszulesen.

mhash_get_block_size

```
string mhash_get_block_size (int hash)
```

Liefert die Größe des Hashs in Byte zurück oder FALSE, falls der Hash-Algorithmus nicht existiert.

mhash_get_hash_name

```
string mhash_get_hash_name (int hash)
```

Durch Übergabe der jeweiligen Konstanten wird der Name des Algorithmus zurückgegeben.

16 Serversteuerungen und Systemnahes

PHP erhält intern einen Verbindungsstatus. Dieser kann prinzipiell drei Zustände annehmen:

- 0: NORMAL
- 1: ABORTED
- 2: TIMEOUT

Der Status ist normalerweise auf NORMAL, wenn ein PHP-Skript aktiv ist. Dieser wird dann auf ABORTED gesetzt, sobald der Client-Rechner die Verbindung beendet. Solch ein clientseitiges Beenden der Verbindung wird für gewöhnlich dann veranlasst, wenn der Benutzer den STOP-Befehl seines Browsers aktiviert. Der Status ist dann auf TIMEOUT gesetzt, wenn das mit dem Befehl `set_time_limit()` gesetzte Zeitlimit überschritten wurde.

Natürlich kann man selbst entscheiden, ob der Verbindungsabbruch clientseitig auch das Skript-Ende zur Folge haben soll. Zeitweise ist es aber sinnvoll, Skripts ganz sauber zu beenden, auch wenn kein Browser mehr zur Verfügung steht, der die Ausgabe empfangen würde.

Die Abarbeitung eines Skriptes wird standardmäßig abgebrochen, wenn der Client die Verbindung beendet. Dieses Verhalten kann einerseits durch die Option `ignore_user_abort` in der Konfigurationsdatei `php3.ini` oder durch die entsprechende Option `php3_ignore_user_abort` in der Apache-Konfigurationsdatei oder auch andererseits durch `ignore_user_abort()` beeinflusst werden.

Die Abarbeitung des Skripts wird bei Verbindungsende durch den Benutzer einfach abgebrochen, falls PHP nicht angewiesen wird, einen Verbindungsabbruch durch den Benutzer zu ignorieren.

Die einzige Ausnahme liegt dann vor, wenn eine Shotdown-Funktion durch die Funktion `register_shutdown_function()` angegeben wird, die bei clientseitigem Abbruch ausgeführt wird. Wenn dann der Benutzer seinen Browser zum Abbruch zwingt, wird PHP bei der nächsten Ausgabe des Skriptes feststellen, dass die Verbindung abgebrochen wurde, und die Shutdown-Funktion aufrufen.

Auch wenn das Skript auf normalem Wege beendet wird, wird die Shutdown-Funktion aufgerufen. Daher sollte man die Funktion `connection_aborted()` benutzen, wenn man für den Fall eines Benutzerabbruchs etwas anderes vorgesehen hat. Diese Funktion gibt TRUE zurück, wenn die Verbindung abgebrochen wurde.

Ein anderer Weg, ein Skript zu beenden, ist der eingebaute Script-Timer. Der Standard-Timeout beträgt 30 Sekunden. Er kann aber durch die Option `max_execution_time` in der `php3.ini`, durch den entsprechenden Eintrag `php3_max_execution_time` in der Apache-Konfigurationsdatei oder aber auch durch die Funktion `set_time_limit()` beeinflusst werden.

Bei Zeitüberschreitung wird das Skript beendet und eine registrierte Shutdown-Funktion ausgeführt. Die Funktion `connection_timeout()` versetzt uns dann in die Lage zu überprüfen, ob der Abbruch aufgrund einer Zeitüberschreitung zustande gekommen ist oder nicht. Die Funktion gibt TRUE zurück, wenn es sich tatsächlich um eine Zeitüberschreitung gehandelt hat.

Es ist natürlich auch möglich, dass der Status ABORTED und der Status TIMEOUT gleichzeitig auftreten. Das passiert dann, wenn PHP angewiesen wird, Benutzerabbrüche zu ignorieren. PHP wird feststellen, dass der Benutzer die Verbindung abgebrochen hat, das Skript läuft allerdings weiter. Sollte dann das Zeitlimit erreicht werden, wird es abgebrochen und, wenn definiert, eine Shutdown-Funktion aufgerufen. Zu diesem Zeitpunkt kann man feststellen, ob die Funktionen `connection_timeout()` und `connection_aborted()` TRUE zurückliefern. Diese beiden Statusmöglichkeiten können auch durch einen Aufruf der Funktion `connection_status()` abgefragt werden. Diese liefert ein Bitfeld des aktiven Status.

Es sind nun im bisherigen Verlauf des Kapitels einige Funktionen angesprochen worden, deren Funktionalität und Syntax wir nun kurz erläutern wollen.

16.1 Funktionen für die Systemsteuerung

connection_aborted

```
int connection_aborted (void )
```

Wenn der Client nicht mehr verbunden ist, gibt diese Funktion TRUE zurück.

connection_status

```
int connection_status (void )
```

Diese Funktion gibt den Verbindungs-Status als Bit-Feld zurück.

connection_timeout

```
int connection_timeout (void )
```

Wenn der Timeout des Skripts erreicht ist, gibt diese Funktion TRUE zurück.

ignore_user_abort

```
int ignore_user_abort ([int setting])
```

Mit der Funktion `ignore_user_abort` wird der Wert dafür gesetzt, ob der Abbruch einer Client-Verbindung auch die weitere Abarbeitung eines Skripts beenden soll.

Es wird der vorherige Wert zurückgeliefert. Um nur die aktuelle Einstellung abzurufen, kann diese Funktion auch ohne Argument aufgerufen werden.

register_shutdown_function

```
int register_shutdown_function (string func)
```

Diese Funktion registriert eine Funktion zur Ausführung beim Skript-Abschluss. Die mit `func` benannte Funktion wird im Skript zwecks Ausführung an dessen Ende eingetragen.

set_time_limit

```
void set_time_limit (int seconds)
```

Legt die Zeit, die ein Skript maximal laufen darf, in Sekunden fest. Ist diese Zeit abgelaufen, wird ein Fehler zurückgegeben.

Der Standard liegt bei 30 Sekunden, es sei denn, `max_execution_time` ist in der Konfigurationsdatei eingetragen. Bei einer Einstellung von 0 Sekunden ist die maximale Ausführungszeit unbegrenzt.

Wird `set_time_limit()` aufgerufen, startet der Zähler neu. Das heißt, wenn die Standardeinstellung 30 Sekunden beträgt und nach 25 Sekunden durch ein Skript ein Aufruf wie z.B. `set_time_limit(30)` erfolgt, dann beträgt die maximale Laufzeit des Skripts 55 Sekunden. Danach wird eine Fehlermeldung ausgegeben.

Aber Achtung! `set_time_limit()` hat keinerlei Effekt, wenn PHP im Safemode läuft. Die einzige Möglichkeit, dies zu umgehen, ist den Safemode in der Konfigurationsdatei auszuschalten.

16.2 Apache-Funktionen

apache_lookup_uri

`class apache_lookup_uri (string filename)`

Die Funktion `apache_lookup_uri()` führt eine Teilanfrage über eine bestimmte URI durch. Die Abfrage geht soweit, dass alle wichtigen Informationen über die gegebene Quelle gesammelt werden können. Als Resultat wird eine Klasse zurückgeliefert, die folgende Elemente enthält:

- `status`
- `the_request`
- `status_line`
- `method`
- `content_type`
- `handler`
- `uri`
- `filename`
- `path_info`
- `args`
- `boundary`
- `no_cache`
- `no_local_copy`
- `allowd`
- `send_bodyct`

- bytes_sent
- byterange
- clength
- unparsed_uri
- mtime
- request_time

apache_lookup_uri() existiert allerdings nur, wenn PHP als Apache-Modul eingerichtet wurde.

apache_note

```
string apache_note (string note_name [, string note_value])
```

Diese Funktion ist eine Apache-spezifische Funktion, die Einträge in Apaches notes-Tabelle setzt und ausliest. Wird sie mit einem einzelnen Parameter aufgerufen, gibt sie den aktuellen Wert der Note note_name zurück. Wird dies mit zwei Parametern durchgeführt, wird der Eintrag note_name auf den zweiten Parameter note_value gesetzt und liefert den bisherigen Wert zurück.

ascii2ebcdic

```
int ascii2ebcdic (string ascii_str)
```

Die Funktion ascii2ebcdic() ist eine Apache-spezifische Funktion, die nur auf Systemen mit EBCDIC-Zeichensatz existiert.

Es wird die ASCII-kodierte Zeichenkette ascii_str in ihre äquivalente EBCDIC-Darstellung umgesetzt (binärfest), und liefert das konvertierte Ergebnis zurück.

ebcdic2ascii

```
int ebcdic2ascii (string ebcdic_str)
```

Die Funktion `ebcdic2ascii()` ist eine Apache-spezifische Funktion, die nur auf Systemen mit EBCDIC-Zeichensatz existiert (Betriebssysteme: OS/390, BS2000).

Die EBCDIC-kodierte Zeichenkette `ebcdic_str` wird in ihre äquivalente ASCII-Darstellung umgesetzt (binärfest), und liefert das konvertierte Ergebnis zurück.

getallheaders

`array getallheaders ()`

Diese Funktion liefert ein assoziatives Array zurück, in dem alle HTTP-Header-Informationen der aktuellen HTTP-Anfrage enthalten sind.

Sie können die Werte der normalen CGI-Variablen aber auch durch das Auslesen der Umgebungsvariablen erhalten. Dieser Weg funktioniert unabhängig vom Apache. Probieren Sie `phpinfo()`, um alle erreichbaren Umgebungsvariablen zu erhalten.

Das folgende Beispiel gibt alle HTTP-Header der aktuellen Anfrage aus.

> Aber Achtung, die Funktion `getallheaders()` wird nur durch PHP als Apache-Modul unterstützt.

```
$headers = getallheaders();
while (list ($header, $value) = each ($headers))
     {
      echo "$header: $value<br>\n";
     }
```

virtual

```
int virtual (string filename)
```

Die Funktion `virtual()` ist eine Apache-spezifische Funktion. Sie entspricht

```
<!--#include virtual... -->
```

aus `mod_include`.

Es wird eine Unteranfrage durchgeführt, die für das Einbinden von CGI-Skripts, .shtml-Dateien oder anderes nützlich ist, das vom Apache verarbeitet werden soll.

> Achten Sie bitte darauf, dass ein CGI-Skript mindestens einen gültigen CGI-Header generieren muss, mindestens einen Content-type-Header. Für PHP-Dateien müssen Sie `include()` oder `require()` benutzen, `virtual()` selbst kann keine PHP-Dokumente einbinden.

16.3 Netzwerkfunktionen

checkdnsrr

```
int checkdnsrr (string host [, string type])
```

Diese Funktion durchsucht den DNS (Domain Name Service) auf Daten des Typs `type` auf Übereinstimmung mit `host`. Gibt TRUE / wahr zurück, wenn ein Datensatz gefunden wurde. Ansonsten – oder wenn ein Fehler vorliegt – wird FALSE / falsch zurückgegeben.

Der Parameter `type` kann sein:

- A
- MX
- NS
- SOA
- PTR
- CNAME
- ANY

Die Standard-Vorgabe ist MX.

Der Parameter `host` kann eine durch Punkte getrennte IP-Adresse (z.B. `192.168.0.2`) oder ein Host-Name (z.B. `www.ascribo.com`) sein.

closelog

```
int closelog ()
```

Die Funktion `closelog()` schließt den Descriptor, der benötigt wird, um in den System-Logger zu schreiben. Der Gebrauch von `closelog()` ist optional.

```
debugger_off
int debugger_off ()
```

Schaltet den internen PHP-Debugger aus.

debugger_on

```
int debugger_on (string address)
```

Schaltet den internen PHP-Debugger, zeigend auf `address`, ein.

Bei schwer aufzufindenden Fehlern ist der integrierte Debugger von PHP sehr nützlich. Immer wenn PHP startet, stellt der Debugger eine Verbindung zu einem TCP-Port her. Jede Fehlermeldung wird nun an diese TCP-Verbindung ausgegeben. Damit lässt sich ein so genannter

»debugging server« einrichten, der innerhalb einer IDE oder eines programmierbaren Editors läuft.

Den Debugger können Sie wie folgt einrichten:

Öffnen Sie die Konfigurationsdatei, DEBUGGER.PORT, und geben Sie dort einen TCP-Port für den Debugger ein. Danach aktivieren sie ihn, *debugger.enabled.*

Dann richten Sie einen TCP-Listener ein, der auf dem Port horcht. Schreiben Sie in Ihren Code die Anweisung `debugger_on(host)`, wobei `host` die IP-Adresse oder der Hostname ist, wo der TCP-Listener läuft.

Nun werden alle Warnungen, Hinweise etc. auf diese Schnittstelle ausgegeben, sogar wenn sie mit `error_reporting()` abgeschaltet wurden.

Das Protokoll des Debuggers ist zeilenorientiert, d.h., dass jede Zeile einen Typ hat und mehrere Zeilen eine Meldung bilden. Jede Meldung beginnt mit der Zeile `start` und endet mit `end`. Es ist auch möglich, dass PHP Zeilen mit mehreren Meldungen gleichzeitig ausgibt.

Eine Zeile hat nun folgendes Format:

```
date time
host(pid)
type:
message-data
```

`date`	Datum im ISO-8601-Format: (jjjj-mm-tt)
`time`	Zeit inklusive Mikrosekunden: ss:mm:uuuuuu
`type`	Typ der Zeile. Er zeigt dem empfangenden Programm, wie es die folgenden Daten behandeln soll.

Typen der Debugger-Zeilen können sich nun wie folgt darstellen:

start	teilt dem empfangendem Programm mit, dass hier eine Debugger-Meldung beginnt. Der Inhalt von data ist der Typ der Fehlermeldung, der später aufgelistet ist.
msessage	die PHP-Fehlermeldung selbst.
location	bezeichnet den Dateinamen und die Zeilennummer, wo der Fehler aufgetreten ist. Die erste location-Zeile beinhaltet immer die Top-Level-Location. data enthält file:line. Nach jeder message und nach jeder function steht eine location-Zeile.
frames	stellt die Anzahl der Frames in der folgenden Ebenenanzeige dar. Bei vier Frames werden auch Informationen zu vier Ebenen von Funktionsaufrufen angezeigt. Werden keine angezeigt, ist die Funktionstiefe = 0, d.h., der Fehler ist auf höchster Funktionsebene aufgetreten.
function	ist der Name der Funktion, in der der Fehler aufgetreten ist. Dieser wird jeweils für jede Funktionsebene innerhalb des Funktionsaufrufes wiederholt angezeigt.
end	teilt dem empfangendem Programm mit, dass die Fehlermeldung hier endet.
host	dNS-Name oder IP-Adresse des Hosts, auf dem der Fehler auftrat.
pid	PID (process id) auf dem Host des Prozesses mit dem PHP-Script, das den Fehler erzeugt hat.
data	Daten in der jeweiligen Zeile.

Die Debugger-Fehlertypen präsentieren sich wie folgt:

Debugger	PHP-intern
`warning`	E_WARNING
`error`	E_ERROR
`parse`	E_PARSE
`notice`	E_NOTICE
`core-error`	E_CORE_ERROR
`core-warning`	E_CORE_WARNING
`unknown`	irgendein anderer

define_syslog_variables

`void define_syslog_variables (void)`

Diese Funktion initialisiert alle Konstanten, die in den SysLog-Funktionen Verwendung finden.

Diese Konstanten können nun wie folgt aussehen:

LOG_EMERG	System ist unbrauchbar
LOG_ALERT	Aktion ist sofort erforderlich
LOG_CRIT	Kritischer Zustand
LOG_ERR	Fehler aufgetreten
LOG_WARNING	Warnung aufgetreten
LOG_NOTICE	Normale, aber dennoch wichtige Meldung
LOG_INFO	Informative Meldung
LOG_DEBUG	Debug-Level-Meldung

Hier ein kleines Beispiel, in dem wir die Funktion `define_syslog_variables()` in Verbindung mit der Funktion `syslog()` verwenden, die eine Statusmeldung erzeugt, die an die System-Log-Funktion weitergereicht wird:

```
<?php
define_syslog_variables();
openlog ("myScriptLog",LOG_PID \LOG_PERROR, LOG_LOCAL0);
if (authorized_client())
     {
      .....
     }
else
     {
      $access = date ("Y/m/d H:i:s");
      syslog(LOG_WARNING,"Unautorisierter Client:
               $access  $REMOTE_ADDR ($HTTP_USER_AGENT)");
     }
closelog();
?>
```

Unter Windows NT wird der Syslog-Dienst emuliert, indem der Ereignis-Protokollierdienst genutzt wird.

fsockopen

```
int fsockopen (string [upd://]hostname, int port [, int
   errno [, string errstr [, double timeout]]])
```

Diese Funktion stellt eine Internet- oder Unix-Domain-Socket-Verbindung her.

Es wird eine Socket-Verbindung zum Internet (AF_INET unter Verwendung von TCP oder UDP) oder unter Unix (AF_UNIX) geöffnet. Für eine Internet-Verbindung wird eine TCP-Socket-Verbindung zu hostname über den Port port hergestellt. Für eine UDP-Verbindung muss man das Protokoll udp://hostname explizit angeben. hostname wird bei einer UNIX-Verbindung als Socket-Pfad interpretiert, port muss in diesem Fall 0 sein. Der optionale Parameter timeout kann dazu benutzt werden, um eine Fehlerwartezeit für den Verbindungsaufbau zu setzen. Dieser wird in Sekunden angegeben.

Die Funktion fsockopen() gibt nun einen Dateizeiger zurück, der in Verbindung mit anderen Datei-Funktionen gebraucht wird.

Wenn der Aufruf der Funktion scheitert, gibt er FALSE zurück. Sind die optionalen errno- und errstr-Parameter vorhanden, enthalten sie den aktuellen System-Fehler, der beim Aufruf der System-Funktion connect() passiert ist. Ist die erhaltene errno = 0 und gibt die Funktion FALSE zurück, so ist das ein Hinweis darauf, dass der Fehler vor dem connect()-Aufruf geschah. Dieses Problem hängt häufig mit der Initialisierung des Sockets zusammen.

> Achten Sie bitte darauf, dass das errno- und errstr-Argument als Referenz zu übergeben sind.

Abhängig von der vorhandenen Umgebung kann die Verbindung zu einer UNIX-Domäne oder der optionale Verbindungsaufbau-Zeitfehler nicht zur Verfügung stehen.

Der Verbindungsaufbau im Block-Modus ist als Standard voreingestellt. Man kann dies aber auf Nicht-Block-Modus ändern, indem man die Funktion socket_set_blocking() benutzt:

```
$cider = fsockopen ("www.ascribo.com", 80, &$errno, &$err-
   str, 30);
if (!$cider)
```

```
     {
      echo "$errstr ($errno) <br> \n";
     }
else
     {
      fputs ($cider, "GET/HTTP/1.0\r\n\r\n");
      while (!feof($cider))
            {
             echo fgets ($cider,128);
            }
      fclose($cider);
     }
```

Das Beispiel, das nun kommt, zeigt, wie das Datum und die Zeit des UDP-Service "daytime" von Ihnen empfangen werden können:

```
<?php
$cider = fsockopen ("udp://111.0.0.1", 13, &$errno, &$err-
   str);
if (!$cider)
     {
      echo "Es ist ein Fehler aufgetreten. $errno - $errstr
   <br> \n";
     }
else
     {
      fwrite ($cider, "\n");
      echo fread ($cider, 26);
      fclose ($cider);
     }
?>
```

gethostbyaddr

```
string gethostbyaddr (string ip_address)
```

Diese Funktion gibt den Internet-Host-Namen passend zur angegebenen `ip_address` zurück. Bei einem Fehler wird die `ip_address` selbst zurückgegeben.

gethostbyname

```
string gethostbyname (string hostname)
```

Diese Funktion ermittelt die IP-Adresse passend zum angegebenen Internet-Host-Namen `hostname` (z.B. `www.alaris.at`).

gethostbynamel

```
array gethostbynamel (string hostname)
```

Diese Funktion gibt eine Liste von IP-Adressen zurück, passend zum angegebenen `hostname`.

getmxrr

```
int getmxrr (string hostname, array mxhosts [, array
   weight])
```

Die Funktion `getmxrr()` sucht im DNS nach MX-Datensätzen, die zu `hostname` passen.

Falls irgendwelche Daten gefunden wurden, gibt die Funktion TRUE zurück, andernfalls, oder wenn ein Fehler auftrat, wird FALSE zurückgegeben.

Eine Liste der gefundenen MX-Einträge wird im Array `mxhosts` zurückgegeben. Wenn das optionale `weight`-Array vorhanden ist, wird es mit den gefundenen Prioritäts-Informationen gefüllt.

getprotobyname

`int getprotobyname (string name)`

Die Funktion `getprotobyname()` gibt die Protokoll-Nummer passend zu dem Protokoll `name` anhand der Datei `/etc/protocols` zurück.

getprotobynumber

`string getprotobynumber (int number)`

Die Funktion `getprotobynumber()` gibt den Protokoll-Namen passend zur angegebenen Protokollnummer `number` anhand der Datei `/etc/protocols` zurück.

getservbyname

`int getservbyname (string service, string protocol)`

Die Funktion `getservbyname()` gibt den Internet-Port zurück, der zu `service` passt.

Dies geschieht anhand des angegebenen Wertes für `protocol` mittels der Datei `/etc/services`. Der Inhalt des Parameters `protocol` kann entweder TCP oder UDP sein.

getservbyport

`string getservbyport (int port, string protocol)`

Die Funktion `getservbyport()` gibt den Internet-Dienst zurück, der zu `port` für das angegebene `protocol` passt.

Der Inhalt des Parameters `protocol` kann entweder TCP oder UDP sein.

ip2long

```
int ip2long (string ip_address)
```

Diese Funktion verwandelt eine gemäß IP-V4-Protokoll angegebene Internet-Adresse `ip_adress` vom Punkt-Format in die ausgeschriebene Adress-Angabe.

```
<?
$cider = gethostbyname ("www.alaris.at");
$show = "Der folgende URL ist gleich: <br>\n";
$show .= "http://www.alaris.at/, http://".$cider."/, and
                  http://".ip2long($cider)."/<br>\n";
echo $show;
?>
```

long2ip

```
string long2ip (int proper_address)
```

Die Funktion `long2ip()` erzeugt eine Internet-Adresse im Punkt-Format, wie z.B. `www.ascribo.com`, anhand einer richtigen, ausgeschriebenen Adress-Angabe.

openlog

```
int openlog (string ident, int option, int facility)
```

Diese Funktion stellt eine Verbindung zu einem Log-Dienst des Systems her.

`openlog()` kontaktiert die System-Log-Dienste eines Programms. Jeder Meldung wird die Zeichenkette `ident` angefügt.

Das Argument `option` wird verwendet, um festzulegen, welche Log-Optionen bei der Erzeugung von Log-Nachrichten verwendet werden sollen. Es kann folgendermaßen aussehen:

LOG_CONS	Tritt beim Senden von Daten an den System-Logging-Service ein Fehler auf, wird dieser direkt an die System-Konsole ausgegeben
LOG_NDELAY	Öffnet sofort die Verbindung zum Log-Service
LOG_ODELAY	Öffnet die Verbindung erst, wenn die erste Meldung geloggt werden soll. Diese Einstellung ist als Standard vorgewählt.
LOG_PERROR	Gibt die Log-Meldungen auch an der Standard-Ausgabe für Fehler aus
LOG_PID	Schließt die PID bei jeder Meldung ein.

Man kann natürlich auch eine oder mehrere dieser Optionen verwenden. Bei mehreren müssen diese per OR getrennt werden. Um die Verbindung sofort herzustellen, auf die Konsole zu schreiben und die PID in jede Meldung aufzunehmen, muss man Folgendes angeben:

LOG_CONS | LOG_NDELAY | LOG_PID

Um die Art des Programms festzulegen, das die Nachricht loggt, wird das Argument `facility` verwendet. Dies erlaubt uns die Festlegung der Behandlungsweise von Log-Nachrichten. Der Gebrauch von `openlog()` ist optional. Er wird auch automatisch aufgerufen von `syslog()`. Ist dies der Fall, ist der Vorgabewert von `ident` = FALSE.

Der Parameter `facility` hat nun folgende Präsentationsmöglichkeiten:

LOG_AUTH	Sicherheits- /Authorisations-Meldungen
LOG_AUTHPRIV	Sicherheits- /Authorisations-Meldungen, privat
LOG_CRON	Dienste, die von der Zeit abhängen
LOG_DAEMON	Andere System-Dienste

LOG_KERN	Kernel-Meldungen
LOG_LOCAL0	Reserviert für lokale Benutzung
LOG_LOCAL7	Wie LOG_LOCAL0 reserviert für lokale Benutzung
LOG_LPR	Zeilen-Drucker Subsystem
LOG_MAIL	Mailing-Subsystem
LOG_NEWS	USENET-News-Subsystem
LOG_SYSLOG	Meldungen, die intern von syslogd erzeugt wurden
LOG_USER	Generische User-Level-Meldungen
LOG_UUCP	UUCP-Subsystem

pfsockopen

```
int pfsockopen (string hostname, int port [, int errno [,
   string errstr [, int timeout]]])
```

Diese Funktion beinhaltet das Gleiche wie fsockopen(), die wir bereits näher erläutert haben. Es gibt lediglich den Unterschied, dass die Verbindung nicht beendet wird, sobald das Script beendet wird. Sie ist sozusagen die Permanent-Version von fsockopen().

socket_get_status

```
array socket_get_status (resource socket_get_status)
```

Diese Funktion gibt Informationen über eine vorhandene Socket-Ressource zurück. Das resultierende Array hat vier Einträge, die sich wie folgt präsentieren:

timed_out (bool)	Der Timeout-Wert des Sockets für das Warten auf Daten
blocked (bool)	Der Socket wurde blockiert

`eof (bool)`	Das EOF (End Of File) ist erreicht
`unread_bytes (int)`	Anzahl der Bytes, die noch im Socket-Puffer sind

socket_set_blocking

`int socket_set_blocking (int socket descriptor, int mode)`

Diese Funktion schaltet den Block-Modus eines Sockets an oder aus.

Wenn `mode` FALSE ist, wird die angegebene Socket-Bezeichnung auf Nicht-Block-Modus gesetzt, anderenfalls auf Block-Modus. Dies beeinflusst Aufrufe von `fgets()`, die über diesen Sockets lesen.

Im Nicht-Block-Modus wird ein `fgets()`-Aufruf sofort zum Skript zurückkehren, während er im Block-Modus auf eingehende Daten warten wird.

In früheren Versionen von PHP hieß diese Funktion `set_socket_blocking()`. Dieser Name sollte jedoch nicht mehr verwendet werden.

socket_set_timeout

```
bool socket_set_timeout (int socket descriptor, int
   seconds, int microseconds)
```

Die Funktion `socket_set_timeout` setzt den Timeout-Wert von `sokket descriptor`. Dieser wird angegeben durch die Summe von `seconds` und `microseconds`.

```
<?php
$cider = fsockopen ("www.alaris.at", 80);
if (!$cider)
     {
      echo "Es ist leider keine Verbindung möglich! \n";
```

```
    }
else
    {
     fputs ($cider, "GET / HTTP/1.0\n\n");
     $anfang = time();
     socket_set_timeout ($cider, 3);
     $result = fread ($cider, 2000);
     var_dump (socket_get_status ($cider));
     fclose ($cider);
     print $result;
    }
?>
```

In früheren Versionen von PHP hieß diese Funktion `set_socket_timeout()`. Dieser Name sollte nicht mehr verwendet werden.

syslog

`int syslog (int priority, string message)`

Die Funktion `syslog()` erzeugt eine Status-Meldung, die an die System-Log-Funktion weitergereicht wird.

Der Parameter `priority` ist eine Kombination der System-Möglichkeiten und dem Level.

LOG_EMERG	System ist unbrauchbar
LOG_ALERT	Aktion ist sofort erforderlich
LOG_CRIT	Kritischer Zustand
LOG_FRR	Fehler aufgetreten
LOG_WARNING	Warnung aufgetreten
LOG_NOTICE	Normale, aber dennoch wichtige Meldung
LOG_INFO	Informative Meldung
LOG_DEBUG	Debug-Level-Meldung

Es verbleibt die zu sendende Nachricht `message`, in der die beiden Zeichen `%m` durch den Fehlertext `strerror` ersetzt werden, der dem Wert `errno` entspricht.

16.4 Socket-Funktionen

Die Socket-Erweiterung bietet die Möglichkeit, als Socket-Server oder als Client zu agieren. Sie stellt eine Hardware-nahe Schnittstelle zu den Datenaustauschfunktionen einer Socket-Verbindung zur Verfügung.

Die nachfolgend beschriebenen Socket-Funktionen sind ein Teil einer PHP-Erweiterung, die beim Kompilieren mit der Option `-enable-sockets` beim Befehl `configure` eingebunden werden müssen.

Für eine allgemeinere clientseitige Socket-Schnittstelle stehen uns die Funktionen `fsockopen()` und `pfsockopen()` zur Verfügung, die wir schon einige Seiten zuvor vorgestellt und näher beschrieben haben.

> Wenn man diese Socket-Funktionen benutzt, darf man Folgendes nicht übersehen. Obwohl viele der Funktionen und ihre Entsprechungen in C gleich lautende Namen haben, definieren sie sich oft über unterschiedliche Deklarationen. Deshalb lesen Sie diese Deklarationen genau durch, um mögliche Verwirrungen zu vermeiden.

Das heißt allerdings auch, dass diejenigen, denen die Socket-Programmierung fremd ist, sich den nützlichen Materialien widmen sollten, die man in den entsprechenden Unix-»manpages« findet. Außerdem gibt es jede Menge von Tutorials und Informationen über Socket-Programmierung in C im Internet. Einiges davon kann mit leichten Änderungen für die Socket-Programmierung mit PHP benutzt werden.

Doch nun zu den Socket-Funktionen in PHP:

accept_connect

```
int accept_connect (int socket)
```

Diese Funktion weist den Socket an, hereinkommende Verbindungen zu bearbeiten.

Zuerst wird der Socket `socket` mit der Funktion `socket()` erzeugt, dann mit `bind()` mit einem Namen verknüpft und danach mit `listen()` angewiesen, auf hereinkommende Verbindungsanforderungen zu horchen.

Nun wird der Socket mit der Socket-Funktion `accept_connect()` angewiesen, hereinkommende Verbindungsanforderungen zuzulassen und zu bearbeiten. Wenn ein Verbindungsaufbau erfolgreich war, wird ein neuer Socket-Deskriptor zurückgegeben, der zur Kommunikation benutzt werden kann.

Gibt es nun mehrere Verbindungsanforderungen an diesem Socket, werden diese in eine Warteschlange gestellt und die erste Verbindungsanforderung wird bedient. Sollte es keine aktuellen Verbindungsanforderungen geben, blockiert `accept_connect()` so lange, bis eine Verbindungsanforderung kommt. Wurde `socket` mit der Funktion `socket_set_blocking()` oder mit `set_nonblock()` auf »nicht blockieren« gesetzt, wird ein Fehlercode zurückgegeben.

Der Socket-Deskriptor, der von `accept_connect()` zurückgegeben wird, soll nicht dazu benutzt werden, um neue Verbindungsanforderungen zuzulassen. Der originäre wartende Socket `socket` bleibt geöffnet und kann wieder benutzt werden.

Falls nun ein Fehler auftritt, gibt die Funktion einen neuen Socket-Deskriptor zurück oder einen negativen Fehlercode. Dieser Fehlercode kann dann an die Funktion `strerror()` übergeben werden, um eine Ausgabe des Fehlers zu erhalten.

bind

`int bind (int socket, string address [, int port])`

Die Funktion `bind()` verknüpft den Namen, der in `address` angegeben ist, mit dem Socket, der durch `socket` bestimmt wird. Dies muss allerdings ein gültiger Socket-Deskriptor sein, der vorab mit der Funktion `socket()` erzeugt wurde.

Der Parameter `address` kann entweder eine IP-Adresse oder ein Pfadname eines Unix-Domain-Socket sein. Eine IP-Adresse dann, wenn der Socket zur AF_INET-Failie gehört, die in Punktnotation (z.B. 127.0.0.1) angegeben wird. Gehört der Socket zur AF_UNIX-Familie, ist `address` ein Pfadname einer Unix-Domain.

Der Parameter `port` wird nur dann benutzt, wenn eine Verbindung zu einem AF_INET-Socket aufgebaut wird. `port` bestimmt den Port des entfernten Hosts, zu dem die Verbindung hergestellt werden soll.

Die Funktion gibt bei Erfolg null zurück, ansonsten einen negativen Fehlercode. Dieser Fehlercode kann dann an die Funktion `strerror()` übergeben werden, um eine Ausgabe des Fehlers zu erhalten.

close

`bool close (int socket)`

Die Funktion `close()` schließt den Datei- (oder Socket-) Deskriptor, der durch `socket` gegeben ist.

Man sollte darauf achten, dass diese Funktion nur für PHP-Datei-Deskriptoren benutzt wird, die mit `socket()` oder `accept_connect()` erzeugt wurde. Für PHP-Datei-Deskriptoren, die mit `fopen()`, `popen()`, `fsockopen()` oder `psockopen()` erzeugt wurden, sollte die Funktion `close()` nicht benutzt werden.

Die Funktion gibt bei Erfolg TRUE zurück oder, falls ein Fehler auftrat, FALSE.

connect

`int connect (int socket, string address [, int port])`

Die Funktion `connect()` baut mit Hilfe eines gültigen Socket-Deskriptors `socket`, der von der Funktion `socket()` zurückgegeben wurde, eine Verbindung zu dem Socket auf.

Der Parameter `address` kann entweder eine IP-Adresse oder ein Pfadname eines Unix-Domain-Socket sein. Eine IP-Adresse dann, wenn der Socket zur AF_INET-Failie gehört, die in Punktnotation (z.B. 127.0.0.1) angegeben wird. Gehört der Socket zur AF_UNIX-Familie, ist `address` ein Pfadname einer Unix-Domain.

Der Parameter `port` wird nur dann benutzt, wenn eine Verbindung zu einem AF_INET-Socket aufgebaut wird. `port` bestimmt den Port des entfernten Hosts, zu dem die Verbindung hergestellt werden soll.

Die Funktion gibt bei Erfolg NULL zurück oder einen negativen Fehlercode, falls ein Fehler aufgetreten ist. Dieser Fehlercode kann dann an die Funktion `strerror()` übergeben werden, um eine Ausgabe des Fehlers zu erhalten.

listen

`int listen (int socket, int backlog)`

Mit dieser Funktion wird der Socket, der mit `socket()` erzeugt wurde und mit `bind()` mit einem Namen verknüpft wurde, angewiesen, am Socket `socket` auf hereinkommende Verbindungen zu horchen.

`backlog` ist das Maximum an hereinkommenden Verbindungsanforderungen, die zur weiteren Verarbeitung in die Warteschlange gestellt werden können.

`listen()` kann nur mit Sockets vom Typ SOCK_STREAM oder vom Typ SOCK_SEQPACKET verwendet werden.

Die Funktion gibt bei Erfolg NULL zurück oder einen negativen Fehlercode, wenn die Funktion fehlschlägt. Dieser Fehlercode kann dann an die Funktion `strerror()` übergeben werden, um eine Ausgabe des Fehlers zu erhalten.

read

`int read (int socket_des, string &buffer, int length)`

Die Funktion gibt die Anzahl der gelesenen Bytes zurück.

Die Funktion `read()` liest vom Socket `socket_des` die Anzahl Bytes, die in dem Parameter `length` übergeben wurde, in den Puffer `&buffer`. Der Socket wurde vorab von der Funktion `accept_connect()` erzeugt.

Um das Lesen zu beenden, kann man `\n`, `\t` oder `\0` benutzen.

socket

`int socket (int domain, int type, int protocol)`

Die Funktion socket(), die wir schon in den vorigen Funktionen immer erwähnten, erzeugt eine Datenendeinrichtung zur Kommunikation (einen Socket) und gibt für diesen Socket einen Deskriptor zurück.

- Der Parameter domain bestimmt die Domain. Es werden AF_INET und AF_UNIX unterstützt.
- Der Parameter type wählt den Socket-Typ. Das kann entweder SOCK_STREAM, SOCK_DGRAM, SOCK_SEQPACKET, SOCK_RAW, SOCK_RDM, oder SOCK_PACKET sein.
- Der Parameter protocol bestimmt das Protokoll.

Die Funktion gibt bei Erfolg einen gültigen Socket-Deskriptor zurück oder einen negativen Fehlercode, falls ein Fehler auftritt. Dieser Fehlercode kann dann an die Funktion strerror() übergeben werden, um eine Ausgabe des Fehlers zu erhalten.

strerror

```
string strerror (int errno)
```

Die Funktion strerror(), die wir schon in diversen Socket-Funktionen angesprochen haben, nimmt als Parameter errno den Rückgabewert einer Socket-Funktion. Es wird dann der entsprechenden Erklärungstext zu diesem Rückgabewert ausgegeben. Dies vereinfacht die Fehlersuche sehr.

Zum Beispiel kann man den Fehlercode -111 an dic Funktion strerror() übergehen und erhält Aufschluss über die internen Abläufe, ohne eine Inculde-Datei des Systems zu durchsuchen.

```
<?php
if ($socket = socket (AF_INET, SOCK_STREAM,0)) < 0)
    {
```

```
    echo "Der Befehl socket() ist fehlgeschlagen! \n";
    echo "Fehlermeldung: ".strerror ($socket)."\n";
   }
if ($return = bind ($socket, "111.0.0.1", 80)) < 0)
   {
    echo "Die Funktion bind() ist fehlgeschlagen! \n"
    echo "Fehlermeldung: ".strerror ($return)."\n";
   }
?>
```

write

`int write (int socket_des, string &buffer, int length)`

Die Funktion `write()` schreibt in den Socket mit dem Socket-Deskriptor `socket_des` aus dem Puffer `&buffer` die Anzahl Bytes, die mit `length` übergeben wurde.

Das nachfolgende Beispiel soll Ihnen einen einfachen TCP/IP-Server zeigen. Sie können dieses Skript ganz simpel ausführen, Sie müssen lediglich die Variablen `address` und `port` an Ihre Systemumgebung anpassen.

Alles, was Sie eingeben, wird an den Server geschickt und von diesem wieder an Sie zurückgegeben. Um die Verbindung zu trennen, geben sie ganz einfach "`quit`" ein.

```
<?php
error_reporting (E_ALL);
set_time_limit (0);  // Warten auf Verbindungen

$host = "111.0.0.1";
$port = 10000;
if (($testsocket = socket (AF_INET, SOCK_STREAM, 0)) < 0)
```

```
     {
      echo "Die Funktion socket() ist fehlgeschlagen: \n";
      echo Fehlermeldung: ".strerror ($testsock)."\n";
     }

if (($return = bind ($testsocket, $address, $host)) < 0)
     {
      echo "Die Funktion bind() ist fehlgeschlagen! \n"
      echo "Fehlermeldung: ".strerror ($return)."\n";
     }

if (($return = listen ($testsocket, 5)) < 0)
     {
      echo "Die Funktion listen() ist fehlgeschlagen! \n"
      echo "Fehlermeldung: ".strerror ($return)."\n";
     }

do
     {
      if (($msgsocket = accept_connect($testsocket)) < 0)
           {
            echo "Die Funktion accept_connect() ist fehlge-
   schlagen! \n"
            echo "Fehlermeldung: ".strerror ($msgso-
   cket)."\n";
            break;
           }
      do
           {
            $buf = "";
            $return = read ($msgsocket, $buf, 2048);
            if ($return < 0)
```

```
                {
                echo "Die Funktion read() ist fehlgeschla-
gen! \n";
                 echo "Fehlermeldung: ".strerror
($return)."\n";
                 break 2;
                }
            if ($return == 0)
               {
                break 2;
               }
            $buf = trim ($buf);
            if ($buf == "quit")
              {
                close ($msgsocket);
                break 2;
              }
            $talkback = "PHP: Befehl '$buf'.\n";
            write ($msgsocket, $talkback, strlen ($talk-
back));
            echo "$buf\n";
           }
      while (true);
      close ($msgsocket);
     }
while (true);
close ($testsocket);
?>
```

Das nächste Beispiel zeigt hingegen einen einfachen TCP/IP-Client. Er verbindet sich mit einer Seite, schickt einen HEAD-Request, gibt die Antwort zurück und beendet das Skript.

```
<?php
error_reporting (E_ALL);
echo "TCP/IP Connection \n\n";

$port = getservbyname ('www', 'tcp');
   // holt die Portnummer des WWW-Service

$address = gethostbyname ('www.alaris.at');
   // holt die IP-Adresse des Zielhosts

$testsocket = socket (AF_INET, SOCK_STREAM, 0);
   // baut eine TCP/IP-Socketverbindung auf

if ($testsocket < 0)
     {
      echo "Die Funktion socket() ist fehlgeschlagen! \n";
      echo "Fehlermeldung: " . strerror ($testsocket) . "n"
     }
else
     {
     "Die Funktion socket() wurde ausgefuehrt: " . strerror
   ($testsocket) . "\n";
     }

echo "Starte Verbindungsversuch mit '$address' on port
   '$port'...";
$result = connect ($testsocket, $address, $port);
if ($result < 0)
     {
      echo "Die Funktion connect() ist fehlgeschlagen! \n";
      echo "Fehlermeldung: ".strerror($result)."\n";
     }
```

```
else
     {
      echo "o.k.! \n";
     }

$in = "HEAD / HTTP/1.0\r\n\r\n";
$out = "";

echo "HTTP HEAD request senden ..... ";
write ($testsocket, $in, strlen ($in));
echo "o.k.! \n";

echo "Die Antwort lesen:\n\n";
while (read ($testsocket, $out, 2048))
     {
      echo $out;
     }
echo "Die Socketverbindung schliessen.....";
close ($testsocket);
echo "o.k.! \n\n";
?>
```

16.5 Externe Programmaufrufe

escapeshellarg

`string escapeshellarg (string arg)`

Diese Funktion fügt einfache Anführungszeichen rund um eine Zeichenkette ein und maskiert alle anderen Anführungszeichen. Das erlaubt uns, eine Zeichenkette direkt an einen Shell-Befehl zu übergeben und sicherzustellen, dass dieser zur Gänze ausgeführt wird.

escapeshellcmd

```
string escapeshellcmd (string command)
```

Die Funktion escapeshellcmd() durchsucht eine Zeichenkette und markiert jedes Zeichen, das auf der Shell eine Bedeutung haben könnte.

Diese Funktion sollte benutzt werden, wenn Kommandos vom Benutzer eingegeben werden, die auf der Shell mit den Funktionen exec() oder system() oder mit den Backtip-Operatoren ausgeführt werden.

```
$e = escapeshellcmd ($userinput);
system ("echo $e");
$f = escapeshellcmd ($filename);
system ("touch \"/tmp/$f\";ls -1 \"/tmp/$f\"");
```

exec

```
string exec (string command [, string array [, int
   return_var]])
```

exec() führt den angegebenen Befehl aus, ohne allerdings eine Ausgabe zu erzeugen. Diese Funktion liefert lediglich das letzte Ergebnis aus. Wenn Sie aber alle Daten benötigen, die sich beim Ausführen des Befehls ergeben, also die gesamte Ausgabe, verwenden Sie die Funktion PassThru().

Wenn der Parameter array angegeben ist, dann wird das Array mit jedem Argument aufgefüllt, das sich durch den Command ergibt. Achten Sie darauf, dass die Funktion exec() die neuen Daten ans Ende des Arrays stellt, wenn sich bereits Elemente darin befinden. Falls Sie dies umgehen möchten, verwenden Sie vorher die Funktion unset().

Ist der Parameter return_var angegeben, wird dieser Variablen der Rückgabestatus zugewiesen.

passthru

```
void passthru (string command [, int return_var])
```

Die Funktion passthru(), die der Funktion exec() ähnelt, führt ebenfalls einen Befehl aus. Ist der Parameter return_var angegeben, wird dieser Variablen der Rückgabestatus des UNIX-Befehls zugewiesen. Handelt es sich bei der Ausgabe des Unix-Befehls um binäre Daten, dann sollten Sie statt exec() oder system() besser auf die Funktion passthru() zurückgreifen.

Sollten Sie ein Programm mit dieser Funktion starten und im Hintergrund laufen lassen, dann sollten Sie sicherstellen, dass die Ausgabe in eine Datei oder einen anderen Ausgabestream umgeleitet ist.

system

```
string system (string command [, int return_var])
```

system() ähnelt der Funktion in C sehr stark, und zwar insofern, als ein Befehl ausgeführt und dessen Ausgabe angezeigt wird. Wird als zweiter Parameter eine Variable übergeben, so wird dieser der Rückgabestatus des Befehls zugewiesen.

Wenn Sie Benutzereingaben an diese Funktion übergeben, müssen Sie diese mit der Funktion escapeshellcmd() bearbeiten, um sicherzustellen, dass niemand dem System mit willkürlichem Zugriff schadet.

Beachten Sie weiterhin, dass wenn Sie ein Programm mit dieser Funktion starten und im Hintergrund laufen lassen, Sie sicherstellen sollten, dass die Ausgabe in eine Datei oder einen anderen Ausgabestream umgeleitet ist.

Läuft PHP als Servermodul, dann versuchen die `system()`-Funktionsaufrufe automatisch nach jeder Ausgabezeile den Ausgabepuffer zu flushen.

Diese Funktion gibt die letzte Zeile der Befehlsausgabe zurück, andernfalls FALSE.

Sollten Sie die direkte Ausgabe des Befehls brauchen, dann sollten Sie die Funktion `passthru()` verwenden.

17 Protokollfunktionen

17.1 FTP

Mittels PHP ist es auch möglich, auf einen FTP-Server zuzugreifen und Daten zwischen Servern zu transferieren. Dadurch können unter anderem automatische Backup-Routinen, Datei-Upload-Funktionen, Seitenspiegelungen, File-Verwaltungssyteme, Download-Areas etc. erstellt werden.

ftp_cdup

```
int ftp_cdup (int ftp_stream)
```

`ftp_cdup` wechselt in das um eine Ebene über dem aktuellen FTP-Verzeichnis liegende Verzeichnis. Bei Erfolg wird TRUE zurückgeliefert, andernfalls FALSE.

ftp_chdir

```
int ftp_chdir (int ftp_stream, string directory)
```

Diese Funktion wechselt vom aktuellen Verzeichnis in das durch `directory` (zweiter Parameter) angegebene Verzeichnis.

ftp_connect

```
int ftp_connect (string host [, int port])
```

`ftp_connect` öffnet eine Verbindung zum angegebenen FTP-Server. Falls der FTP-Server nicht auf dem standardgemäßen Port (21) läuft, kann man optional als zweites Argument einen eigenen Port angeben, zu dem verbunden werden soll.

Als Rückgabewert erhält man einen FTP-Stream (Zeiger auf das verbundene FTP-Objekt) bei einem erfolgreichen Connect bzw. FALSE, wenn ein Fehler auftritt.

ftp_delete

```
int ftp_delete (int ftp_stream, string file)
```

`ftp_delete` löscht die angegebene Datei vom FTP-Server. Bei Erfolg wird TRUE zurückgeliefert, bei einem Fehler FALSE.

ftp_fget

```
int ftp_fget (int ftp_stream, int fp, string remote_file,
   int mode)
```

`ftp_fget` funktioniert ähnlich der Funktion `ftp_get()`, mit dem Unterschied, dass die lokale Datei nicht mittels Dateinamen übergeben wird, sondern stattdessen ein Datei-Handle angegeben werden muss (also eine bereits zum Schreiben geöffnete Datei). Der Rest funktioniert identisch zu `ftp_get()`.

Bei fehlerlosem Durchführen wird TRUE zurückgegeben, ansonsten FALSE.

ftp_fput

```
int ftp_fput (int ftp_stream, string remote_file, int fp,
   int mode)
```

`ftp_fput` überträgt eine Datei von PHP zum FTP-Server. Diese Funktion ist wiederum `ftp_fget` ähnlich. Vor dem Aufruf ist es notwendig, eine Datei zu öffnen und den daraus resultierenden Daten-Handle an die Funktion `ftp_fput` zu übergeben (drittes Argument). Als viertes Argument muss wieder der Übertragungstyp (»FTP_ASCII«, »FTP_BINARY«) angegeben werden.

ftp_get

```
int ftp_get (int ftp_stream, string local_file, string
   remote_file, int mode)
```

`ftp_get` lädt eine Datei vom FTP-Server auf dem Server und in das Verzeichnis, wo das aufrufende PHP-Script läuft. Über das vierte Argument `mode` kann eingestellt werden, ob die Datei im ASCII- oder im Binary-Modus heruntergeladen werden soll. Für ASCII geben Sie »FTP_ASCII« an, für Binary »FTP_BINARY« (diese Eingaben müssen als Konstanten erfolgen, daher ohne Anführungszeichen übergeben werden). Um ein File an den Client auszugeben, müssen Sie den Header entsprechend angeben:

```
header("Content-disposition: filename=$file");
   header("Content-type: application/octetstream");
   header("Pragma: no-cache");
   header("Expires: 0");
```

ftp_login

```
int ftp_login (int ftp_stream, string username, string
   password)
```

Mittels dieses Befehls kann man sich bei einer bestehenden FTP-Verbindung durch die Angabe vom Benutzernamen und dem Passwort anmelden.

ftp_mdtm

```
int ftp_mdtm (int ftp_stream, string remote_file)
```

`ftp_mdtm` dient dazu, die letzte Änderungszeit einer Datei zu überprüfen und den UNIX Timestamp zurückzuliefern. Tritt ein Fehler auf, wird -1 übergeben. Diese Funktion gilt aber nicht für Verzeichnisse.

ftp_mkdir

```
int ftp_mkdir (int ftp_stream, string directory)
```

`ftp_mkdir` erstellt ein neues Verzeichnis, das über den zweiten Parameter angegeben wird. Bei Erfolg wird TRUE zurückgegeben, andernfalls FALSE.

ftp_nlist

```
array ftp_nlist (int ftp_stream, string directory)
```

`ftp_nlist` liefert eine Liste mit allen Dateien, die im angegebenen Verzeichnis (zweiter Parameter) vorhanden sind. Es ist auch möglich, per »Wildcards« nach bestimmten Dateien zu suchen. Folgendes Beispiel zur Veranschaulichung:

```
$dir=ftp_pwd($ftp);
   $list=Array();
   $list=ftp_nlist($ftp, $dir.'/*.txt');
   $i=0;
   do{
   echo $list[$i]. "\n";
   $i++;
   }while($list[$i]);
```

Dieses Beispiel liefert nun alle .txt-Dateien im aktuellen Verzeichnis (eine bestehende FTP-Verbindung vorausgesetzt).

ftp_pasv

```
int ftp_pasv (int ftp_stream, int pasv)
```

`ftp_pasv` schaltet den passiven Modus an oder ab. Als zweites Argument wird daher TRUE oder FALSE erwartet (Einschalten mit TRUE, Ausschalten mit FALSE). Der Unterschied liegt darin, dass im passiven Modus Datenverbindungen durch den Client anstatt durch den Server initiiert werden.

ftp_put

```
int ftp_put (int ftp_stream, string remote_file, string
   local_file, int mode)
```

`ftp_put` überträgt eine Datei von PHP zum FTP-Server. Die Verwendungsweise ist ähnlich der von `ftp_get`.

ftp_pwd

```
string ftp_pwd (int ftp_stream)
```

`ftp_pwd` liefert das aktuelle Verzeichnis zurück, in dem man sich am FTP-Server befindet. Die Funktion überprüft nicht bei jedem Aufruf, ob sich der Benutzer wirklich noch im aktuellen Verzeichnis aufhält. Die Daten werden in PHP gecached, was dazu führen kann, dass die Verbindung abreißt und `ftp_pwd()` trotzdem noch ein Verzeichnis zurückliefert.

ftp_quit

```
int ftp_quit (int ftp_stream)
```

Mittels `ftp_quit` wird eine bestehende FTP-Verbindung geschlossen.

ftp_rawlist

```
array ftp_rawlist (int ftp_stream, string directoy)
```

`ftp_rawlist` führt den FTP LIST-Befehl aus und schreibt das Ergebnis zeilenweise in ein Array. Diese Zeilen werden in keiner Weise von PHP ausgewertet, sondern 1:1 von der Antwort des FTP-Servers in das Array kopiert.

Der zweite Parameter akzeptiert sogar die Standard-Kommandos von `/bin/ls` (z.B.: `'-t'`)

ftp_rename

```
int ftp_rename (int ftp_stream, string from, string to)
```

`ftp_rename` benennt eine Datei am FTP-SERVER um. Angegeben wird als zweites Argument der Quell-Name und als drittes Argument der Ziel-Name.

ftp_rmdir

```
int ftp_rmdir (int ftp_stream, string directory)
```

`ftp_rmdir` löscht das übergebene Verzeichnis. Es dürfen sich jedoch keine Dateien in dem Verzeichnis befinden, um das Verzeichnis erfolgreich löschen zu können. Bei Erfolg wird TRUE zurückgegeben, andernfalls FALSE.

ftp_site

```
int ftp_site (int ftp_stream, string cmd)
```

Dieser Befehl sendet das SITE-Kommando zum Server. Da das SITE-Kommando nicht standardisiert ist, kann an dieser Stelle nicht näher darauf eingegangen werden. Normalerweise lassen sich User-Berechtigungen bzw. Datei-Berechtigungen darüber steuern. Über »SITE help« lässt sich meistens ermitteln, welche Kommandos erlaubt sind. Ein Schwachpunkt bei dem Funktionsaufruf ist, dass nur TRUE bzw. FALSE zurückgeliefert werden können. Daher bekommt man in PHP beim Aufruf `ftp_site($ftp, 'help')` nur 1 zurück.

ftp_size

```
int ftp_size (int ftp_stream, string remote_file)
```

Mittels `ftp_size` kann die Größe einer Datei ermittelt werden. Der Dateinamen muss dazu als zweites Argument angegeben werden.

ftp_systype

```
int ftp_systype (int ftp_stream)
```

Der Befehl ermittelt den Systemtyp des FTP-Servers (ob es ein Linux- oder ein Windows-Rechner ist). Bei einem Fehler wird FALSE zurückgegeben.

17.2 IRC Gateway

Um einfache Chat-Umgebungen mittels PHP zu realisieren, wird von Sascha Schumann eine Erweiterung zur Verfügung gestellt. Diese bietet Möglichkeiten, um flexible Chat-Lösungen zu erstellen und trotz geringer Auslastungen eine gute Plattform zu schaffen.

Leider ist dieses Modul zurzeit ausschließlich für die Linux-Welt verfügbar, Win32-Kompilate / Alternativen sind nicht vorhanden.

Unter `http://php.net/~sas/schumann.cx/ircg/` finden Sie die neueste Version der Library.

ircg_channel_mode

```
boolean ircg_channel_mode (resource connection, string
   channel, string mode_spec, string nick)
```

Setzt den Modus eines Channels. Mehr dazu in der IRC-Dokumentation. Bei Erfolg wird TRUE zurückgegeben, andernfalls FALSE.

ircg_disconnect

```
boolean ircg_disconnect (resource connection, string
    reason)
```

Schließt eine Server-Verbindung.

ircg_html_encode

```
boolean ircg_html_encode (string html_string)
```

Verschlüsselt eine Nachricht gemäß HTML-Standards. Bei Erfolg wird TRUE zurückgegeben, andernfalls FALSE.

ircg_ignore_add

```
boolean ircg_ignore_add (resource connection, string nick)
```

Setzt einen bestimmten Nicknamen auf die Ignore-Liste. Bei Erfolg wird TRUE zurückgegeben, andernfalls FALSE.

ircg_ignore_del

```
boolean ircg_ignore_del (resource connection, string nick)
```

Löscht einen User von der Ignore-Liste. Bei Erfolg wird TRUE zurückgegeben, andernfalls FALSE.

ircg_is_conn_alive

```
boolean ircg_is_conn_alive (resource connection)
```

Überprüft den Status der Verbindung. Besteht die Verbindung noch, wird TRUE zurückgeliefert, andernfalls FALSE.

ircg_join

```
boolean ircg_join (resource connection string channel)
```

Meldet sich an dem angegebenen Channel an.

ircg_kick

```
boolean ircg_kick (resource connection, string channel,
   string nick, string reason)
```

Kickt einen User aus einem Channel raus. Bei Erfolg wird TRUE zurückgegeben, andernfalls FALSE.

ircg_lookup_format_messages

```
boolean ircg_lookup_format_messages (string name)
```

Setzt eine Liste von Formatier-Optionen. Details in der IRC-Dokumentation.

ircg_msg

```
boolean ircg_msg (resource connection, string recipient,
   string message [, Boolean suppress])
```

Sendet eine Nachricht an den aktiven Channel bzw. an einen User. Falls beim `recipient` ein #- oder ein &-Zeichen vorangestellt wird, so wird diese Nachricht an den ganzen Channel gesendet. Falls das optionale Argument auf TRUE gesetzt ist, so wird die Nachricht nicht an sich selbst verschickt (äquivalent zum `dos echo off`-Modus).

ircg_nick

```
boolean ircg_nick (resource string nick)
```

Ändert den Benutzernamen zum angegebenen Namen. Bei Erfolg wird TRUE zurückgegeben, andernfalls FALSE.

ircg_notice

```
boolean ircg_notice (resource connection, string nick,
   string message)
```

Sendet eine Notiz an den User oder Server. Mehr dazu in der IRC-Dokumentation.

ircg_part

```
boolean ircg_part (resource connection, string channel)
```

Verlässt den angegebenen Channel.

ircg_pconnect

```
resource ircg_pconnect (string username [, string server_ip
   [, int server_port [, string msg_format [, array
   ctcp_messages [, array user_settings]]]]])
```

`ircg_pconnect` versucht eine Verbindung zum angegebenen IRC-Server aufzubauen. Der einzige Parameter, der verpflichtend ist, ist der User-Name. Als Server-IP wird der Standardwert 127.0.0.1 angenommen, falls nicht anders angegeben. Der Standard-Port ist 6667.

> Der Parameter `server_ip` akzeptiert nur IP-Adressen in numerischer Form. Es wird kein »hostname-lookup« gemacht, um angegebene Namen in IP-Adressen umzuwandeln. Es kann jedoch einfach über folgenden Aufruf überbrückt werden:

»`$ip = gethostbyname ("irc.ircnet.com");`«

Die übrigen drei Parameter geben die Formatierungen und User-Settings an, nach denen der Output gestaltet werden soll.

ircg_register_format_messages

```
boolean ircg_register_format_messages (string name, array
   messages)
```

Registriert ein Set von Formatierungsstrings.

- `Plain channel message`
- `Private message received`
- `Private message sent`
- `Some user leaves channel`
- `Some user enters channel`
- `Some user was kicked from the channel`
- `Topic has been changed`
- `Error`
- `Fatal error`
- `Join list end(?)`
- `Self part(?)`
- `Some user changes his nick`
- `Some user quits his connection`
- `Mass join begin`
- `Mass join element`
- `Mass join end`
- `Whois user`
- `Whois server`
- `Whois server`
- `Whois idle`
- `Whois channel`
- `Whois end`
- `Voice status change on user`
- `Operator status change on user`
- `Banlist`
- `Banlist end`
- `%f - from`
- `%t - to`
- `%c - channel`
- `%r - plain message`
- `%m - encoded message`

- `%j - js encoded message`
- `1 - mod encode`
- `2 - nickname decode`

ircg_set_current

```
boolean ircg_set_current (resource connection)
```

Setzt die aktuelle Output-Connection.

ircg_topic

```
boolean ircg_topic (resource connection, string channel,
   string new_topic)
```

Setzt das Thema eines Channels. Bei Erfolg wird TRUE zurückgegeben, andernfalls FALSE.

ircg_whois

```
string ircg_whois (resource connection, string nick)
```

Liefert User-Informationen zu einem Nicknamen zurück.

17.3 IMAP, POP3, NNTP

Die `imap_`-Funktionen, die nachstehend erläutert werden und es erlauben, IMAP-, POP3- und NNTP-Protokolle zu steuern, sind in einer c-Bibliothek enthalten, die unter folgender Adresse abgerufen werden kann: `ftp://ftp.washington.edu/imap/`. Irreführend mag vielleicht der jeweilige Funktionsbeginn (`imap_`) sein. Die Funktionen sind aber nicht nur auf IMAP anwendbar, sondern unterstützen darüber hinaus folgende Standards:

- RFC821: SMTP
- RFC822: ARPA internet text messages

- RFC2060: IMAP (ab Version 4rev1)
- RFC1939: POP3
- RFC977: NNTP
- MIME

imap_8bit

```
string imap_8bit (string string)
```

Konvertiert einen 8BIT-String zu einem `quoted-printable`-String.

imap_alerts

```
array imap_alerts (void)
```

Liefert alle `alert`-Meldungen, die seit dem letzten Reset des `alert`-Stacks aufgetreten sind (wird durch den Funktionsaufruf auch gleichzeitig zurückgesetzt).

imap_append

```
int imap_append (int imap_stream, string mbox, string mes-
   sage [, string flags])
```

`imap_append` fügt eine String-Nachricht an das angegebene Postfach an. Zuvor muss jedoch der Befehl `imap_open` aufgerufen werden, um auch den zuständigen `imap_stream` zu bekommen.

Einzige Ausnahme: Die Funktion kann nicht auf einen NNTP-Socket zugreifen, in diesem Fall muss man auf `fsockopen()` ausweichen.

imap_base64

```
string imap_base64 (string text)
```

Decodiert einen mittels BASE64 chiffrierten Text. Zu beachten ist, dass die Länge eines Textes, der BASE64-kodiert ist, ca. 33% größer ist.

```
$normal = 'das ist ein test';
   $base64 = imap_binary ($normal);
   $normal_again = imap_base64($base64);

   echo 'normal: ' .$normal."<br>";
   echo 'base64: ' .$base64."<br>";
   echo 'normal_again: ' .$normal_again."<br>";

// Ausgabe:

normal: das ist ein test
   base64: ZGFzIGlzdCBlaW4gdGVzdA==
   normal_again: das ist ein test
```

imap_binary

```
string imap_binary (string string)
```

Konvertiert einen 8BIT-String zu einem BASE64-kodierten Text.

imap_body

```
string imap_body (int imap_stream, int msg_number [, int
   flags])
```

`imap_body` liefert den Text-Body einer Nachricht zurück. Dazu muss aber ein gültiger `imap_stream` vorhanden sein und ein Postfach selektiert werden. Über die der Nachricht zugehörige Nachrichten-Nummer erhält man dann den Text zurückgeliefert. Das optionale Attribut `flags` kann auf folgende Werte gesetzt werden:

FT_UID	Das Attribut `msg_number` ist eine User-ID
FT_PEEK	Das `\Seen`-Flag wird nicht beeinflusst
FT_INTERNAL	Es erfolgt keine CRLF-Umwandlung

imap_check

`object imap_check (int imap_stream)`

`imap_check` liefert ein Objekt zurück, das mehrere Informationen über das aktuelle Postfach enthält.

Folgende Eigenschaften werden zurückgeliefert:

`Date`	Das Datum der letzten Änderung
`Driver`	Das in Verwendung befindliche Protokoll (mögliche Werte: IMAP, POP, NNTP)
`Mailbox`	Der Name des Postfaches
`Nmsgs`	Die Anzahl der verfügbaren Nachrichten
`Recent`	Die Anzahl der ungelesenen Nachrichten

Ein Beispiel wird dies veranschaulichen:

```
$mbox = imap_open ('{botanix.wu-wien.ac.at}INBOX', 'USER-
   NAME', 'PASSWD')
   || die ("can't connect: " . imap_last_error());

$check = imap_check ($mbox);
   if($check)
      {
       echo 'Datum: '.$check->Date."<br>\n";
       echo 'Treiber: '.$check->Driver."<br>\n";
       echo 'Postfach: '.$check->Mailbox."<br>\n";
       echo 'Anzahl aller Nachrichten: '.$check-
   >Nmsgs."<br>\n";
       echo 'Anzahl der neuen Nachrichten: '.$check-
   >Recent."<br>\n";
      }
   else
```

```
    echo 'imap_check() fehlgeschlagen:
  '.imap_last_error()."<br>\n";

  imap_close ($mbox);

// Ausgabe:

Datum: Wed, 18 Jul 2001 14:15:16 +0200 (W. Europe Daylight
  Time)
  Treiber: imap
  Postfach: {botanix.wu-wien.ac.at:143/imap/
  user="h9850124"}INBOX
  Anzahl aller Nachrichten: 2
  Anzahl der neuen Nachrichten: 0
```

Im obigen Beispiel öffnet er eine Verbindung zu einem Mail-Account, ruft die Eigenschaften mittels `imap_check()` ab und liefert die einzelnen Argumente des Objektes an die Ausgabe zurück.

imap_clearflag_full

```
string imap_clearflag_full (int stream, string sequence,
  string flag, string options)
```

Löscht gesetzte Flags einer Nachricht. Es sind dieselben Flags wie schon in der Funktion `imap_setflag_full`.

imap_close

```
int imap_close (int imap_stream [, int flags])
```

Der Befehl schließt eine bestehende Verbindung. Als zweiter Parameter kann optional das Flag CL_EXPUNGE übergeben werden. Dieses Flag gibt an, dass alle Nachrichten, die zum Löschen markiert worden sind, bereinigt werden.

imap_createmailbox

```
int imap_createmailbox (int imap_stream, string mbox)
```

`imap_createmailbox` erzeugt ein neues Postfach. Übergeben Sie dazu den Handle `imap_stream` und den Namen des Postfaches, das Sie erstellen möchten.

imap_errors

```
array imap_errors (void)
```

Liefert alle aufgetretenen Fehler seit Beginn der IMAP-Verbindung.

imap_delete

```
int imap_delete (int imap_stream, int msg_number [, int
   flags])
```

`imap_delete` markiert eine Nachricht des aktuellen Postfaches zum Löschen vor. Die Funktion liefert immer TRUE zurück, eventuelle Fehler können somit nicht erkannt werden. Angegeben wird der IMAP-Handle, die Nachrichtennummer und optional der Parameter FT_UID, um den Parameter `msg_number` als UID zu interpretieren. Es ist ebenfalls möglich, die Message-Nummern als String zu übergeben und somit mehrere Nachrichten auf einmal zum Löschen zu markieren. Dies geschieht durch Beistrichtrennung beziehungsweise Doppelpunkt-Angabe (z.B.: `'1:*'`).

imap_deletemailbox

```
int imap_deletemailbox (int imap_stream, string mbox)
```

Dieser Befehl löscht das angegebene Postfach inklusive aller darin enthaltenen Nachrichten. Bei Erfolg wird TRUE zurückgegeben, andernfalls FALSE.

imap_expunge

```
int imap_expunge (int imap_stream)
```

Führt die Befehle imap_delete(), imap_mail_move() bzw. imap_setflag_full() endgültig durch, löscht also alle zur Löschung markierten Einträge.

imap_fetchbody

```
string imap_fetchbody (int imap_stream, int msg_number,
   string part_number [, flags flags])
```

Mithilfe der Funktion kann man einen gewissen Abschnitt eines Text-Bodys als String ermitteln. Die Nummer des Abschnittes besteht aus durch Punkten getrennte Zahlen (IMAP4-Spezifikationen).

imap_fetchheader

```
string imap_fetchheader (int imap_stream, int msgno, int
   flags)
```

Gibt den vollständigen Kopf einer Nachricht wieder. Über Flags können folgende Optionen gesetzt werden:

- FT_UID: msgno ist eine UID
- FT_INTERNAL: Es werden keine Konvertierungen von Zeilenenden vorgenommen
- FT_PREFETCHTEXT: Der Body wird ebenfalls angefordert – z.B. für Save-Operationen

imap_fetch_overview

```
array imap_fetch_overview (int imap_stream, string sequence
   [, int flags])
```

Liefert einen Auszug aus den Header-Feldern von Nachrichten. Das zurückgegebene Array enthält folgende Objekte:

- subject
- from
- date
- message_id
- references
- size
- uid
- msgno
- recent
- flagged
- answered
- deleted
- seen
- draft

Als Flag kann FT_UID gesetzt werden, um die Nachrichten über die UID herauszufiltern.

imap_fetchstructure

```
object imap_fetchstructure (int imap_stream, int msg_number
   [, int flags])
```

Liefert die gesamten Strukturinformationen einer Nachricht. Das Objekt, das zurückgegeben wird, enthält folgende Attribute:

type	Primärer MIME-Typ des Nachrichten-Teils
encoding	Transfer-Kodierung
ifsubtype	TRUE, wenn subtype gesetzt
subtype	MIME-Subtyp

ifdescription	TRUE, wenn description gesetzt
description	Beschreibungsstring
ifid	TRUE, wenn Identifikation vorhanden
id	Identifikationsstring
lines	Zeilenanzahl
bytes	Byte-Größe
ifdisposition	TRUE, wenn Dispositionsstring vorhanden
disposition	Dispositionsstring
ifdparameters	TRUE, wenn Dispositions-Parameter vorhanden
dparamters	Dispositions-Parameter (Array)
ifparameters	TRUE, wenn Parameter gesetzt
parameters	Array der MIME-Parameter
parts	Objekte, die die Unterteile beschreiben (Array)

Folgende Body-Typen können vorkommen:

0	text
1	multipart
2	message
3	application
4	audio
5	image
6	video
7	other

Als Transfer-Codierungen sind folgende Optionen vorhanden:

0	7BIT
1	8BIT
2	BINARY
3	BASE64
4	QUOTED-PRINTABLE
5	OTHER

Leider gibt es ein paar eigenwillige Eigenschaften, die nicht gut durchdacht sind. Wenn z.B. ein Body-Text vorhanden ist, jedoch kein Anhang, dann ist

```
$struct->parts => 0
```

Wenn jedoch ein Body-Text und genau ein Anhang vorhanden ist, dann gibt

```
$struct->parts => 2
```

aus.

Eine andere Ungereimtheit ist, dass, wenn es Anhänge gibt und somit Sub-Parts vorhanden sind, der Aufruf

```
$struct->bytes => 0
```

ergibt. In diesen Fällen muss man auf den einzelnen Teil zugreifen:

```
$struct->part[0]->bytes
```

Somit kommt man auf die Gesamtgröße durch Addition der einzelnen Teile, falls Teile vorhanden sind. Da gehört noch einiges an Aufarbeitung dazu, bis man diese Funktionen ohne Eigen-Tests anwenden kann.

imap_getmailboxes

```
array imap_getmailboxes (int imap_stream, string ref,
   string pat)
```

Um eine detailliertere Beschreibung von mehreren Postfächern zu bekommen, die dem dritten Argument (pat) entsprechen, wird diese Funktion eingesetzt. Das zurückgegebene Array enthält folgende Attribute:

attributes	Bitmaske für Eigenschaften:
LATT_NOINFERIORS	keine Child-Postfächer
LATT_NOSELECT	Postfach ist nur als Ordner vorhanden
LATT_MARKED	(UW-IMAPD only) markiertes Postfach
LATT_UNMARKED	(UW-IMAPD only) nicht markiertes Postfach
delimiter	Trennzeichen zwischen Postfach-Ebenen
name	ganzer Pfad des Postfaches

Als Übergabe ist im zweiten Parameter der Postfachname (wie bei imap_open verwendet) anzugeben und als dritter Parameter der Suchpattern (Auch Wildcards erlaubt).

imap_getsubscribed

```
array imap_getsubscribed (int imap_stream, string ref,
   string pattern)
```

Äquivalent zu imap_listsubscribed.

imap_header

```
object imap_header (int imap_stream, int msg_number [, int
   fromlength [, int subjectlength [, string default-
   host]]])
```

Um die verschiedenen Header-Elemente einer Nachricht zu erhalten, wird diese Funktion eingesetzt. Sie liefert ein Objekt zurück, das aus folgenden Elementen besteht:

- remail
- date
- Date
- subject
- Subject
- in_reply_to
- message_id
- newsgroups
- followup_to
- references
- message_flags
  - Recent - 'R' neu und gelesen, 'N' neu und ungelesen
  - Unseen - 'U' noch nicht gelesen und nicht neu
  - Answered - 'A' beantwortet
  - Deleted - 'D' zum Löschen vorgemerkt
  - Draft - 'X' als Entwurf markiert
  - Flagged - 'F' als »High-Priority« markiert

  Also wurde eine Nachricht noch nicht angeschaut, wenn Folgendes wahr ist:

  (Unseen == 'U' || Recent == 'N')
- toaddress - Inhalt der TO:-Zeile
- to[] - Array mit Objekten aus TO:-Zeile
  - adl
  - host
  - mailbox
  - personal

- fromaddress - Inhalt der FROM:-Zeile
  - from[] - Array mit Objekten aus FROM:-Zeile
  - adl
  - host
  - mailbox
  - personal
- ccaddress - Inhalt der CC:-Zeile
- cc[] - Array mit Objekten aus CC:-Zeile
  - adl
  - host
  - mailbox
  - personal
- bccaddress - Inhalt der BCC:-Zeile
- bcc[] - Array mit Objekten aus BCC:-Zeile
  - adl
  - host
  - mailbox
  - personal
- reply_toaddress - Inhalt der REPLY_TO:-Zeile
- reply_to[] - Array mit Objekten aus REPLY_TO:-Zeile
  - adl
  - host
  - mailbox
  - personal
- senderaddress - Inhalt der SENDER:-Zeile
- sender[] - Array mit Objekten aus SENDER:-Zeile
  - adl
  - host
  - mailbox
  - personal

- `return_path` - Inhalt der `VON:`-Zeile
- `return_path` - Array mit Objekten aus `VON:`-Zeile
  - `adl`
  - `host`
  - `mailbox`
  - `personal`
- `udate` - Sendezeitpunkt der Nachricht (Timestamp-Feld)
- `fetchfrom` - Formatierte `From`-Zeile
- `fetchsubject` - Formatierte `Subject`-Zeile

imap_headers

```
array imap_headers (int imap_stream)
```

Fasst alle Nachrichten-Header zusammen und liefert ein Array zurück. Diese Funktion ist leider nicht sehr praktikabel, da sie keine genauen Daten enthält, sondern nur aus Strings besteht, die einen Teil der Informationen enthält, die man dann einzeln rausparsen kann.

imap_last_error

```
string imap_last_error (void)
```

Zeigt den Text der zuletzt aufgetretenen Fehlermeldung an.

imap_listmailbox

```
array imap_listmailbox (int imap_stream, string ref, string
   pat)
```

Listet alle gefundenen Postfächer dem Namen nach in einem Array. Als Such-Kriterium wird das dritte Argument verwendet, dass auch der Wildcard-Suche dient.

imap_listsubscribed

```
array imap_listsubscribed (int imap_stream, string ref,
   string pattern)
```

Erzeugt ein Array mit allen Postfächern, die man abboniert hat. Wie bei `imap_getmailboxes` ist auch hier der dritte Parameter als Such-Pattern zu verwenden.

imap_mail

```
string imap_mail (string to, string subject, string message
   [, string additional_headers [, string cc [, string bcc
   [, string rpath]]]])
```

Versendet eine E-Mail.

imap_mailboxmsginfo

```
object imap_mailboxmsginfo (int imap_stream)
```

Liefert Informationen über das aktuelle Postfach. Die Funktion arbeitet ähnlich `imap_status`, zeigt aber zusätzlich Informationen über die Größe des Postfachs in Byte.

Das Objekt hat folgende Felder:

`Date`	Datum der letzten Änderung
`Driver`	benutzter Treiber
`Mailbox`	Name des Postfaches
`Nmsgs`	Anzahl der Nachrichten
`Recent`	Anzahl neuer Nachrichten
`Unread`	Anzahl der ungelesenen Nachrichten
`Size`	Größe in Byte

imap_mail_compose

```
string imap_mail_compose (array envelope, array body)
```

Erzeugt eine MIME-Nachricht aus gegebenen Header- und Body-Teilen.

imap_mail_copy

```
int imap_mail_copy (int imap_stream, string msglist, string
    mbox [, int flags])
```

Die Funktion kopiert Mails anhand der Spezifikation RFC2060 (`www.faqs.org/rfcs/rfc2060.html`) und ermöglicht so das Kopieren von einer oder mehrere Nachrichten. Die Nachrichten werden in das angegebene Postfach `mobx.msglist` kopiert. Als viertes Flag kann eine Bitmaske mit folgenden Werten übergeben werden:

CP_UID	Die Auswahl der `msglist` ist anhand der UIDs erstellt
CP_MOVE	Nach dem Kopieren werden die Nachrichten gelöscht

Bei Erfolg wird TRUE zurückgeliefert, andernfalls FALSE.

imap_mail_move

```
int imap_mail_move (int imap_stream, string msglist, string
    mbox [, int flags])
```

Diese Funktion verhält sich ähnlich wie `imap_mail_copy`, bis auf den Unterschied, dass Mails immer verschoben werden und somit das Flag CP_MOVE nicht vorhanden ist.

imap_mime_header_code

```
array imap_mime_header_code (string text)
```

Decodiert MIME-Header eines übergebenen Textes.

imap_msgo

```
int imap_msgo (int imap_stream, int uid)
```

Liefert die Nachrichten-Nummer zu einer UID.

imap_num_msg

```
int imap_num_msg (int imap_stream)
```

Zeigt die Anzahl der Nachrichten im aktuellen Postfach an.

imap_num_recent

```
int imap_num_recent (int imap_stream)
```

Zeigt die Anzahl der neuen Nachrichten im Postfach an.

imap_open

```
int imap_open (string mailbox, string username, string
   password [, int flags])
```

Öffnet eine Verbindung zu einer Mailbox. Als Übergabe dienen der Benutzername und das Passwort für die Mailbox. Als viertes Argument können optional folgende Flags (Bitmaske) gesetzt werden:

OP_READONLY	Öffnet ein Postfach mit nur Lese-Berechtigung
OP_ANONYMOUS	Öffnet ein Postfach als anonymer User
OP_HALFOPEN	Es wird zwar eine Verbindung aufgebaut, aber kein Postfach geöffnet
CL_EXPUNGE	Beim Schließen werden alle zum Löschen gekennzeichneten Nachrichten gelöscht

imap_ping

```
int imap_ping (int imap_stream)
```

Überprüft, ob eine Verbindung offen ist oder nicht (TRUE oder FALSE als Rückgabe).

imap_qprint

```
string imap_qprint (string string)
```

Konvertiert einen String von `quoted-printable` zu 8BIT.

imap_renamemailbox

```
int imap_renamemailbox (int imap_stream, string old_mbox,
   string new_mbox)
```

Ändert den Namen des angegebenen Postfachs zum im dritten Argument angegebenen Namen.

imap_reopen

```
int imap_reopen (string imap_stream, string mailbox [,
   string flags])
```

Ändert das aktuelle Postfach. Als Flag können wiederum die Optionen aus `imap_open` übergeben werden.

imap_rfc822_parse_adrlist

```
array imap_rfc822_parse_adrlist (string address, string
   default_host)
```

Schlüsselt einen Adress-String in ein Array auf. Das Array enthält folgende Attribute:

`mailbox`	Name des Postfaches
`host`	Hostname
`personal`	Realer Name des Empfängers
`adl`	at domain source route

imap_rfc822_write_address

```
string imap_rfc822_write_address (string mailbox, string
   host, string personal)
```

Liefert eine E-Mail-Adresse aus dem Namen der Mailbox, des Postfaches und dem Server.

imap_scanmailbox

```
array imap_scanmailbox (int imap_stream, string ref, string
   pat, string content)
```

Durchsucht Postfächer nach einem String, ähnlich zu `imap_listmailbox`.

imap_search

```
array imap_search (int imap_stream, string criteria, int
   flags)
```

Sucht nach Nachrichten und liefert diese in einem Array zurück. Die Suchkriterien können wie folgt zusammengesetzt werden:

ALL	Liefert alle Nachrichten, die den restlichen Kriterien entsprechen
ANSWERED	Überprüft, ob das ANSWERED-Flag gesetzt ist
BCC "text"	Überprüft, ob das BCC-Feld den Text "text" enthält
BEFORE "datum"	Das Nachrichten-Datum muss vor dem angegebenen Datum liegen
BODY "text"	Der Nachrichten-Inhalt muss "text" enthalten
CC "text"	Das CC-Feld muss "text" enthalten
DELETED	Die Nachricht muss zum Löschen vorgemerkt sein

FLAGGED	Das "high-priority"-Flag muss gesetzt sein
FROM "text"	Das From-Feld enthält "text"
KEYWORD "text"	Das Keyword-Feld enthält "text"
NEW	Die Nachricht ist als neu gekennzeichnet
OLD	Die Nachricht ist nicht als neu gekennzeichnet
ON "datum"	Das Datum entspricht "datum"
RECENT	Das Recent-Flag ist gesetzt
SEEN	Die Nachricht wurde bereits gelesen
SINCE "datum"	Das Datum der Nachricht ist jünger als "datum"
SUBJECT "text"	"text" ist im Betreff der Nachricht enthalten
TEXT "text"	"text" ist Teil der Nachricht (egal ob Kopf oder Body)
TO "text"	"text" ist Teil der To-Zeile
UNANSWERED	Die Nachricht ist noch nicht beantwortet worden
UNDELETED	Die Nachricht ist noch nicht zum Löschen vorgemerkt
UNFLAGGED	Die Nachricht ist nicht "high-priority" gekennzeichnet
UNKEYWORD "text"	"text" ist kein Schlüsselwort der Nachricht
UNSEEN	Die Nachricht wurde noch nicht gelesen

Als Flag kann wiederum SE_UID angegeben werden, wenn der Index gemäß der UID verwendet werden soll.

imap_setflag_full

```
string imap_setflag_full (int stream, string sequence,
   string flag, string options)
```

Setzt die Flags der angegebenen Nachrichten. Möglich sind folgende Flags:

- `Seen`
- `Answered`
- `Flagged`
- `Deleted`
- `Draft`
- `Recent`

imap_sort

```
array imap_sort (int stream, int criteria, int reverse, int
   options)
```

Sortiert die Nachrichten eines Postfachs und liefert diese dann in einem Array sortiert zurück. Folgende Optionen können für das Suchkriterium (zweites Argument) angegeben werden:

SORTDATE	Versanddatum
SORTARRIVAL	Empfangsdatum
SORTFROM	Benutzername des ersten Absenders
SORTSUBJECT	Betreff der Nachricht
SORTTO	Benutzername des ersten Empfängers
SORTCC	Benutzername des ersten Kopie-Empfängers
SORTSIZE	Größe der Nachricht

Wenn `reverse` (das dritte Argument) größer als 0 ist, dann wird in umgekehrter Reihenfolge sortiert.

Für das vierte Argument können folgende Optionen angegeben werden:

SE_UID	Anstatt von Indizes wird die jeweilige UID verwendet
SE_NOPREFETCH	Es werden keine Nachrichten gecached

imap_status

```
object imap_status (int imap_stream, string mailbox, int
   options)
```

Zeigt Statusinformationen zum ausgewählten Postfach an. Unter `options` können folgende Flags gesetzt werden:

- SA_MESSAGES
- SA_RECENT
- SA_UNSEEN
- SA_UIDNEXT
- SA_UIDVALIDITY
- SA_ALL

imap_subscribe

```
int imap_subscribe (int imap_stream, string mbox)
```

Abboniert das angegebene Postfach.

imap_uid

```
int imap_uid (int imap_stream, int msgno)
```

Liefert die UID zu einer Nachricht.

imap_undelete

```
int imap_undelete (int imap_stream, int msg_number)
```

Setzt das Löschen-Flag einer zum Löschen markierten Nachricht zurück (die Nachricht muss also noch existieren).

imap_unsubscribe

```
int imap_unsubscribe (int imap_stream, string mbox)
```

Beendet das Abonnement eines Postfachs.

imap_utf7_decode

```
string imap_utf7_decode (string text)
```

Dekodiert einen String im UTF-7-Format. Bei Fehler wird FALSE ausgegeben.

imap_utf7_encode

```
string imap_utf7_encode (string data)
```

Kodiert einen String im UTF-7-Format. Bei Fehler wird FALSE ausgegeben.

imap_utf8

```
string imap_utf8 (string text)
```

Konvertiert einen String in das UTF-8-Format.

17.4 HTTP

Mit Hilfe der HTTP-Funktionen kann die Ausgabe der Browser-Daten auf Protokoll-Ebene gesteuert werden.

Header

```
Int Header (string string)
```

Bevor eine Ausgabe an den Browser erfolgt, kann mittels `header ()` die HTTP-Header-Information geschickt werden. Diese dient dazu, die Eigenschaften der Seite festzulegen. So können alle Parameter, die dem W3C-Standard (http://www.w3.org/Protocols/rfc2616/rfc2616) folgen, gesendet werden. Ein häufiger Fehler ist es, vor dem Aufruf von header auch nur ein Leerzeichen auszugeben (z.B. durch include-Files). Dadurch wird der Header automatisch geschickt und es tritt eine Fehlermeldung in der Art »WARNING: Header already sent [...] « auf. Also empfiehlt es sich, den Header-Befehl gezielt am Anfang eines Skripts einzubauen.

Der häufigste Anwendungsfehler ist, dass die durch PHP dynamisch erstellten Seiten am Client-Browser nicht gespeichert werden dürfen und bei jedem Aufruf des PHP-Scripts neu geladen werden sollen. Dazu verwendet man am besten folgende Befehlskette:

```
header("Expires: Mon, 26 Jul 1997 05:00:00 GMT");
   header("Last-Modified: ".gmdate("D, d M Y H:i:s")." GMT");
   header("Cache-Control: no-cache");
   header("Cache-Control: post-check=0, pre-check=0");
   header("Pragma: no-cache");
```

Die oben stehenden Header-Befehle bewirken, dass die Seite jedes Mal neu vom Server geladen wird und nicht auf eine lokal gespeicherte Version zugegriffen wird.

Ein anderer Fall ist, dass man eine Seite automatisch umleiten will, ohne eine billige »redirect«-Seite zwischenzuschalten. Dies kann man viel eleganter mittels dem header ()-Befehl lösen:

```
Header ('Location: http://www.ascribo.com/index.php');
   exit();
```

Dies bewirkt, dass der Aufruf des Skripts den Browser automatisch auf die Seite http://www.ascribo.com/index.php umleitet. Bei Übersiedelungen oder Flussanalysen des User-Stroms ist diese Variante gut zu gebrauchen.

header_sent

```
Boolean header_sent (void)
```

Diese Befehl liefert TRUE zurück, wenn der HTTP-Header bereits geschickt worden ist (sprich, wenn schon eine Ausgabe an den Browser erfolgt ist). Ansonsten wird FALSE zurückgegeben. Es ist durch diesen Befehl einfach zu überprüfen, ob an einer bestimmten Skript-Stelle bereits Zeichen an den Browser gesendet worden sind. Dieser Befehl eignet sich jedoch nur für Debug-Zwecke, denn bei sauberer Programmierung sollte der Fall eigentlich nicht auftreten, dass man überprüfen muss, ob schon eine Ausgabe erfolgt ist.

setcookie

```
int setcookie (string name [, string value [, int expire,
   string path [, string domain [, int secure ]]]])
```

Mittels `setcookie ()` können Cookies am Client-Rechner gespeichert werden. Dies ist nur möglich, wenn Cookies vom Client akzeptiert werden und der Befehl `setcookie` vor allen anderen Header-Befehlen angewandt wird. Es darf also auch keine normale Ausgabe an den Browser erfolgen.

Alle zu übergebenden Argumente mit Ausnahme des ersten Arguments (dem Namen des Cookies) sind optional. Falls jedoch nur der Name des Cookies angegeben ist, so wird dieses vom Client gelöscht. Dies geschieht aber nur dann, wenn bis auf `Value` keine anderen Parameter gesetzt sind. Andernfalls müssen diese anderen Parameter mit angegeben werden. Um einzelne Parameter wegzulassen, können an jenen Stellen "" (bzw. bei `expire` und `secure` »0«) übergeben werden. Diese gelten dann als nicht gesetzt.

`name`	Bezeichnet den Namen des Kunden.
`value`	Spiegelt den Inhalt des Cookies wieder.
`expire`	Gibt die Zeit in Sekunden an, wann das Cookie verfallen soll. Um also eine Gültigkeitsdauer des Cookies von einer Stunde zu bewirken, übergibt man entweder einen UNIX-Timestamp (z.B.: `time() + 3600`) oder man übergibt das Ganze im Datumsformat (was seit dem Erscheinen von IE5 zuverlässiger ist, da dieser das normale UNIX-Timestamp-Format manchmal falsch verwendet).
`path`	Gibt den Pfad an, wo das Cookie Gültigkeit hat
`domain`	Setzt die Domain, auf die das Cookie zeigen soll
`secure`	Besagt, dass das Cookie nur über eine sichere Verbindung geschickt wird

Ein Beispiel dazu:

```
$time = mktime()+3600;
   $date = dtae('l, d-M-y H:i:s', ($time));
   setcookie ("ALA_Cookie", "wert1", $date, "/scripts/",
   ".ascribo.com",0);
```

Um dieses Cookie wieder zu löschen, übergeben Sie folgenden Befehl:

```
$time = mktime()-3600;
   $date = dtae('l, d-M-y H:i:s', ($time));
   setcookie ("ALA_Cookie", "", $date, "/scripts/",
   ".ascribo.com",0);
```

Es werden also beim Löschen eines Cookies die einzelnen Argumente wieder übergeben. Bis auf die Ablaufzeit und den Wert müssen diese identisch mit den Parametern sein, die beim Setzen übergeben worden sind. Um sicherzugehen, dass das Cookie dann tatsächlich vom Client-Browser gelöscht wird, sollte die Gültigkeits-Dauer des Cookies in der Vergangenheit liegen.

17.5 LDAP

Das Lightweight Directory Access Protocol dient dem Zugriff auf den Verzeichnis-Server. Das Verzeichnis ist eine spezielle Datenbank und enthält in Baumstruktur die Daten der Benutzer, Organisationen und eventuell Dokumente. Genauere Beschreibungen zu LDAP finden Sie unter:

http://www.openldap.org/devel/cvsweb.cgi/~checkout~/doc/drafts/draft-ietf-ldapext-ldap-c-api-xx.txt

Das folgende Beispiel öffnet eine Verbindung zu einem LDAP-Server und zeigt die enthaltenen Einträge an:

```
echo "<h3>LDAP query Test</h3>";
   echo "Verbindung ...";
   $ds=ldap_connect("10.10.10.1");  // muss ein gültiger
   LDAP Server sein
   echo "Ergebnis der Verbindung: ".$ds."<p>";
   if ($ds) {
       echo "Bindung ...";
       $r=ldap_bind($ds); // das ist ein "anonymer" bind,
       // typischerweise nur Lese Zugriff
       echo "Ergebnis der Bindung ".$r."<p>";

    echo "Suche nach (sn=S*) ...";
       // Suchen des Nachnamen-Eintrags
       $sr=ldap_search($ds,"o=ALARIS, c=AT", "sn=S*");
```

```
        echo "Ergebnis der Suche ".$sr."<p>";

        echo "Anzahl der Einträge, die gefunden wurden "
        .ldap_count_entries($ds,$sr)."<p>";

        echo "Einträge holen ...<p>";
        $info = ldap_get_entries($ds, $sr);
        echo "Daten für ".$info["count"]." Items
        gefunden:<p>";

        for ($i=0; $i<$info["count"]; $i++) {
                echo "dn ist: ". $info[$i]["dn"] ."<br>";
                echo "erster cn Eintrag: ".
                $info[$i]["cn"][0] ."<br>";
                echo "erster email Eintrag: ".
                $info[$i]["mail"][0]
                ."<p>";
            }

        echo "Verbindung schließen";
        ldap_close($ds);
        }
    else {
        echo "<h4>Verbindung zu LDAP Server nicht
        möglich</h4>";
        }
```

LDAP-Abfragen richten sich meistens nach dem folgenden Muster:

```
ldap_connect() // Aufbau einer Verbindung zum Server
     |
   ldap_bind() // anonyme oder authentifizierte Anmeldung
     |
```

```
// Ausführen der Commands (suchen, aktualisieren etc.)
   |
// Darstellung der Ergebnisse
   |
ldap_close()
```

Folgende Funktionen stehen zur Verfügung:

ldap_add

```
int ldap_add (int Verbindungs-Kennung, string dn, array
   eintrag)
```

`ldap_add` fügt Einträge zu einem LDAP-Verzeichnis hinzu. Bei Erfolg wird TRUE zurückgeliefert, ansonsten FALSE.

Ein Beispiel hierzu:

```
$entry = array();

   $entry['sn'] = 'Aigner';
   $entry['cn'] = 'Christoph Aigner';
   $entry['mail'] = 'christoph.aigner@alaris.at';
   $entry['objectclass'] = 'person';

   if (ldap_add($ds, 'cn=Christoph Aigner, o=Alaris, c=US',
   $entry))
       echo 'erfolg';
   else
       echo 'fehler';
```

Das obige Beispiel fügt die in `$entry` angegebenen Daten zum Verzeichnis hinzu.

ldap_bind

```
int ldap_bind (int Verbindungs-Kennung [, string bind_rdn
   [, string bind_kennwort]])
```

`ldap_bind` bindet sich zum vorher angegebenen LDAP-Server über eine gültige RDN und einem dazugehörigen Benutzernamen. Liefert bei Erfolg TRUE zurück, andernfalls FALSE.

ldap_close

```
int ldap_close (int Verbindungs-Kennung)
```

Mit dieser Funktion wird eine Verbindung zum LDAP-Server geschlossen. Übergeben wird der Handle der Verbindung. Es wird jedoch aus Kompatibilitätsgründen empfohlen, `ldap_unbind()` zu verwenden.

ldap_compare

```
int ldap_compare (int Verbindungs-Kennung, string dn,
   string merkmal, string wert)
```

Dient dem Vergleich von Werten eines Merkmales in einem Eintrag. Wenn der Wert gefunden wird, dann liefert die Funktion TRUE zurück, andernfalls FALSE. Bei einem Fehler wird `-1` zurückgegeben. Dadurch lässt sich eine Passwort-Abfrage einfach realisieren:

```
$dn = "cn=Christoph Aigner, ou=Technik, o=Alaris, c=FI";
   $value = "schneeball";
   $attr = "kennwort";

// vergleiche Werte
   $r=ldap_compare($ds, $dn, $attr, $value);

   if ($r === -1) {
```

```
      echo "Fehler: ".ldap_error($ds);
    }
  elseif ($r === TRUE) {
      echo "Kennwort richtig";
    }
  elseif ($r === FALSE) {
      echo "Falsches Kennwort angegeben";
    }
```

Das obige Beispiel überprüft das angegebene Kennwort auf Gültigkeit. Falls es richtig ist, dann wird »Kennwort richtig« ausgegeben. Durch diese einfache Abfrage lässt sich Benutzervalidierung über LDAP lösen. Man spart sich, eine zusätzliche User-Verwaltung zu bauen, wenn man User bereits über LDAP verwaltet (sowohl unter NT als auch Linux möglich!).

ldap_connect

```
int ldap_connect ([string hostname [, int port ]])
```

Versucht, zum angegebenen LDAP-Server zu verbinden, und liefert bei Erfolg eine Verbindungs-Kennung zurück. Wenn keines der Argumente übergeben wird, dann versucht PHP eine bestehende Verbindung zu benutzen. Fehlt nur die Angabe des Ports, dann wird der Standard-Port (389) benutzt.

Bei der Verwendung von OpenLDAP 2.x.x kann statt des Hostnamens auch ein URL übergeben werden.

ldap_count entries

```
int ldap_count entries (int Verbindungs-Kennung, int Ergeb-
   nis-Kennung)
```

Diese Funktion liefert die Anzahl der Einträge zurück, die bei einer Selektion gefunden worden sind, bzw. FALSE im Fall eines Fehlers.

ldap_delete

`int ldap_delete (int Verbindungs-Kennung, string dn)`

`ldap_delete` löscht einen Eintrag aus einem Verzeichnis. Dieser Eintrag muss über `dn` angegeben werden. Liefert TRUE im Erfolgsfall, andernfalls FALSE.

ldap_dn2ufn

`int ldap_dn2ufn (string dn)`

Um einen DN-Eintrag in eine etwas leserlichere Form zu bringen, wird diese Funktion eingesetzt. Sie löscht die Typen-Namen der Zeichenkette raus und trennt sie durch Kommas voneinander (siehe nachstehendes Beispiel).

```
//Aus:
'cn=aigner,ou=users,ou=admin,o=test'
   //wird
   'aigner,users,admin,test';
```

ldap_err2str

`string ldap_err2str (int Fehlernummer)`

Konvertiert eine Fehlernummer, die von LDAP erzeugt worden ist, in einen Fehlertext. Zur Überprüfung eines Fehlers sollte diese Fehlermeldung aber nicht herangezogen werden, da sie im Gegensatz zur Fehlernummer (die standardisiert ist) keinen Standards folgt und von Bibliothek zu Bibliothek unterschiedlich ist, des Weiteren sogar lokalspezifische Unterschiede aufweisen kann. Sie sollte also nur zu Debug-Zwecken herangezogen werden.

ldap_errno

```
int ldap_errno (int Verbindungs-Kennung)
```

Liefert die Fehlernummer zurück, die beim letzten LDAP-Befehl erzeugt worden ist. Solange man jedoch die automatische Fehlerausgabe durch ein Voranstellen von @ nicht unterdrückt, wird die Fehlerausgabe auch auf der HTML-Seite erfolgen. Dadurch lässt sich dann keine gezielte Fehlersteuerung vornehmen. Setzen Sie also für professionelle LDAP-Anwendungen ein @-Zeichen voran oder in der `php.ini` die Fehlerausgabe herab.

ldap_error

```
string ldap_error (int Verbinduns-Kennung)
```

Erfüllt dieselbe Aufgabe wie `ldap_err2str` bis auf den Unterschied, dass `ldap_error` sich auf den letzten aufgetretenen Fehler bezieht, bei `ldap_err2str` die Fehlernummer hingegen angegeben werden kann.

ldap_explode_dn

```
array ldap_explode_dn (string dn, int mit_merkmal)
```

Diese Funktion liefert ein Array zurück, das die Bestandteile einer übergebenen DN aufteilt. Jeder Teil wird als »Relative Distinguished Name«, kurz RDN, bezeichnet. Der zweite Parameter gibt an, ob die Übergabe inklusive Merkmalen erfolgen soll, oder diese weggelassen werden.

ldap_first_attribute

```
string ldap_first_attribute (int Verbindungs-Kennung, int
   Ergebnis-Eintrag-Kennung, int ber-Kennung)
```

Liefert das erste Merkmal eines Eintrags zurück. Um dann die weiteren Einträge zu bekommen, ist ein iterativer Aufruf von `ldap_next_attribute()` notwendig. Das dritte Argument `ber-Kennung` ist die Kennung eines internen Speicherort-Zeigers. Die Übergabe erfolg per Referenz. Die gleiche Kennung muss dann an `ldap_next_attribute ()` übergeben werden, um einen Durchlauf durch ein Ergebnis zu erzielen.

ldap_first_entry

```
int ldap_first_entry (int Verbindungs-Kennung, int Ergeb-
   nis-Kennung)
```

Diese Funktion liefert eine Ergebnis-Eintrag-Kennung zurück. Diese kann dann verwendet werden, um die einzelnen Attribute auszulesen.

ldap_free_result

```
int ldap_free_result (int Ergebnis-Kennung)
```

Gibt den belegten Speicher einer Ergebnis-Kennung frei.

ldap_get_attributes

```
array ldap_get_attributes (int Verbindungs-Kennung, int
   Ergebnis-Eintrag-Kennung)
```

Gibt alle Attribute eines zuvor selektierten Eintrags in Form eines Arrays zurück. Im Falle eines Fehlers wird FALSE zurückgegeben.

ldap_get_dn

```
string ldap_get_dn (int Verbindungs-Kennung, int Ergebnis-
   Eintrag-Kennung)
```

Um den DN eines Eintrages zu ermitteln, wird diese Funktion verwendet. Bei Erfolg wird der DN zurückgeliefert, andernfalls FALSE.

ldap_get_entries

```
array ldap_get_entries (int Verbindungs-Kennung, int Ergeb-
    nis-Kennung)
```

`ldap_get_entries` liefert alle Einträge zurück, die mit einer Ergebnis-Kennung verbunden sind. Diese werden in einem multi-dimensionalen Array wiedergegeben. Die erste Dimension ist eine fortlaufende Zahl, die die Einträge durchnummeriert. Die zweite Dimension beinhaltet das Merkmal. Falls es mehrere Werte in einem Eintrag gibt, werden diese erneut in Array-Form durchindiziert.

ldap_get_option

```
bool ldap_get_option (int Verbinduns-Kennung, int option,
    mixed retval)
```

Setzt das dritte Argument auf den Wert der gewählten Option. Bei Erfolg wird TRUE zurückgegeben, andernfalls FALSE.

Der Parameter (zweites Argument) kann einer der folgenden sein:

- LDAP_OPT_DEREF
- LDAP_OPT_SIZELIMIT
- LDAP_OPT_TIMELIMIT
- LDAP_OPT_PROTOCOL_VERSION
- LDAP_OPT_ERROR_NUMBER
- LDAP_OPT_REFERRALS
- LDAP_OPT_RESTART
- LDAP_OPT_HOST_NAME
- LDAP_OPT_ERROR_STRING
- LDAP_OPT_MATCHED_DN

Dieser Befehl funktioniert nur mit OpenLDAP 2.x.x bzw. Netscape Directory SDK.x.x. Genauere Beschreibungen finden Sie unter: `http://www.openldap.org/devel/cvsweb.cgi/~checkout~/doc/drafts/draft-ietf-ldapext-ldap-c-api-xx.txt`.

ldap_get_values

```
array ldap_get_values (int Verbindungs-Kennung, int Ergebnis-Eintrag-Kennung, string merkmal)
```

Liefert ein Array zurück, das die Werte eines Merkmales enthält. Dieser Befehl erlaubt es, mehrere Werte auszulesen, die unter der gleichen Merkmal–Bezeichnung zu finden sind. Als Übergabe wird die LDAP-Verbindung, ein Ergebnis-Eintrag und eine Merkmals-Bezeichnung erwartet.

Um binäre Daten zu lesen, müssen Sie die nachstehende Funktion benutzen, da `ldap_get_values` nur für Text-basierende Werte zulässig ist.

ldap_get_values_len

```
array ldap_get_values_len (int Verbindungs-Kennung, int Ergebnis-Eintrag-Kennung, string merkmal)
```

Die Funktion erfüllt genau dieselbe Aufgabe wie `ldap_get_values`, bis auf den Unterschied, dass sie auf binäre Datenmengen anzuwenden ist.

ldap_list

```
int c(int Verbindungs-Kennung, string basis_dn, string filter [, array merkmale [, int attrsonly [, int groessenbegrenzung [, int zeitbegrenzung [, int deref ]]]]])
```

`ldap_list` durchsucht einen LDAP-Server anhand der übergebenen Argumente. Die Suche erfolgt auf der Ebene LDAP_SCOPE_ ONELEVEL (im Gegensatz zu `ldap_search` oder `ldap_read`, die sich auf anderen Levels bewegen).

Folgendes Bespiel sollte die Anwendung einfach demonstrieren:

```
// Festlegen der Suchkriterien:
   $dn = 'o=ALARIS, c=US';
   $filter='(|(sn='.$person.'*)(vorname='.$person.'*))';
   $justthese = array( "ou", "sn", "vorname", "mail");

   // Ausführen der Suche:
   $sr=ldap_search($ds, $dn, $filter, $justthese);
```

Durch die Übergabe eines Arrays bei Verbindungs-Kennung kann Parallelsuchen über mehrere Verbindungen hinweg ausgelöst werden.

`merkmale`	Gibt die zu durchsuchenden Merkmale an
`attrsonly`	Ist ein Flag, dass entscheidet, ob nur Merkmalstypen geliefert werden sollen, oder nicht
`groessenbegrenzung`	Gibt an, wie viele Einträge zurückgeliefert werden sollen. Dieser Eintrag kann jedoch die Server-Einstellung der Ergebnis-Größe nicht verändern.
`zeitbegrenzung`	Legt die Dauer in Sekunden fest, die maximal gesucht werden darf
`deref`	Gibt die Behandlungsweise von Aliassen während einer Suche an.

Der Wert von deref kann einer der folgenden sein:

LDAP_DEREF_NEVER	Aliasse werden nie aufgelöst
LDAP_DEREF_SEARCHING	Aliasse werden bei der Suche aufgelöst, es sei denn, das Basisobjekt der Suche wird ermittelt
LDAP_DEREF_FINDING	Aliasse werden nur bei der Ermittlung des Basisobjektes aufgelöst, nicht aber während der Suche
LDAP_DEREF_ALWAYS	Aliasse werden immer aufgelöst

ldap_modify

```
int ldap_modify (int Verbindungs-Kennung, string dn, array
   eintrag)
```

Dient der Änderung von LDAP-Einträgen. Liefert im Erfolgsfall TRUE zurück, andernfalls FALSE.

ldap_mod_add

```
int ldap_mod_add (int Verbindungs-Kennung, string dn, array
   eintrag)
```

Fügt Merkmale zu einem angegebenen DN hinzu. Bestehende Merkmale werden also nicht überschrieben. Liefert TRUE bei Erfolg, andernfalls FALSE.

ldap_mod_del

```
int ldap_mod_del (int Verbindungs-Kennung, string dn, array
   eintrag)
```

Löscht die angegebenen Merkmale aus der als zweites Argument übergebenen DN. Liefert TRUE bei Erfolg, andernfalls FALSE.

ldap_mod_replace

```
int ldap_mod_replace (int Verbindungs-Kennung, string dn,
    array eintrag)
```

Ersetzt bestehende Merkmale durch angegebene Merkmale. Liefert TRUE bei Erfolg, andernfalls FALSE.

ldap_next_attribute

```
string ldap_next_attribute (int Verbindungs-Kennung, int
    Ergebnis-Eintrag-Kennung, int ber_Kennung)
```

Liefert das nächste Merkmal in einem Ergebnis oder bei Misserfolg FALSE. Der interne Status des Zeigers wird wiederum durch die `ber_Kennung` angegeben.

ldap_next_entry

```
int ldap_next_entry (int Verbindungs-Kennung, int Ergebnis-
    Eintrag-Kennung)
```

Springt zum nächsten Eintrag eines Ergebnisses. Als Rückgabewert erhält man bei Erfolg die Eintragskennung, ansonsten FALSE. Das Lesen wird mit `ldap_first_entry()` gestartet. Danach erfolgt ein sequenzieller Aufruf von `ldap_next_entry`, um die übrigen Positionen zu ermitteln.

ldap_read

```
int ldap_read (int Verbindungs-Kennung, string basis_dn,
string filter [, array merkmale [, int attrsonly [, int gro-
essenbegrenzung [, int zeitbegrenzung [, int deref ]]]]])
```

Diese Funktion ist äquivalent zu `ldap_list`, bis auf den Unterschied, dass die Reichweite im Verzeichnis auf der Ebene `LDAP_SCOPE_BASE` durchgeführt wird. Die Unterscheidung zu `ldap_search` liegt darin, dass `ldap_read` keine Untereinträge durchforstet.

ldap_rename

```
bool ldap_rename (int Verbindungs-Kennung, string dn,
string neuerrdn, string neueeltern, bool loeschealtenrdn)
```

Ändert den Namen des angegebenen Eintrags. Als Flag kann dann noch angegeben werden, ob der alte Eintrag gelöscht werden soll oder als nicht-eindeutiger Wert behalten werden soll.

ldap_search

```
int ldap_search (int Verbindungs-Kennung, string base_dn,
string filter [, array merkmale [, int attrsonly [, int gro-
essenbegrenzung [, int zeitbegrenzung [, int deref ]]]]])
```

Diese Funktion ist äquivalent zu `ldap_list`, bis auf den Unterschied, dass auch Sub-Einträge durchlaufen werden und sich die Suche auf dem Level LDAP_SCOPE_SUBTREE im Verzeichnis bewegt. Für weitere Erklärungen siehe `ldap_list`.

ldap_set_option

```
bool ldap_set_option (int Verbindungs-Kennung, int option,
   mixed neuerwert)
```

Setzt den Wert von einer der folgenden Optionen:

- LDAP_OPT_DEREF
- LDAP_OPT_SIZELIMIT
- LDAP_OPT_TIMELIMIT
- LDAP_OPT_PROTOCOL_VERSION
- LDAP_OPT_ERROR_NUMBER
- LDAP_OPT_REFERRALS
- LDAP_OPT_RESTART
- LDAP_OPT_HOST_NAME

- LDAP_OPT_ERROR_STRING
- LDAP_OPT_MATCHED_DN
- LDAP_OPT_SERVER_CONTROLS
- LDAP_OPT_CLIENT_CONTROLS

Genauere Beschreibungen finden Sie unter:

http://www.openldap.org/devel/cvsweb.cgi/~checkout~/doc/drafts/draft-ietf-ldapext-ldap-c-api-xx.txt

ldap_unbind

```
int ldap_unbind (int Verbindungs-Kennung)
```

Beendet die Verbindung mit einem LDAP-Server.

18 Sessions

Grundlagen

Das Session-Objekt ist eine Methode, um User-Daten über mehrere Seiten hinweg mitzutragen, ohne dass diese jeweils mit GET beziehungsweise POST an die nächste Seite übergeben werden. Auf herkömmliche Arten war es schwierig, Daten weiterzugeben, ohne dem User Einblick zu geben, welche Daten mitgespeichert (mitgetragen) werden.

Es hat natürlich immer die Möglichkeit gegeben, eine Tabelle mit User-Daten anzulegen, wo dann diverse den User bzw. die Seiteneinstellung betreffende Einträge hinterlegt werden können.

Doch wohin mit all den Daten, die eigentlich nur eine Sitzung auf der Seite betreffen, jedoch im Grunde rudimentär sind? Diese Daten sind zu spezifisch, um für sie eigene Tabellen zu entwerfen und sich viele Gedanken zu machen, in welchen Tabellenobjekten sie sinnvoll dargestellt werden können. Aus diesem Grund wurde das Konzept des Session-Objekts ins Leben gerufen. Der Vorgänger des in PHP integrierten Session-Objekts stammt aus der PHPLIB, die im Vorfeld von Kristian Köhntopp entworfen worden ist. PHP hat sich diesen Schritt zu Herzen genommen und hat ein eigenes Session-Objekt generiert (mit grober Übernahme der Funktionalität der PHPLIB). Dieses Konzept hielt nun Einzug (in verbesserter Form) in PHP 4. Das Buch bezieht sich auf Funktionalitätskonzepte der Version PHP 4.0.6. Alle Vorgängerversionen erfahren hier keine explizite Aufmerksamkeit, da sie einerseits seitens PHP nicht mehr unterstützt werden, andererseits sich bei den Vorgängerversionen viel getan hat und nun endlich eine ausgereifte und einfach anzuwendende Version zur Verfügung steht.

Es gibt zwei Arten, wie das Session-Objekt sinnvoll zum Einsatz gebracht werden kann:

1. Man hat Zugriff auf die `php.ini`-Datei und setzt dort diverse Parameter oder
2. Man überschreibt das bestehende System (mit einem Minimum an Funktionen)

Folgende Tabelle listet eine Gegenüberstellung der Vor- und Nachteile der ersten bzw. zweiten Methode auf:

Vorteile der Methode 1	**Vorteile der Methode 2**
Weniger Code, der bei jedem Skript geladen werden muss	Bei Providern kann man selten bestimmen, was in der `php.ini` zu stehen hat (und die Überschreibung der einzelnen Parameter der `php.ini` ist auch mühselig)
Man braucht sich keine Gedanken über die Session Einstellungen machen, wenn es gut überlegt zugeht	Man kann gezielter vorgehen und ein Objekt nach eigenen Bedürfnissen bauen
Kein Zeitverlust durch ein weiteres Konzept zur Session-Verwaltung (z.B.: Garbagecollection)	Ein strukturierter Einbau in eine Cover-Version der PHPLIB liegt nahe, da man größere Kontrolle über die Daten besitzt
	Um auf Tabellen zugreifen zu können (DB-driven-Session-Management), müssen die Funktionen überschrieben werden

Vorteile der Methode 1	Vorteile der Methode 2
	Transparenz beim Kodieren & Debuggen
	Durch ein eigenes Objekt können Sicherheitsaspekte genauer im Auge behalten werden (die Daten werden vielleicht plain-text-artig gespeichert)

Sessions können auf zwei Arten zwischen den Seiten weitergegeben werden.

- Über Cookies
- Über URL-Parameter

Dabei braucht nur eine ID weitergegeben zu werden. Diese ID ist ein HASH-Key. Dies hat den Vorteil, dass er sehr schwer erraten werden kann und sich bei jeder Session ändert. Dieses Konzept wird auch häufig bei Systemen mit erhöhter Sicherheit angewandt.

Das Problem ist, dass manche Browser Cookies deaktiviert haben oder diese gar nicht unterstützen. Daher ist es ratsam, Abfragen einzubauen, ob Cookies akzeptiert werden, und beide Möglichkeiten zur Verfügung zu stellen. Diese beiden Methoden sollen dann automatisch, den jeweiligen Browser-Einstellungen gemäß, angewandt werden.

Falls PHP mit der Option `-enable-trans-sid` kompiliert worden ist, dann wird die Session-ID automatisch von einem Skript zum nächsten weitergegeben. Dies ist jedoch leider nur bei einem geringen Prozentsatz der PHP-Kompilate so eingestellt. Daher ist es ratsam, sich auf diese Einstellung (noch) nicht zu verlassen.

Die automatische Übergabe der SID (Session-ID) über `-enable-trans-sid` hat noch einen weiteren Nachteil. Sobald ein URL nicht relativ, sondern absolut (inkl. `http://` etc.) angegeben wird, nimmt PHP an, man steuert einen externen Server an, und schickt die SID nicht automatisch mit (eventuelles Sicherheitsrisiko). Aus diesem Grund muss man dann Acht geben, dass alle URLs am eigenen Server relativ angegeben werden.

Die Konfigurationsparameter in der `php.ini` sind wie folgt definiert:

`session.save_handler`	definiert den Namen der Prozedur, die benutzt wird, um die Daten zu speichern und zurückzuholen, die mit der Session in Verbindung stehen. Grundeinstellung `files`.
`session.save_path`	definiert das Argument, das an die Speicherprozedur übergeben wird. Wenn Sie die standardmäßige `files`-Prozedur wählen, ist das der Pfad, unter dem die Dateien erzeugt werden. Grundeinstellung `/tmp`.
`session.name`	spezifiziert den Namen der Session, der als Cookie-Name verwendet wird. Grundeinstellung `PHPSESSID`.
`session.auto_start`	spezifiziert, ob das Session-Modul zu Beginn einer Anfrage automatisch eine Session startet. Grundeinstellung `0` (deaktiviert).
`session.cookie_lifetime`	spezifiziert die Cookie-Lebensdauer, die an den Browser geschickt wird, in Sekunden. Der Wert 0 bedeutet »bis der Browser geschlossen wird«. Grundeinstellung `0`.

session.serialize_handler	definiert den Namen der Prozedur, die benutzt wird, um Daten zu serialisieren/deserialisieren. Gegenwärtig wird ein internes PHP-Format (Name php) und WDDX (name wddx) unterstützt. WDDX steht nur zur Verfügung, wenn PHP mit WDDX support kompiliert wurde. Grundeinstellung php.
session.gc_probability	spezifiziert die prozentuale Wahrscheinlichkeit, dass die gc (garbage collection)-Routine bei jeder Anfrage gestartet wird. Grundeinstellung 1.
session.gc_maxlifetime	spezifiziert die Anzahl der Sekunden, nach denen Daten als garbage (Müll) betrachtet und entsorgt werden.
session.referer_check	enthält die Zeichenkette, auf die Sie jeden HTTP-Referer überprüfen wollen. Wenn der Referer vom Client gesendet und die Zeichenkette nicht gefunden wurde, wird die eingebettete Session-ID als ungültig gekennzeichnet. Grundeinstellung ist eine leere Zeichenkette.
session.entropy_file	gibt den Pfad zu einer externen Quelle (Datei) an, die bei der Erzeugung einer Session-ID als zusätzliche Entropiequelle verwendet wird. Beispiele sind /dev/random oder /dev/urandom, die auf vielen Unix-Systemen zur Verfügung stehen.
session.entropy_length	spezifiziert die Anzahl der Bytes, die von der oben spezifizierten Datei gelesen werden. Grundeinstellung 0 (deaktiviert).

session.use_cookies	spezifiziert, ob das Modul Cookies verwendet, um die Session-ID clientseitig zu speichern. Grundeinstellung 1 (aktiviert).
session.cookie_path	spezifiziert den Pfad, in dem das Session-Cookie gesetzt wird. Grundeinstellung /.
session.cookie_domain	spezifiziert die Domain, unter der das Session-Cookie gesetzt wird. In der Grundeinstellung überhaupt keine.
session.cache_limiter	spezifiziert die Methode der Cacheverwaltung, die bei Session-Seiten benutzt wird (nocache/private/public). Grundeinstellung nocache.
session.cache_expire	spezifiziert in Minuten, wie lange Session-Seiten im Cache bleiben. Bei nocache ist diese Angabe wirkungslos. Grundeinstellung 180.

> Wenn als Session-save_handler files angegeben ist und der zugehörige Pfad für alle Benutzer des Servers zugängig ist, dann sind die Session-Daten vor unerlaubtem Lesen nicht geschützt, was ein großes Sicherheitsrisiko darstellt.

Um eine Session-ID von einem Skript zum nächsten mit zu übergeben, muss folgendes Tag verwendet werden:

```
<?=SID?>
   //z.B.:
   <A HREF = "testseite.php?<?=SID?>">link</A>
```

session_cache_limiter

```
string session_cache_limiter ([string cache_limiter])
```

`session_cache_limiter` dient der Abfrage der aktuellen Cache-Einstellung. Sie kann bei Bedarf auch gleichzeitig gesetzt werden.

Folgende Parameter sind derzeit gültige (vom Client-Browser akzeptierte) Cache-Einstellungen:

`nocache`	Diese Einstellung bewirkt, dass die jeweilige Seite am Client-Browser nicht zwischengespeichert wird. Sie wird daher bei jedem erneuten Besuch neu geladen. Dies ist bei sich ständig ändernden Daten und Systemen mit erhöhtem Sicherheitsbedarf notwendig.
`private`	Ist etwas restriktiver als die Einstellung `public`. Zwingt den Browser, die Seite in einem eigenen Bereich zu cachen, also nicht im Public-Cache.
`public`	Erlaubt dem Browser, die Seite im Public-Cache-Bereich zu speichern. Dies ist für Standard-Seiten die Ideallösung, da die Seiten bei einem `reload` aus dem Cache geladen werden (Vermeidung von unnötigem Ressourcenverbrauch).

session_decode

```
bool session_decode (string data)
```

`session_decode` bereitet die übergebenen Daten auf, indem sie einerseits dekodiert werden, andererseits automatisch alle darin enthaltenen Variablen gesetzt werden.

session_destroy

```
bool session_destroy()
```

Um eine Session wieder zu beenden (z.B. wenn sich ein Benutzer aus einem bestimmten Homepage-Bereich abmeldet), dann muss die Funktion `session_destroy` aufgerufen werden, um alle User-Daten, die im Session-Objekt gespeichert worden sind, zu entfernen. Nur so ist gewährleistet, dass nachfolgende Surfer keinen Zugriff auf sensiblen Datenbestand bekommen, wenn die Browser-Back-Funktion verwendet wird.

Die Session-Variable bleibt dennoch erhalten und man kann somit eine neue Session aufbauen. Dies hat den Vorteil, dass man für diverse Web-Statistiken und User-Analysen immer noch denselben User verfolgt (der an der Session-ID identifiziert wird). Wenn also ein Logbuch mitgeschrieben wird, in dem auch die SID hinterlegt ist, erscheint der User auch nach dem Abmelden aus gewissen Bereichen immer noch als der Ursprüngliche. Somit kann man eine gute Mitverfolgung erreichen, ohne dass man den Kontakt verliert, solange er sich auf demselben Server befindet.

session_encode

```
string session_encode ()
```

Diese Funktion kodiert die Daten der aktuellen Session als Zeichenkette und liefert den kodierten String zurück.

session_get_cookie_params

```
array session_get_cookie_params ()
```

Diese Funktion liefert ein Array zurück, das die aktuellen Informationen zum Session-Cookie enthält.

Das Array enthält folgende Indizes:

lifetime	gibt die Lebensdauer des Cookies an
path	enthält den Pfad, unter dem die Informationen gespeichert sind
domain	zeigt die Domain, auf die das Cookie verweist

session_id

`string session_id ([string id])`

Um die SID zu ermitteln oder zu setzen, muss diese Funktion aufgerufen werden. Falls man eine ID übergibt, wird die aktuelle SID durch die übergebene ID ausgetauscht. Die SID darf keine Sonderzeichen bzw. Umlaute, Unterstriche etc. enthalten. Es sollte also am besten ein Hash-Key sein (md5).

> Die Konstante SID wird nur definiert, wenn der Client keine Cookies akzeptiert. Um jedoch jederzeit eine ID zu bekommen, empfiehlt sich der Aufruf der Funktion session_id, da diese immer die aktuelle SID zurückliefert.

session_is_registered

`bool session_is_registered (string name)`

Mit dieser Funktion kann überprüft werden, ob eine bestimmte Variable im Session-Management registriert ist oder nicht. Als Übergabe wird die Variablen-Bezeichnung erwartet (als String übergeben, ohne $-Zeichen).

Um Authentifizierungsprobleme und damit verbundene Sicherheitsproblematiken zu vermeiden, kann diese Funktion auf folgende Art verwendet werden:

Beim Registrieren eines Benutzers (mit Username und Passwort) wird festgestellt, ob der Benutzer berechtigt ist und welche Berechtigungsstufe er besitzt. Diese beiden Werte können dann in den Variablen

```
$AUTH_USER
$AUTH_LEVEL
```

gespeichert werden. Diese beiden Variablen werden dann per `session_register` im System registriert. Für die Abfrage der Sicherheitsstufe baut man eine Funktion, die überprüft, ob 1. die Variable den richtigen Wert hat und 2. ob die Variable im Session-Objekt registriert ist. Somit kann sichergestellt werden, dass die Variable nicht einfach auf folgende Weise übergeben wird:

```
script.php?AUTH_LEVEL=admin
```

session_module_name

```
string session_module_name([string module])
```

Über `session_module_name` kann der Name des Session-Moduls gesetzt werden.

session_name

```
string session_name([string name])
```

Diese Funktion liefert den Namen der aktuellen Session zurück. Es lässt sich auch gleichzeitig ein Name für die Session vergeben.

Dadurch ist es auch möglich, die Weitergabe der SID nicht über `<?=SID?>` zu erledigen, sondern unter Zuhilfenahme der Funktion `session_name` und `session_id` (separat beschrieben).

```
echo '<a href ="ref.php?'
                    .session_name()
                    .'='
                    .session_id()
                    .'">link</a>';
```

session_register

`bool session_register ([mixed name [, mixed ...]])`

Um Variablen von einer Seite auf die nächste zu überliefern, müssen diese in der Session registriert werden. Dies erledigt die Funktion `session_register`. Übergeben wird eine beliebige Anzahl von Variablen-Namen, die persistent verfügbar sein sollen.

`session_register` gibt TRUE zurück, falls das Posten der Variablen erfolgreich war, andernfalls FALSE.

```
$var1 = 'test';
   If (!session_register ('var1'))
       die ('fehler beim registrieren von var1');
```

Falls eine Variable zwar per `session_register` registriert ist, aber niemals gesetzt wird, dann ist diese auf der nächsten Seite noch immer nicht gesetzt. Das heißt, dass das Session-Objekt Variablen nicht selbstständig setzt.

session_save_path

`string session_save_path ([string path])`

Der aktuelle Speicherpfad der Session kann durch diese Funktion gelesen und bei Bedarf auch gesetzt werden.

Diese Funktion muss natürlich aufgerufen werden, bevor eine Session geöffnet wird (also vor dem Aufruf von session_start).

session_set_cookie_params

```
void session_set_cookie_params ()
```

Über diese Funktion können die Einstellungen der php.ini überschrieben werden. Diese neuen Einstellungen haben jedoch nur bis zum Ende des Skripts Gültigkeit.

session_set_save_handler

```
void session_set_save_handler (string open, string close,
   string read, string write, string del, string
   garbage_collect)
```

Diese Funktion überschreibt das Standard-Session-Objekt mit eigenen Funktionen. Dabei müssen die Funktionen erstellt und die Funktionsnamen in dieser Funktion übergeben werden.

In der php.ini-Datei muss die Option session.save_handler auf user gesetzt sein, damit die Funktion session_set_save_ handler verwendbar ist und auch ausgeführt wird.

Die Funktion für write wird so lange nicht ausgeführt, bis die Ausgabe an den Client abgeschlossen ist. Dadurch ist es schwierig, den Schreibvorgang zu debuggen, da echo- bzw. print-Funktionen unterdrückt werden. Um dennoch gewisse Variablen zu debuggen, müssen die Werte in eine Datei geschrieben werden.

Die Funktion hat zur Folge, dass alle vordefinierten Aktionen (Setzen eines Cookies, Garbage-Collection etc.) außer Kraft treten. Um nun das Session-Objekt per Cookie zu transportieren, müssen dafür eigene Routinen geschrieben werden.

Im folgenden Beispiel erstellen wir eigene Funktionen, die das Session-Management übernehmen sollen.

```
function open ($save_path, $session_name) {
  global $sess_save_path, $sess_session_name;

  $sess_save_path = $save_path;
  $sess_session_name = $session_name;
  return(true);
}

function close() {
  return(true);
}

function read ($id) {
  global $sess_save_path, $sess_session_name;

  $sess_file = "$sess_save_path/sess_$id";
  if ($fp = @fopen($sess_file, "r")) {
    $sess_data = fread($fp, filesize($sess_file));
    return($sess_data);
  } else {
    return("");
  }

}
```

```
function write ($id, $sess_data) {
  global $sess_save_path, $sess_session_name;
  $sess_file = "$sess_save_path/sess_$id";
  if ($fp = @fopen($sess_file, "w")) {
    return(fwrite($fp, $sess_data));
  } else {
    return(false);
  }

}

function destroy ($id) {
  global $sess_save_path, $sess_session_name;

  $sess_file = "$sess_save_path/sess_$id";
  return(@unlink($sess_file));
}

function gc ($maxlifetime) {
  return true;
}

session_set_save_handler ("open", "close", "read", "write",
    "destroy", "gc");

session_start();
```

Diese Funktionen werden bei Bedarf vom Session-Objekt automatisch aufgerufen. Dadurch kann man z.B. Datenbankfunktionen implementieren, die zum Verwalten der Session verwendet werden. Nach Ablauf einer Session wird `gc` gestartet. Dies ist die integrierte Garbage-Collection. Sobald Daten also »out of date« sind, sollten sie gelöscht werden. Die Befehle dazu werden in der Funktion gc hinterlegt.

Bei der Verwendung von eigenen Datenbankklassen kann es zu Schwierigkeiten im Zusammenhang mit der PHP-Version 4.0.6 kommen. Legt man eine Instanz von der Datenbankklasse vor den Funktionen an und versucht mit dem Schlüsselwort global auf diese Datenbank-Klassen zuzugreifen, dann werden keine Session-Daten gespeichert. Dieser Fehler tritt nur bei der read-Funktion auf. Bei den anderen Funktionen kann man problemlos auf eine globale Instanz zugreifen. Da keine Session-Daten gespeichert werden, wenn es in der Funktion read zu diesem Fehler kommt, dauert es etwas, bis man den Fehler findet. Es empfiehlt sich aber, einheitlich eine lokale Klasseninstanz in jeder Funktion zu erstellen.

session_start

`bool session_start()`

Mittels session_start wird eine Session erstellt. Falls bereits eine Session existiert und die SID erfolgreich übermittelt worden ist, dann wird diese Session wieder aufgegriffen und fortgeführt (die gespeicherten Session-Werte bleiben erhalten).

Zu beachten ist, dass auch durch den Aufruf von session_register (weiter unten erklärt) eine Session geöffnet wird, falls dies noch nicht geschehen ist.

Der Aufruf von session_start muss vor jeglicher Ausgabe an den Client-Browser erfolgen. Wenn also vorher ein Header bzw. eine

Ausgabe geschickt wird, dann kann das Session-Objekt nicht mehr gestartet werden und bringt folgende Error-Meldung:

```
Cannot add header information - headers already sent in …
```

Es darf also nicht einmal ein Leerzeichen vorangesendet werden.

session_unregister

```
bool session_unregister ([mixed name [, mixed ...]])
```

Löscht die angegebenen Variablen wieder aus dem Session-Objekt heraus. Diese werden dann nicht mehr von Seite zu Seite mitgetragen. Um alle Variablen auf einmal zu löschen, genügt ein Aufruf von `session_unregister()`.

session_unset

```
void session_unset ()
```

`session_unset` befreit alle Session-Variablen. Diese können dann wieder neu registriert werden. Der Unterschied zu `session_destroy` ist, dass `session_unset` die Session nicht zerstört.

19 URL-Funktionen

Die *URL-Funktionen* behandeln, wie der Name schon sagt, den *uniform resource locator*, kurz URL. Diese wenigen Funktionen sind nur ein Teil der Web-spezifischen Funktionen, mit denen man die speziellen Bedingungen im Internet handhaben kann. Teile davon sind unter anderem auch die *HTTP-Funktionen*, die wir allerdings an anderer Stelle näher erklären wollen.

Wenn Daten per URL weitergereicht werden, dann eröffnet das viele Möglichkeiten, wie z.B. die direkte Übergabe von Variablen zwischen verschiedenen Skripts. Jedoch ist dabei zu beachten, dass es zu einigen Problemen im Bereich der Kodierung und Dekodierung kommen kann.

Solange es sich bei den zu übertragenden Daten um z.B. Artikelnummern handelt, ist kein Problem in Sicht. Aber was passiert z.B. bei Ortschaften etc.? Hier müssen die Daten auf ein Format gebracht werden, in dem die diversen Sonderzeichen auch als Sonderzeichen erkannt werden. Leerzeichen stellen ebenfalls ein Problem dar, da diese dort nicht zulässig sind. Hier benötigen Sie die unten angeführten Funktionen.

Es gibt noch einen Sonderfall, nämlich den der Escape-Zeichen. In der Konfigurationsdatei `php.ini` im Abschnitt `[Data Handling]` steht:

```
magic_quotes_gpc = On
```

Das bedeutet, dass einfache und doppelte Anführungszeichen mit einem Backslash (\) versehen werden. Auch der Backslash selbst wird so bearbeitet, das heißt, er wird zum doppelten Backslash (\\). Wenn Sie mit Datenbanken arbeiten, dann ist dieser Effekt sinnvoll, denn dort werden zeichenbasierende Daten oft mit Anführungszeichen umgeben. Im Fall der Ausgabe in HTML stört das aber. Sollten Sie generell diesen Effekt nicht nutzen, dann lohnt eine Deaktivierung:

```
magic_quotes_gpc = Off
```

Wenn Sie nur gelegentlich diesen Effekt unterdrücken wollen, dann verwenden Sie die Funktion `strpslashes (string str)`.

Ein weiteres Problem kann auftreten, wenn Formularfelder und Variablen im URL denselben Namen zugewiesen bekommen. In diesen Fällen wird der URL vorrangig kodiert. Man kann dennoch auf beide Variablen zugreifen.

base64_decode

```
string base64_decode (string encoded_data)
```

`base64_decode()` dekodiert `encoded_data` und bringt die Originaldaten wieder. Die ausgegebenen Dateien können im Binärformat sein.

base64_encode

```
string base64_encode (string data)
```

`base64_encode()` kodiert `data` mit `base64`. Diese Kodierung ist dafür da, Binärdaten über Technologien zu bringen, die 8-Bit nicht sauber übertragen können, wie z.B. E-Mails.

Base64-kodierte Daten benötigen ungefähr 33% mehr Speicher als die Originaldaten.

parse_url

`array parse_url (string url)`

Diese Funktion erzeugt ein assoziatives Array, das aus den verschiedenen Teilen eines URL besteht.

Die Bestandteile des URL lauten wie folgt:

- scheme
- host
- port
- user
- pass
- path
- query
- fragment

Wenn der URL als die Zeichenkette

`http://www.testparse.com:8080/scripts/test.php?query=time`

gegeben ist, dann erhalten wir durch das nachstehende Skript das assoziative Array.

```
<?
   $url = "http://www.testparse.com:8080/scripts/
   test.php?query=time";
   $array = parse_url ($url);
   echo $url, "<P>";
   while (list($key, $value) = each($array))
        {
        echo "$key: $value <br>";
        }
   ?>
```

Die Ausgabe sieht nun wie folgt aus:

```
http://www.testparse.com:8080/scripts/test.php?query=time
```

- schema - http
- host - www.testparse.com
- port - 8080
- path - /scripts/test.php
- query - query=time

rawurldecode

```
string rawurldecode (string str)
```

Diese Funktion liefert einen String, in dem die Abschnitte, die mit einem Prozent-Zeichen (%) beginnen (dem ein 2-stelliger Hexadezimal-Wert folgt), ersetzt sind durch Buchstaben. So wird z.B. die Zeichenkette

```
foo%20email%40browser
```

umgewandelt zu

```
foo email@browser
```

rawurlencode

```
string rawurlencode (string str)
```

Diese Funktion gibt eine Zeichenkette zurück, in der alle Sonderzeichen außer dem Minuszeichen (-), dem Unterstrich (_) und dem Punkt (.) durch ein Prozent-Zeichen (%), gefolgt von einer 2-stelligen hexadezimalen Zahl, ersetzt wurden.

Falls Zeichenketten an einen URL angehängt werden, müssen diese den Konventionen des HTML-Aufbaus genügen. Das heißt, dass Umlaute, Sonderzeichen und Leerzeichen nicht inkludiert sein dürfen. Und dafür brauchen wir die Funktion rawurlencode().

Dies ist die Kodierung zum Schutz von Zeichen, die als spezielle URL-Trennzeichen zu interpretieren sind oder die vor einer Umwandlung durch Übertragungs-Medien mit Zeichen-Konvertierung (z.B. einige E-Mail-Systeme) bewahrt werden sollen.

Will man nun z.B. ein Passwort in einen FTP-URL einbinden, kann dies wie folgt geschehen:

```
echo '<A HREF="ftp://user:', rawurlencode ('foo @+%/'),
   '@ftp.meiner.at/xxx.txt">';
```

Falls in der Pfadangabe Informationen übermittelt werden sollen, kommt man mit folgender Syntax ans Ziel:

```
echo '<A HREF="http://xxx.de/leitung_list_skript/',
   rawurlencode ('Geschäftsleitung/New York'), '">';
```

Der Unterschied zur Funktion urlencode() liegt in der Behandlung des Leerzeichens. urlencode() nimmt als Ersatzzeichen das Plus.

Hierbei dürfen wir auch nicht die Funktion parsestr() vergessen, die die Parameter, die an den URL angehängt sind, erkennt und den Variablen zuweist. Diese Funktion ist besonders wichtig für all jene Skripts, die interaktiv Daten verarbeiten.

urldecode

```
string urldecode (string str)
```

Diese Funktion dekodiert jede %##-Kodierung einer Zeile. Die dekodierte Zeile wird dann zurückgegeben.

```
http://www.testurldecode.com/test.php?var1=Hallo&var2=PHP-
   Welt
```

```
<?
$var1 = urldecode($var1);
$var2 = urldecode($var2);
echo "$var1 $var2";
?>
```

Die Ausgabe präsentiert sich wie folgt:

```
Hallo PHP-Welt
```

urlencode

```
string urlencode (string str)
```

Zeigt eine Zeile an, bei der alle nicht alphanumerischen Zeichen bis auf Minus (-), Unterstrich (_) und Punkt (.) durch das Prozentzeichen (%) gefolgt von zwei Hexzeichen, und Leerzeichen durch ein Pluszeichen (+) ersetzt werden.

In gleicher Weise werden Daten kodiert, die über ein WWW-Formular gesendet werden und mit `application/x-www-form-urlencoded` kodiert werden.

```
<?
   $html = "Dies ist ein Test";
   $html_1 = rawurlencode($html);
   $html_2 = urlencode($html);
   echo $html_1;
   echo "<br>;
   echo $html_2;
   ?>
```

Die Ausgabe sieht wie folgt aus:

```
Dies%20ist%20ein%20Test
Dies+ist+ein+Test
```

20 XML & Co

XML (eXtensible Markup Language) ist ein Datenformat, um strukturierte Informationen zwischen Systemen im Internet auszutauschen. Der Standard wird vom World-Wide-Web-Konsortium (W3C) definiert. Die derzeit aktuelle Spezifikation ist Version 1.0 und kann unter `http://www.w3.org/` abgerufen werden.

Die Grundidee von XML ist ähnlich den Semikolon-ASCII-Dateien, die es in den 80er-Jahren gab und noch immer gibt, um Informationen auszutauschen. Im Zuge des Internets gewann aber die grafische Darstellung von Informationen immer mehr Bedeutung. Techniken wie HTML und Cascading Stylesheets (CSS) gewannen an Bedeutung. Das Problem war für den Informationsaustausch die nicht existierende Trennung zwischen grafischer Darstellung und Inhalten. XML wurde neugeboren. XML ist zwar keine neue Technik, da es bereits den Vorläufer SGML gab, der auch als ISO-Norm bei großen Dokumentationsprojekten eingesetzt wurde. Dennoch hat sich XML als neuer Standard durch die Definition der W3C etabliert und wird von den Webbrowsern der neuesten Generation unterstützt. XML ist auf Cascading Stylesheets (CSS) ebenso anwendbar, wie auf die weiter entwickelte, auf Stylesheet-Definitionen basierende, Sprache XSLT. Mit XML und seiner HTML-ähnlichen Tag-Struktur können einerseits Webseiten im Browser angesehen und anderseits über einen Parser lediglich Informationsinhalte wie Preis, Meta-Informationen etc. ausgelesen werden. Dadurch entstehen in Punkto Suche, Kategorisierung und Filterung von Internetinhalten andere Möglichkeiten als mit HTML.

XML verwendet für die Beschreibung der Datenstruktur eine ähnliche Syntax wie HTML. Jedoch ist die Syntax von XML wesentlich strikter als die von HTML, da der standardisierte Datenaustausch im Mittelpunkt steht. Wir sprechen zwar immer von XML als solches, allerdings beschreibt der Begriff eine Familie von Technologien. Der XML-1.0-Standard enthält die Beschreibung, wie mittels Tags und Attributen Information zu strukturieren ist. Darüber hinaus gibt es aber noch weitere Definitionen, die den Standard erweitern.

In Zusammenhang mit XML fällt auch öfters das Schlagwort DOM, das für Document Object Model steht. Ziel von DOM ist es, einen standardisierten Seitenaufbau von HTML- und XML-Dokumenten zu definieren, um plattform- und sprachenunabhängiges Editieren und Lesen von Inhalten, Struktur und Visualisierung zu ermöglichen. DOM fördert dadurch die Interoperabilität von Content-Authoring-Systemen, da ein standardisiertes Application-Interface (API) existiert. Der Vorteil von DOM ist die Verfügbarkeit von Parsern in vielen Programmiersprachen (Java, C++, Perl, Python, Flash 5 etc.). Dadurch ist es besonders einfach, Datenschnittstellen auf der DOM-Struktur zu realisieren. Das DOM-Modell liegt mittlerweile in einer überarbeiteten Version 2 vor und wird vom W3C als Standard empfohlen. Der Unterschied zur früheren 1.0-Version liegt vor allem in der Erweiterung von Funktionsparametern und dem Exceptionhandling.

XML kann aber nicht nur für die Trennung von Inhalten und Präsentationsformen im Internet verwendet werden, sondern auch für den Datenaustausch zwischen Systemen alleine. Insbesondere in Projekten, in denen heterogene Architekturen in Bezug auf Programmiersprachen und Plattformen existieren, ist der Einsatz von XML als einheitliche Datenschnittstelle vorteilhaft, da mittlerweile in nahezu allen Programmiersprachen XML-Parser zur Verfügung stehen. Dadurch ist es nicht mehr notwendig, proprietäre Import-/Exportskripts für ASCII Dateien zu schreiben.

20.1 Macromedia-Flash-5-Anbindungen mit PHP

Seit der Version 5 von Macromedia Flash gibt es die Möglichkeit, XML-Strukturen auszuwerten. Dies kann sowohl Skript-gesteuert als auch über eine Socket-Verbindung zum stetigen Datenaustausch erfolgen. Es gibt jedoch einige Kleinigkeiten, die im Zusammenhang mit Flash 5 zu berücksichtigen sind. Da Flash 5 zwar ein einzigartiges Tool ist, um Front-Ends zu erstellen, jedoch leicht überlastet werden kann, muss ein Datenaustausch gezielt erfolgen. Jeder Knoten und jede Verschachtelung kostet Flash immens viele Ressourcen und behindert so die Ausführung sonstiger Aktionen seitens des Clients. Man sollte also darauf achten, möglichst flache Informationsstrukturen zu erstellen (obwohl dies teilweise gegen den Sinn von XML geht). Diese können dafür sehr lang sein und trotzdem problemlos verarbeitet werden. Eine weitere Feinheit ist, dass es bei Skript-Aufrufen zu Datenverlusten kommen kann (z.B. bei Verbindungsstörungen). Diese sollte man bei sauberer Programmierung mittels Kontroll-Flags überbrücken. Man schickt vom Flash-Client eine fortlaufende ID mit zum Server. Der Server (bzw. das PHP-Skript) sendet dieselbe ID zurück. Sobald diese mit dem Ergebnis vom Server zurückgeschickt wird, kann das Paket als erfolgreich übermittelt eingeordnet werden und eine weitere Bearbeitung stattfinden. Auf diese Weise ist gewährleistet, dass Pakete oder Datenmengen nicht verloren gehen. In Flash ist es am sinnvollsten, wenn diese Ergebnisse in Arrays abgespeichert werden, um für die weitere Verarbeitung schnell verfügbar zu sein. Daher soll von der Logik her darauf geachtet werden, dass die gesendeten Strukturen sinnvoll gegliedert und Informationen, die zusammengehören, auch auf Seiten des Clients schnell zusammengefügt werden können. Auf diese Weise lassen sich äußerst stabile und schnelle Lösungen erstellen.

20.2 XML-Funktionen

Um die nativen PHP-Funktionen verwenden zu können, muss PHP mit der Option `--with-xml` kompiliert werden. Die XML-Funktionen unterstützen derzeit das Parsen von XML-Dokumenten und das Handeln von Events. Folgende Funktionen werden angeboten:

endElementHandler

```
endElementHandler (int parser, string name)
```

Der Parameter `parser` enthält die Handler-ID, die von der Funktion `xml_parser_create` als Referenz auf den Parser zurückgegeben wurde. `Name` beinhaltet den Namen des Elements in Großbuchstaben, für das der Eventhandler angelegt wurde.

Die Funktion liefert jeweils FALSE, falls der Handler disabled wurde oder die Parser-ID ungültig ist, und TRUE, wenn der Handler korrekt installiert wurde. Um den Handler zu deaktivieren, muss `xml_set_element_handler` einfach mit einem leeren String aufgerufen werden.

startElementHandler

```
startElementHandler (int parser, string name, array
   attribs)
```

Der Parameter `parser` enthält die Handler-ID, die von der Funktion `xml_parser_create` als Referenz auf den Parser zurückgegeben wurde. `Name` beinhaltet den Namen des Elements in Großbuchstaben, für das der Eventhandler angelegt wurde. Der letzte Parameter `attribs` ist ein assoziatives Array, das über den in Großbuchstaben geschriebenen Attributnamen die Attributwerte enthält.

utf8_decode

Konvertiert den durch `data` übergebenen UTF8-String in einen ISO-8859-1-String.

utf8_encode

Konvertiert den durch `data` übergebenen ISO-8859-1-String in einen UTF8-String. Folgende Konvertierungstabelle wird verwendet:

Byte	Bit	Repräsentation
1	7	0bbbbbbb
2	11	110bbbbb 10bbbbbb
3	16	1110bbbb 10bbbbbb 10bbbbbb
4	21	11110bbb 10bbbbbb 10bbbbbb 10bbbbbb

xml_error_string

```
string xml_error_string (int code)
```

Gibt den verbalen Fehlercode mit der im Parameter `code` enthaltenen Fehler-ID zurück.

xml_get_current_byte_index

```
int xml_get_current_byte_index (int parser)
```

Diese Funktion gibt die aktuelle Byte-Position des Parsers zurück und kann somit sowohl zum leichteren Finden von Fehlern als auch zum Anzeigen des Fortschrittes verwendet werden. Die Funktion liefert FALSE zurück, sollte die übergebene Referenz auf den Parser ungültig sein.

xml_get_current_column_number

```
int xml_get_current_column_number (int parser)
```

Diese Funktion gibt die aktuelle Spaltennummer des Parsers zurück und kann somit sowohl zum leichteren Finden von Fehlern als auch zum Anzeigen des Fortschrittes verwendet werden. Die Funktion liefert FALSE zurück, sollte die übergebene Referenz auf den Parser ungültig sein.

xml_get_current_line_number

```
int xml_get_current_line_number (int parser)
```

Diese Funktion gibt die aktuelle Zeilennummer des Parsers zurück und kann somit sowohl zum leichteren Finden von Fehlern als auch zum Anzeigen des Fortschrittes verwendet werden. Die Funktion liefert FALSE zurück, sollte die übergebene Referenz auf den Parser ungültig sein.

xml_get_error_code

```
int xml_get_error_code (int parser)
```

Ermittelt den aufgetretenen Fehlercode bzw gibt FALSE zurück, falls die übergebene Referenz auf den Parser ungültig ist.

xml_parse_into_struct

```
int xml_parse_into_struct (int parser, string data, array
   &values, array &index)
```

Diese Funktion erlaubt das Parsen von XML-Strukturen in zwei unterschiedliche Array-Strukturen. Das erste Array enthält den Index mit Zeigern auf das Werte-Array, während das Werte-Array die Ausprägungen der einzelnen Elemente und Attributnamen beinhaltet.

Mit dieser Funktion erspart man sich das Event-basierte Parsen, was bei komplexeren Strukturen praktisch sein kann. Die Funktion generiert zwar kein DOM, dafür aber mit den Arrays eine Baumstruktur der XML-Struktur, die schnell wiederverwendet werden kann. Insbesondere ist diese Funktion für einfache Datenschnittstellen, die auf XML-DOM-Strukturen basieren, interessant. Eine XML-Beispielstruktur könnte wie folgt aussehen:

```
<websites>
   <site>
   <name>ASCRiBO technologies</name>
   <url>http://www.ascrib.com</url>
   </site>
   <site>
   <name>Alaris</name>
   <url>http://www.alaris.at</url>
   </site>
   </websites>
```

Die als Referenz übergebene Variablen `index` und `values` können dann wie folgt durchlaufen werden:

```
$parser = xml_parser_create();
    xml_parse_into_struct($parser,$data,$values,$tags);
    xml_parser_free($parser);

    foreach ($tags as $key=>$val) {
        if ($key == "site") {
            $sites = $val;
            for ($i=0; $i < count($sites); $i+=2) {
                    $offset = $sites [$i] + 1;
                 $len = $sites [$i + 1] - $offset;
                $tdb[] = parseMol(array_slice($values, $off-
   set, $len));
```

```
            }
        } else {
            continue;
        }
    }
```

xml_parser_create

`int xml_parser_create ([string encoding])`

Diese Funktion initialisiert den XML-Parser mit dem gewünschten Zeichensatz. Es werden derzeit drei Zeichensätze ISO-8859-1 (Standard), US-ASCII und UTF-8 angeboten. Die Funktion liefert eine Handler-ID zurück, mit der die einzelnen Funktionen und Events gesteuert werden können.

xml_parser_free

`int xml_parser_free (int parser)`

Diese Funktion gibt den XML-Parser wieder frei, der mit `xml_parser_create` kreiert wrude.

Da der XML-Parser Event-orientiert ist, müssen vor dem Parsen eines XML-Dokumentes Eventhandler-Funktionen eingerichtet werden. Eventhandler-Funktionen sind herkömmliche PHP-Funktionen, die über die folgenden `xml_set_`-Funktionen gesetzt werden müssen. Die Eventhandler-Funktionen brauchen erst beim Aufruf von `xml_parse` zu existieren.

xml_parser_get_option

`mixed xml_parser_get_option (int parser, int option)`

Ermittelt die von der Funktion `xml_parser_set_option` gesetzten Attributausprägungen. Details siehe auch `xml_parser_set_option`.

xml_parser_set_option

```
int xml_parser_set_option (int parser, int option, mixed
   value)
```

Der Parameter `parser` enthält eine Referenz-ID, die von der Funktion `xml_parser_create` zurückgegeben wird. Die Parameter `option` und `value` können folgende Ausprägungen haben:

Parameter `option`	**Datentyp**	**Beschreibung**
XML_OPTION_CASEFOLDING	`integer`	CASEFOLDING bedeutet, dass alle Elemente und Attributnamen in Großbuchstaben an die Handlerfunktion übergeben werden. (Standardeinstellung). Die Ausprägung ist 0 oder 1.
XML_OPTION_TARGET_ENCODING	`string`	Die Standardeinstellung ist, dass Schriftzeichen gleich wie beim Aufruf von `xml_parse` codiert werden. Über diese Einstellung ist eine Änderung aber für die drei verfügbaren Schriftsätze ISO-8859-1, US-ASCII und UTF-8 möglich.

xml_set_character_data_handler

```
int xml_set_character_data_handler (int parser, string
    handler)
```

Über diese Funktion kann ein Character-Data-Handler mit dem PHP-Funktionsnamen `handler` für den XML-Parser gesetzt werden, der folgendes Aussehen haben muss:

```
handler (int parser, string data)
```

Der Parameter `parser` enthält die Handler-ID, die von der Funktion `xml_parser_create` als Referenz auf den Parser zurückgegeben wurde. Der Parameter `data` enthält die Character-Daten als String. Die maximale Länge von `data` ist 1024. Ist der String länger, so wird die Eventfunktion sofort nochmals aufgerufen.

Die Funktion liefert jeweils FALSE, falls der Handler disabled wurde oder die Parser-ID ungültig ist, TRUE, wenn der Handler korrekt installiert wurde. Um den Handler zu deaktivieren, muss die `xml_set_character_data_handler` einfach mit einem leeren String aufgerufen werden.

xml_set_default_handler

```
int xml_set_default_handler (int parser, string handler)
```

Über diese Funktion kann der Standard-Handler mit dem PHP-Funktionsnamen `handler` für den XML-Parser gesetzt werden, der folgendes Aussehen haben muss:

```
handler (int parser, string data)
```

Der Parameter `parser` enthält die Handler-ID, die von der Funktion `xml_parser_create` als Referenz auf den Parser zurückgegeben wurde. Der Parameter `data` enthält XML-Deklarationen, Dokumententypen oder andere Elemente bzw. Daten, für die kein anderer Handler existiert.

Die Funktion liefert jeweils FALSE, falls der Handler disabled wurde oder die Parser-ID ungültig ist, und TRUE, wenn der Handler korrekt installiert wurde. Um den Handler zu deaktivieren, muss die `xml_set_processing_instruction_handler` einfach mit einem leeren String aufgerufen werden.

xml_set_element_handler

```
void xml_set_element_handler (int parser, string
   startElementHandler, string endElementHandler)
```

Die Parameter `startElementHandler` und `endElementHandler` müssen gültige PHP-Funktionen sein. Die Beschreibung hierzu finden Sie am Anfang des Kapitels.

xml_set_object

```
void xml_set_object (int parser, object &object)
```

Diese Funktion erlaubt es, den Parser innerhalb eines Objektes zu verwenden. Wird ein Objekt gesetzt, so geht der Parser davon aus, dass alle Event-Funktionen sich innerhalb eines Objektes befinden.

xml_set_processing_instruction_handler

```
int xml_set_processing_instruction_handler (int parser,
   string handler)
```

Über diese Funktion kann der Processor-Instructor-Handler mit dem PHP-Funktionsnamen `handler` für den XML-Parser gesetzt werden, der folgendes Aussehen haben muss:

```
handler (int parser, string target, string data)
```

Der Parameter `parser` enthält die Handler-ID, die von der Funktion `xml_parser_create` als Referenz auf den Parser zurückgegeben wurde. Der Parameter `target` enthält das PI-Ziel für den Parser, während über `data` die PI-Daten gesetzt wird.

Der Handler wird bei folgender XML-Struktur aufgerufen:

```
<?
       target
       data?>
```

Die Funktion liefert jeweils FALSE, falls der Handler disabled wurde oder die Parser-ID ungültig ist, und TRUE, wenn der Handler korrekt installiert wurde. Um den Handler zu deaktivieren muss die `xml_set_processing_instruction_handler` einfach mit einem leeren String aufgerufen werden.

xml_set_unparsed_entity_decl_handler

```
int xml_set_unparsed_entity_decl_handler (int parser,
   string handler)
```

Über diese Funktion kann der Standard-Handler mit dem PHP-Funktionsnamen `handler` für den XML-Parser gesetzt werden, der bei der folgenden XML-Syntax aufgerufen wird:

```
<!ENTITY name {publicId | systemId}
        NDATA notationName>
```

Der Handler muss folgendes Aussehen haben:

```
handler (int parser, string entityName, string base, string
   systemID, string publicID, string notationName)
```

Der Parameter `parser` enthält die Handler-ID, die von der Funktion `xml_parser_create` als Referenz auf den Parser zurückgegeben wurde. Der Parameter `entityName` enthält die zu definierenden Namen der Entity. Der zweite Parameter base wurde für weitere Entwicklungen vorgesehen und ist derzeit immer leer. Die Systemidentifikationsnummer ist in systemID enthalten, während publicID die öffentliche Identifikationsnummer des TAGs enthält und notationName den Notationsnamen.

Die Funktion liefert jeweils FALSE, falls der Handler disabled wurde oder die Parser-ID ungültig ist, und TRUE, wenn der Handler korrekt installiert wurde. Um den Handler zu deaktivieren, muss die xml_set_processing_instruction_handler einfach mit einem leeren String aufgerufen werden.

```
int xml_parse (int parser, string data [, int isFinal])
```

Über diese Funktion wird der tatsächliche Parsing-Vorang gestartet. Alle Event-Funktionen, die über die Handle-Setzfunktionen aktiviert wurden, müssen zur Laufzeit verfügbar sein. Der Parameter parser identifiziert den Parser über die Handle-Funktion und data enthält einen Datenblock. Der Parameter isFinal muss auf TRUE gesetzt werden, wenn der letzte Datenblock übergeben wird.

Wenn der Datenblock geparsed wird, so werden alle gesetzten Handle-Funktionen mehrmals aufgerufen. Sollte ein Fehler auftreten, gibt die Funktion folgende Fehlercodes zurück:

- XML_ERROR_NONE
- XML_ERROR_NO_MEMORY
- XML_ERROR_SYNTAX
- XML_ERROR_NO_ELEMENTS
- XML_ERROR_INVALID_TOKEN
- XML_ERROR_UNCLOSED_TOKEN
- XML_ERROR_PARTIAL_CHAR
- XML_ERROR_TAG_MISMATCH

- XML_ERROR_DUPLICATE_ATTRIBUTE
- XML_ERROR_JUNK_AFTER_DOC_ELEMENT
- XML_ERROR_PARAM_ENTITY_REF
- XML_ERROR_UNDEFINED_ENTITY
- XML_ERROR_RECURSIVE_ENTITY_REF
- XML_ERROR_ASYNC_ENTITY
- XML_ERROR_BAD_CHAR_REF
- XML_ERROR_BINARY_ENTITY_REF
- XML_ERROR_ATTRIBUTE_EXTERNAL_ENTITY_REF
- XML_ERROR_MISPLACED_XML_PI
- XML_ERROR_UNKNOWN_ENCODING
- XML_ERROR_INCORRECT_ENCODING
- XML_ERROR_UNCLOSED_CDATA_SECTION
- XML_ERROR_EXTERNAL_ENTITY_HANDLING

Übcr die Fehlerbehandlungsroutinen `xml_get_error_code()`, `xml_error_string()`, `xml_get_current_line_number()`, `xml_get_current_column_number()` und `xml_get_current_byte_index()` können Fehlerdetails ermittelt werden.

21 Tipps, Tricks und sonstige hilfreiche Hinweise

Hinweise und Hilfen im Umgang mit PHP finden Programmierer im Internet bei verschiedensten Quellen und in einer Vielzahl, die kaum eine Frage unbeantwortet lassen. Wie schon in der Einleitung bemerkt wird, ist die erste und wichtigste Seite im Internet die Homepage von PHP. Sehr zu empfehlen ist auch das FAQ (Frequently Asked Questions) der Newsgroup de.comp.lang.php. Die aktuellste Version ist auf der Webseite von Kristian Köhntropp (http://www.koehntropp.de/php) erhältlich. In diesem Kapitel sollen dem Programmierer Anreize bzw. kleine Hilfestellungen im täglichen oder auch projektbezogenen Umgang mit PHP gegeben werden.

Den häufigsten Fehler machen die Programmierer, die der Ansicht sind, sie seien so gut und könnten komplexe Applikationen in PHP mal schnell von Grund auf neu programmieren. Es ist sehr ratsam, sich im Internet nach geeigneten Projekten umzusehen, oder soll jedes Mal das Rad neu erfunden werden? Bei vielen größeren Projekten, wie z.B. bei CRM-Systemen (Customer Relationship Management Systeme) oder Content Management Systemen, haben sich mehrere Enwickler zusammengefunden, um gemeinsam die Applikation zu erweitern und zu verbessern. Die Entwickler solcher Applikationen freuen sich immer, wenn ein Programmierer seine Zeit und Wissen dem entsprechenden Projekt zur Verfügung stellt.

Wenn man sich nun entschlossen hat, ein eigenes Projekt zu beginnen, sollte man sich schon im Vorfeld einige Gedanken über den kompletten Ablauf bis zur Fertigstellung der Applikation bzw. Webservers gemacht haben. Der klassische Ablauf bei einer Softwareentwicklung funktioniert bei einem PHP Projekt nicht mehr. Die Schritte vom Pflichtenheft über die Entwicklungs- und Betaversion hin zur Produktionsversion dauern bei PHP meist zu lange. Zu empfehlen ist ein Lösungsansatz mit drei Servern: Development-, Staging und Produktionsserver.

21.1 Anwendungsdesign

Da das Internet ein sehr schnelllebiges Kommunikationsmedium ist, müssen auch die entsprechenden Webanwendungen in der Regel schnell verfügbar sein. Im Gegensatz zu einer herkömmlichen Softwareentwicklung ist der Zeitraum meist auf wenige Wochen beschränkt. Auch ist so ein Projekt niemals starr, sondern ist eine wachsende, sich dauernd an neue Gegebenheiten anpassende Lösung. Der Programmierer sollte möglichst folgende Punkte immer im Hinterkopf haben:

- Wieder- und Mehrfachvererbbarkeit (Hierbei ist folgende Problematik zu beachten: Zerlegung steht im Gegensatz zur Geschwindigkeit)
- Die erstellten Module sollten so einfach wie möglich gehalten werden
- Die Namen von Variablen und Funktionen sind selbsterklärend
- Ein funktionsfähiges Rohgerüst sollte so früh wie möglich erstellt werden. Nichts ist schlimmer als nach einem sehr zeitintensiven Projektdesign feststellen zu müssen, dass die Realität doch sehr ungerecht sein kann: Das System ist zu komplex und dadurch zu langsam, Funktionen können nur mit erheblichem Zeitaufwand erstellt werden, etc.

- Die Dokumentation des Projektes sollte parallel zur Entwicklung erfolgen und nicht erst nach Fertigstellung.
- Der entwickelte Code sollte wiederverwendet werden können: anlegen von Bibliotheken
- Verwendung von Versionsmanagement Software

21.2 Richtlinien zum Programmieren

Bei PHP existieren keine offiziellen Richtlinien wie ein Code auszusehen hat. Java-Programmierer können eine Reihe von Coding Guides auf PHP übertragen. Wer mit Richtlinien zum Programmieren noch kaum Erfahrung hat, sollte mit folgenden Ansätzen beginnen:

- Dateien, die PHP Code enthalten, enden mit .php
- Klassen beinhalten den Packagenamen: DB_MSSQL, NEU_PDF
- Methodennamen folgen den Regeln von Java: ausgabeFehler(), getDomainOnline()
- Globale Variablen beginnen mit dem Packagenamen: DB_MSSQL_User
- Inoffizielle bzw. Geschütze Variaben beginnen mit „_": _private_Email
- Beim Fehlerhandling niemals direkt die() oder exit() verwenden.

Im Packagesystem PEAR kann man noch ausführlichere „Coding Guidelines" finden.

21.3 Versionsmanagement: CVS

Arbeiten an einem Projekt mehrere Entwickler, oder möchte man von mehreren Computern an einem Projekt arbeiten, so empfiehlt besonders der Einsatz von einer Versionsmanagement Software. Ein freies, plattformunabhängiges und sehr mächtiges Werkzeug für Versionsmanagement und kooperativer Programmentwicklung stellt CVS dar. CVS ist die Abkürzung von „Concurrent Version Management".

CVS erlaubt das kooperative Editieren von beliebigen ASCII-Dateien. Es kann sogar zeitgleich die gleiche Datei von verschiedenen Programmierern bearbeitet werden. Der Datenbestand wird hierbei zweigleisig verwaltet. Der Hauptdatenbestand lagert auf einem Server, dem Repository, und die Nutzer entwickeln auf einer lokalen Kopie. Dabei steht es dem Nutzer frei zu entscheiden, wann er seine lokalen, veränderten Dateien dem Repository zufügt.

Weiterführende Informationen hierzu findet man auf der Webseite von CVS (www.cvshome.org).

21.4 Geeignete Editoren für PHP

Grundsätzlich ist jeder Editor für ASCII-Dateien geeignet. Wir möchten hier nur einige ausgewählte Editoren aufzählen, die eine spezielle Unterstützung für PHP bieten. Diese unvollständige Liste soll jedoch nur einen Anhaltspunkt bieten.

Betriebssystem	**Name des Editors**	**Homepage (URL)**
Unix, Windows, MacOS	Vim	http://www.vim.org
Unix, Windows	Emacs	http://www.gnu.org/software/emacs/
Unix	Nedit	http://nedit.org/

Tabelle 21.1: Eine Auswahl von ASCII-Editoren mit PHP-Funktionalität

Betriebssystem	Name des Editors	Homepage (URL)
Unix	Jed	http://eric.thelin.org/jed.html
Unix	KPHPdevelop	http://www.kphpdev.com/
Windows	Dreamweaver	http://www.macromedia.com/
Windows	Homesite	http://www.allaire.com
Windows	UltraEdit	http://www.ultraedit.com
Windows	PHP Coder	http://www.phpide.de/
Windows	PHPEd	http://www.nusphere.com/products/phpadv.htm
Windows, OS/2	MED	http://www.utopiaplanitia.de/
MacOS	Pepper	http://www.hekkelman.com/
MacOS	BBEdit	http://www.barebones.com/

Tabelle 21.1: Eine Auswahl von ASCII-Editoren mit PHP-Funktionalität

21.5 Content Management Systeme

Bei vielen Anwendungen kommt es nicht darauf an, besonders tolle PHP-Skripte zu programmieren, sondern möglichst schnell und einfach das Tagesgeschäft zu erledigen. Der Vorteil bei diesen Content Management Systemen, kurz CMS, ist neben der Trennung des Designs vom Inhalt die Möglichkeit, auch Nicht-Programmierern das Aktualisieren und Einstellen von Inhalten zu ermöglichen. Bei der Installation und zur Anpassung der frei erhältlichen CMS-Applikationen wird jedoch meist noch einiges von den Fähigkeiten eines Programmierers verlangt. Wir möchten hier eine kleine unvollständige Liste von frei zur Verfügung stehenden CMS-Applikationen vorstellen, die auf PHP basieren:

Systemname	Homepage (URL)
Binarycloud	http://www.binarycloud.com/
Drupal	http://www.drop.org/
Midgard	http://www.midgard-project.org/
phpCMS	http://mcyra.homeip.net/homepage/phpcms/index.htm
php Nuke	http://www.phpnuke.org
PHP Reactor	http://phpreactor.org
Typo3	http://www.typo3.com/
Xinity	http://www.xinity.org/

Tabelle 21.2: Eine Auswahl von frei erhältlichen CMS-Applikationen

21.6 Volltextsuchmaschinen

Eine Volltextsuche unter PHP mit Datenbank ist meist ein etwas schwierigeres Unterfangen. Vor allem wenn man BLOB oder Text-Felder in der Datenbank verwendet, hängt es sehr von den Fähigkeiten der benutzten Datenbank ab, ob diese solche Felder auch indexieren kann. Bei der populären Datenbank MySQL gibt es ab der Version 3.23.23 eine Möglichkeit, eine Volltextsuche anzulegen, jedoch ist der einfachere und schnellere Weg, eine Volltextsuchmaschine zu implementieren. In der nachfolgenden Tabelle sind zwei populäre Suchmaschinen aufgeführt:

Volltextsuchmaschine	Homepage (URL)
ht://dig	http://www.htdig.org/
Isearch	http://www.etymon.com/Isearch/

Tabelle 21.3: Populäre Volltextsuchmaschinen

21.7 PHP-Schnipsel

Eine kleine Auswahl an Hilfestellungen am Rande.

Austauschen von Variablen

Um den Inhalt zweier Variablen auszutauschen genügt eine Zeile:

```
list ($a,$b) = array ($b,$a);
```

Ausgabe von Variablen in kürzester Form

Statt jedes Mal

```
<? echo $variable; ?>
```

zu verwenden reicht auch folgendes

```
<?=$variable?>
```

aus, um Inhalte von Variablen auszugeben. Dies funktioniert bei allem, was einen Inhalt ausgibt.

Variablen innerhalb einer Funktion

Alle Variablen von außerhalb einer Funktion müssen als global deklariert werden, um auch innerhalb dieser Funktion Zugriff auf jene Variablen zu haben:

```
<?
   function foo() {
```

```
        global $variable
        print($variable);
}
?>
```

Datum aus einem MySQL Timestamp Feld formatieren

Am einfachsten ist es das Datum aus einer MySQL Tabelle nicht mit PHP sondern direkt per SQL Kommando zu formatieren:

```
SELECT DATE_FORMAT(zeitfeld, '%d.%m.%Y') as zeitfeld FROM
   tabelle"
```

Überprüfung einer Email Adresse auf eine korrekte Syntax

Mit der folgenden Funktion kann schnell eine Email-Adresse auf eine logische Syntax überprüft werden:

```
<?
function email_ueberpruefen($adresse) {
   return (ereg('^[-!#$%&\'*+\\./0-9=?A-Z^_`a-z{|}~]+'.
         '@'.
         '[-!#$%&\'*+\\/0-9=?A-Z^_`a-z{|}~]+\.'.
         '[-!#$%&\'*+\\./0-9=?A-Z^_`a-z{|}~]+$',
         $adresse), 1);
}
?>
```

Letzte Änderung einer Datei

Dieses Skript reicht aus, um dem Besucher anzuzeigen, wann die Datei zuletzt verändert worden ist:

```
<?
$stempel = filemtime($HTTP_SERVER_VARS["PATH_TRANSLATED"]);
if (isset($stempel)) {
```

```
    echo "Letzte &Auml;nderung: ".date("d.m.Y, H:i:s",
$stempel);
}
?>
```

Verzeichnisstruktur mit PHP und Apache simulieren

Bei dynamischen Webseiten, die von einer Datenbank unterstützt werden, enstehen oft URL mit folgendem Muster http://localhost/?inhalt=test&schluessel=2. Wem solche Adressen nicht gefallen, dies umgehen möchte und Apache einsetzt, muss nicht unbedingt auf Lösungen wie mod_rewrite zurückgreifen. Das Ziel hier ist eine virtuelle Verzeichnisstruktur. Um eine einfache „virtuelle" Verzeichnisstruktur mit PHP und Apache, ohne den Einsatz von mod_rewrite, zu erhalten kann man sich auch folgendes anwenden:

Die httpd.conf von Apache sollte diesem Beispiel ähnlich sehen:

```
<VirtualHost 127.0.0.1>
    ServerName localhost
    DocumentRoot /pfad/ihres/servers/inhalt.php
</VirtualHost>
```

Der Inhalt der Datei inhalt.php sollte mindestens folgendes enthalten:

```
<? echo $PHP_SELF; ?>
```

Dieser Eintrag veranlasst Apache, jede Anfrage an localhost an das Skript inhalt.php zu übergeben. Wenn man nun z.B. folgende URL http://localhost/dumm/gelaufen.html aufruft, erhält man folgende Ausgabe im Browser:

```
/dumm/gelaufen.html
```

Dadurch ist man in der Lage, einen kompletten Webserver in einem „virtuellen" Verzeichnis zu betreiben. Aus Performancegründen ist dies nur sinnvoll bei kleineren Webseiten. Frequentierte Webserver sollten in so einem Anwendungsfall doch auf Lösungen wie mod_rewrite zurückgreifen.

21.8 Debuggen und Fehlervermeidung

PHP ist eine Skriptsprache und keine Programmiersprache, wie C++ oder Pascal. Dies bringt Vorteile in der Flexibilität und vereinfacht die Programmierung, verleitet aber auch Programmierer zu fehlerhaften Programmierungen. Die Fehlerquellen lassen sich aber auf wenige Bereiche reduzieren, wodurch man bei erhöhter Strukturierung im Quellcode die Fehler von vornherein eliminieren kann.

Zunächst empfehlen wir jedem angehenden PHP-Programmierer die Verwendung eines professionellen Programmiereditors, der über eine Syntax-Higlighting-Funktion für PHP-Programm-Module verfügt. Gute Editoren, wie zum Beispiel Homesite von Allaire unterstützen den gesamten Sprachumfang von PHP und drucken alle PHP-nativen Funktionen in einer anderen Farbe. Des Weiteren kennen diese Editoren auch die PHP-Tag-Struktur <? ?>, Kommentarzeilen mit // oder /* */. Durch die Farbhervorhebung findet man auf diese Art sehr einfach vergessene Schluss-Tags, ausgeklammerten Code und auch über die Anzeige von Zeilennummern die Position, an der ein Fehler aufgetreten ist. Seit Neuestem gibt es auch richtige Entwicklungsumgebungen für PHP, die denen von C++ oder Visual Basic ähneln. Mit diesen vereinfacht sich die Fehlersuche enorm.

Ein wesentlicher Vorteil, aber auch zugleich das größte Manko von PHP ist, dass Variablen und Funktionen vor ihrer Verwendung nicht deklariert werden müssen. So kann es beispielsweise passieren, dass man in einer for-Schleife eine Variable hochzählt, in den Abarbeitungsanweisungen aber eine andere Variable verwendet. Speziell wenn man mehrere Stunden programmiert, kann es schon bei vielen Schleifen vorkommen, dass man Fehler macht. Bei längerer Fehlersuche empfiehlt es sich daher, Zwischenergebnisse über die Echo-Funktion anzeigen zu lassen, um zu überprüfen, ob die jeweilige Schleife oder Funktion auch das gewünschte Ergebnis liefert. Mit den Erfahrungsjahren steigt aber automatisch die Analysefähigkeit von möglichen Fehlerquellen.

PHP bietet auch die Möglichkeit, eigens zur Laufzeit generierten Code mit der so genannten Eval-Funktion zu entfernen. Wenn innerhalb der Eval-Funktion ein Fehler auftritt, so ist eine Fehlersuche meist sehr schwierig, wenn nicht nahezu unmöglich. Ersetzen Sie bei Eval-Fehlern unbedingt den Eval-Code durch direkte PHP-Musterbeispiele, die Sie gesondert ausführen können. Auf diese Weise lassen sich im Trial-und-Error-Verfahren schnell Fehler aufspüren.

Lassen Sie bei der Fehlersuche niemals Zeit durch Draufstarren auf den Code verstreichen. Probieren Sie, einzelne Schritte gesondert zu testen, Teilergebnisse auszugeben, oder gehen Sie ganz einfach einen anderen Weg, um ans gewünschte Ziel zu gelangen. Durch Ausprobieren und Testen lernen Sie, mit dem Code besser umzugehen, und bekommen auch ein Gespür für mögliche Fehlerquellen.

Oft passiert auch der so genannte FTP-Fehler. Ein Code funktioniert hervorragend auf der Arbeitsstation des Entwicklers. Nach dem Upload an den Internet-Provider erhält man allerdings seltsame Meldungen. Eine mögliche Fehlerursache ist der Upload im binären FTP-Dateitransfermodus. Da PHP aber eine Skriptsprache ist, müssen alle Dateien als ASCII-Datei upgeloadet werden.

21.9 Sicherheit und Umgang mit Scripts

Wichtig ist die Benennung eines PHP Scripts mit der Dateiendung *.php3 oder *.php4 oder *.php. Jetzt wird bei einem Aufruf dieser Datei der Server die Seite nicht sofort zum Browser senden, sondern als erstes zum PHP Interpreter.

Das wohl wichtigste ist der Umgang mit Paßwörtern, die irgendwann im Klartext im Script stehen. Einem User sollte es nie möglich sein, an dieses Paßwort zu kommen. Man braucht sich aber nur einmal vorstellen, was passiert, wenn der Web-Server ohne PHP Modul hochfährt: Dann wir das ganze Script in Klartext an den Browser geschickt. Es gibt nun verschieden Lösungen, dieses Problem zu beheben.

- Die beste Lösung besteht darin, die Paßwortinformationen in einer Include-Datei außerhalb des Webdateibaumes zu speichern. Wenn der eigene Webserver zum Beispiel die Document-Root /home/www/server/seitename/pages hat, aber eigene Dateien schon in /home/www/servers/www.kundenname.de ablegen darf, dann wäre es sinnvoll, sich ein Includeverzeichnis /home/www/server/seitename/php anzulegen und dort die Includedateien mit dem Loginnamen und Paßwort abzulegen.
  Da dieses Verzeichniss nun außerhalb liegt, kann man dann nicht mehr mit einem Browser auf das Verzeichniss zugreifen.
- Die schlechtere Lösung besteht darin, ein Verzeichnis unterhalb der Document-Root anzulegen und dieses Verzeichnis mit einem Paßwort zu sichern. Absolut niemand sollte auf dieses Verzeichnis zugreifen müssen, die Wartung erfolgt nur über eine FTP Verbindung

- Die schlechteste Lösung besteht darin, diese Include-Dateien mit der Endung .inc oder .php4 im normalen Dokumentenbaum zu hinterlegen und darauf zu vertrauen, dass Dateien mit dieser Endung immer geparsed werden. Es besteht keine Garantie, dass solche Dateiendungen auf allen Servern durch PHP verarbeitet werden!

Beim Schreiben eines Scripts sollte man sich vorher einige Punkte dazu überlegen, ob es ausreichend gesichert ist:

- Wird sich dieses Skript nur auf die vorgesehenen Dateien auswirken?
- Werden ungewöhnliche oder unerwünschte Daten ausgewertet und darauf reagiert?
- Kann mein Skript auf nicht vorgesehene Art genutzt werden?

Solche Dinge sollte man sich vor allem bei Löschaktionen von Dateien auf dem Webserver überlegen, d.h. ob damit nicht unabsichtlich (oder gewollt) andere Dateien oder ganze Verzeichnisse gelöscht werden können.

A ASCII-Tabelle

Dezimal	Oktal	Hexadezimal	Zeichen	Code	Bemerkung	druckbar
0	000	0x00	Ctrl-@	NUL	Null prompt	
1	001	0x01	Ctrl-A	SOH	Start of heading	
2	002	0x02	Ctrl-B	STX	Start of text	
3	003	0x03	Ctrl-C	ETX	End of Text	
4	004	0x04	Ctrl-D	EOT	End of transmission	
5	005	0x05	Ctrl-E	ENQ	Enquiry	
6	006	0x06	Ctrl-F	ACK	Acknowledge	
7	007	0x07	Ctrl-G	BEL	Bell	
8	010	0x08	Ctrl-H	BS	Backspace	
9	011	0x09	Ctrl-I	HT	Horizontal tab	
10	012	0x0A	Ctrl-J	LF	Line feed	
11	013	0x0B	Ctrl-K	VT	Vertical tab	
12	014	0x0C	Ctrl-L	FF	Form feed	
13	015	0x0D	Ctrl-M	NP	New page	
				CR	Carriage return	
14	016	0x0E	Ctrl-N	SO	Shift out	
15	017	0x0F	Ctrl-O	SI	Shift in	
16	020	0x10	Ctrl-P	DLE	Data link escape	

Dezimal	Oktal	Hexadezimal	Zeichen	Code	Bemerkung	druckbar
17	021	0x11	Ctrl-Q	DC1	X-ON	
18	022	0x12	Ctrl-R	DC2		
19	023	0x13	Ctrl-S	DC3	X-Off	
20	024	0x14	Ctrl-T	DC4		
21	025	0x15	Ctrl-U	NAK	No achnowledge	
22	026	0x16	Ctrl-V	SYN	Synchronous idle	
23	027	0x17	Ctrl-W	ETB	End transmission blocks	
24	030	0x18	Ctrl-X	CAN	Cancel	
25	031	0x19	Ctrl-Y	EM	End of medium	
26	032	0x1A	Ctrl-Z	SUB	Substitute	
27	033	0x1B	Ctrl-[	ESC	Escape	
28	034	0x1C	Ctrl-\	FS	File separator	
29	035	0x1D	Ctrl-]	GS	Group separator	
30	036	0x1E	Ctrl-^	RS	Record separator	
31	037	0x1F	Ctrl-_	US	Unit separator	
32	040	0x20			Leerzeichen	X
33	041	0x21	!		Ausrufungszeichen	X
34	042	0x22	"		Anführungszeichen	X
35	043	0x23	#		Doppelkreuz	X
36	044	0x24	$		Dollarzeichen	X
37	045	0x25	%		Prozentzeichen	X
38	046	0x26	&		Kaufmännisches UND	X
39	047	0x27	'		Apostroph	X

Dezi-mal	Oktal	Hexa-dezimal	Zei-chen	Code	Bemerkung	druck-bar
40	050	0x28	(		Runde Klammer auf	X
41	051	0x29	)		Runde Klammer zu	X
42	052	0x2A	*		Stern	X
43	053	0x2B	+		Pluszeichen	X
44	054	0x2C	,		Komma	X
45	055	0x2D	-		Minuszeichen	X
46	056	0x2E	.		Punkt	X
47	057	0x2F	/		Schrägstrich (Slash)	X
48	060	0x30	0			X
49	061	0x31	1			X
50	062	0x32	2			X
51	063	0x33	3			X
52	064	0x34	4			X
53	065	0x35	5			X
54	066	0x36	6			X
55	067	0x37	7			X
56	070	0x38	8			X
57	071	0x39	9			X
58	072	0x3A	:		Doppelpunkt	X
59	073	0x3B	;		Semikolon	X
60	074	0x3C	<		Kleiner-als-Zeichen	X
61	075	0x3D	=		Gleichheitszeichen	X
62	076	0x3E	>		Größer-als-Zeichen	X
63	077	0x3F	?		Fragezeichen	X

Dezimal	Oktal	Hexadezimal	Zeichen	Code	Bemerkung	druckbar
64	0100	0x40	@		Klammeraffe (»at«)	X
65	0101	0x41	A			X
66	0102	0x42	B			X
67	0103	0x43	C			X
68	0104	0x44	D			X
69	0105	0x45	E			X
70	0106	0x46	F			X
71	0107	0x47	G			X
72	0110	0x48	H			X
73	0111	0x49	I			X
74	0112	0x4A	J			X
75	0113	0x4B	K			X
76	0114	0x4C	L			X
77	0115	0x4D	M			X
78	0116	0x4E	N			X
79	0117	0x4F	O			X
80	0120	0x50	P			X
81	0121	0x51	Q			X
82	0122	0x52	R			X
83	0123	0x53	S			X
84	0124	0x54	T			X
85	0125	0x55	U			X
86	0126	0x56	V			X
87	0127	0x57	W			X

Dezi-mal	Oktal	Hexa-dezimal	Zei-chen	Code	Bemerkung	druck-bar
88	0130	0x58	X			X
89	0131	0x59	Y			X
90	0132	0x5A	Z			X
91	0133	0x5B	[		Eckige Klammer auf	X
92	0134	0x5C	\		Umgekehrter Schrägstrich (Backslash)	X
93	0135	0x5D	]		Eckige Klammer zu	X
94	0136	0x5E	^		Caret (Hut)	X
95	0137	0x5F	_		Unterstrich	X
96	0140	0x60	`		»Back quote«	X
97	0141	0x61	a			X
98	0142	0x62	b			X
99	0143	0x63	c			X
100	0144	0x64	d			X
101	0145	0x65	e			X
102	0146	0x66	f			X
103	0147	0x67	g			X
104	0150	0x68	h			X
105	0151	0x69	i			X
106	0152	0x6A	j			X
107	0153	0x6B	k			X
108	0154	0x6C	l			X
109	0155	0x6D	m			X

Dezimal	Oktal	Hexadezimal	Zeichen	Code	Bemerkung	druckbar
110	0156	0x6E	n			X
111	0157	0x6F	o			X
112	0160	0x70	p			X
113	0161	0x71	q			X
114	0162	0x72	r			X
115	0163	0x73	s			X
116	0164	0x74	t			X
117	0165	0x75	u			X
118	0166	0x76	v			X
119	0167	0x77	w			X
120	0170	0x78	x			X
121	0171	0x79	y			X
122	0172	0x7A	z			X
123	0173	0x7B	{			X
124	0174	0x7C	|			X
125	0175	0x7D	}			X
126	0176	0x7E	~			X
127	0177	0x7F		DEL	Delete or rubout	

Stichwortverzeichnis

Symbole

A

B

C

D

E

M

N

P

Q

R

S